本书出版得到国家自然科学基金项目"基于主题扩散演化滞后的研究前沿识别及趋势预测研究"（72104110）和江苏省委宣传部部校共建资助项目的支持。

基于主题扩散演化滞后的研究前沿识别及趋势预测方法研究

刘自强　岳丽欣◎著

科学技术文献出版社
SCIENTIFIC AND TECHNICAL DOCUMENTATION PRESS

·北京·

图书在版编目（CIP）数据

基于主题扩散演化滞后的研究前沿识别及趋势预测方法研究 / 刘自强，岳丽欣著. —北京：科学技术文献出版社，2022.12

ISBN 978-7-5189-9969-9

Ⅰ.①基… Ⅱ.①刘… ②岳… Ⅲ.①科技情报—情报分析—研究 Ⅳ.① G250.255

中国版本图书馆 CIP 数据核字（2022）第 240253 号

基于主题扩散演化滞后的研究前沿识别及趋势预测方法研究

策划编辑：梅　玲　责任编辑：张　红　责任校对：王瑞瑞　责任出版：张志平

出　版　者	科学技术文献出版社
地　　　址	北京市复兴路15号　邮编　100038
编　务　部	（010）58882938，58882087（传真）
发　行　部	（010）58882868，58882870（传真）
邮　购　部	（010）58882873
官 方 网 址	www.stdp.com.cn
发　行　者	科学技术文献出版社发行　全国各地新华书店经销
印　刷　者	北京厚诚则铭印刷科技有限公司
版　　　次	2022年12月第1版　2022年12月第1次印刷
开　　　本	710×1000　1/16
字　　　数	242千
印　　　张	15　彩插12面
书　　　号	ISBN 978-7-5189-9969-9
定　　　价	58.00元

版权所有　违法必究

购买本社图书，凡字迹不清、缺页、倒页、脱页者，本社发行部负责调换

前　言

随着科学技术的不断进步，科技创新成果不断涌现，生产力迅猛发展，科学技术对于各行各业的影响日益加深，成为促进经济增长、推动产业革命的重要源泉，科技竞争力逐渐成为国家地位的保障。科技竞争力地位的不断提高对于情报学界的研究范式提出了新的要求，需要尽早发现、识别科技创新的前沿、热点，并评估其发展趋势，以支撑相关科技发展决策。

在数据科学时代，科技情报分析与研究的问题往往更为综合，涉及要素更为多元，也更为细化，这导致单一数据源（论文、专利等）不能满足前沿情报分析需求，需要不同类型的数据源相互补充。但是，目前的研究侧重于基金、论文和专利等科技文献数据简单融合分析的实践应用，基金、论文和专利等科技文献数据的研究主题之间的相互作用机制尚待探讨，即目前情报学界对于基金、论文和专利之间的科学知识传递、扩散演化规律研究不足，在一定程度上限制了基金、论文和专利等不同科技文献数据融合分析的科学性、有效性。

因此，本书从"主题扩散演化"这一角度切入，以基金和论文数据为研究对象，面向研究前沿识别及其预测的情报分析任务场景，研究基金、论文这两种不同科技文献之间研究主题的扩散演化滞后现象，探索归纳其基本机制与规律，并提出通用的基于主题扩散演化滞后的研究前沿识别方法，以期提高研究前沿识别结果的"前瞻价值"。

本书系统介绍了当前已有的研究前沿识别与预测方法，以及国家自然科学基金项目"基于主题扩散演化滞后的研究前沿识别及趋势预测研究"的研究成果。首先梳理了研究前沿、主题演化和主题扩散等相关概念、理论与方法，并对本书研究的关键概念"研究前沿""主题扩散演化"进行了界定，从科学发展模式理论、生命周期理论和系统论等视角分析了本书研究的理论基础和依据。当前研究中的主要不足为：利用不同数据源（基金、论文等）识别研究前沿的研究大都简单地将不同数据源的识别结果进行并列、叠加和对比分析，缺少对不同数据蕴含的研究主题内在关联的考虑，难以全面把握创新特征，影响了研究前沿识别的准确性和前瞻性。

针对上述不足，本书提出了基金与论文关联的主题扩散演化路径识别及其可视化分析方法。梳理了科技规划、基金和论文等用来识别研究前沿的科技文献，并分析了它们之间存在的直接或间接的关联关系，指出基金、论文作为科学知识的主要载体，其中蕴含的研究主题、研究前沿等作为科学知识系统内容的核心要素，存在一定的显性、隐性联系，并通过主题转移、扩散和演化等时序变化过程表现出来；重点设计了基金与论文关联的主题扩散演化路径识别及其可视化方法框架，包括数据获取及预处理、基于LDA模型的研究主题识别、基金与论文主题关联构建和主题扩散演化路径可视化设计等部分。以美国人工智能领域为例进行了实例验证，根据所设计的可视化方案绘制了可交互的、基金与论文关联的主题扩散演化路径可视化图谱，验证了方法的可行性、有效性。

接下来，重点提出了基金和论文研究主题扩散演化滞后效应测度方法。具体包括：先识别出不同时间窗口下基金和论文的研究主题，并基于余弦相似度构建主题之间的关联关系，然后根据研究前沿主题判别指标构建战略坐标图，进行研究前沿主题识别，在此基础上，从外部数量特征和内部主题特征两个层面分析基金和论文研究前沿主题的扩散演化滞后效应。研究发现，美国人工智能领域的基金和论文中蕴含的研究前沿主题存在一定的关联关系，研究前沿主题的出现存在时间先后顺序（滞后性），对于美国人工智能领域，可以根据基金的研究前沿主题预测未来2年论文的研究前沿主题，根据论文的研究前沿主题预测未来1年基金的研究前沿主题。

在上述研究结果的基础上，本书提出基于主题扩散演化滞后的研究前沿识别及其预测方法。以美国纳米农业领域作为实证分析对象，验证了基于主题扩散演化滞后的研究前沿识别及其预测方法的有效性和可行性。在美国纳米农业领域基金和论文主题识别、前沿特征计算的基础上，结合战略坐标图进行了研究前沿主题初始判别。然后，进行美国纳米农业领域基金和论文主题扩散演化滞后效应测度。研究发现，美国纳米农业领域在一定程度上可以根据基金的研究主题来预测未来3年论文的研究主题，根据论文的研究主题来预测未来2年基金的研究主题。根据滞后效应测度结果进行了滞后修正的研究前沿主题识别，其中，预测了未来3年论文的研究前沿主题，得到纳米颗粒在农作物代谢过程中诱导应激机制、用于绿色和可持续环境及农业应用的纳米气泡技术、农作物吸收不同剂量下纳米材料的反应与机制、基于纳米颗粒—植物—叶相互作用的农药研发、纳米颗粒在农作物—土壤生态系统中的积累与转化机制、基于纳米技术的农作物基因组编辑与工程、纳米生物传感器在农业中的应用等7个研究前沿主题。最后，基于ARIMA模型和Word2Vec模型，从主题强度和主题内容两个维度对7个研究前沿主题进行深度预测解读分析。

本书的主要贡献如下。

① 提出了基金和论文关联的主题扩散演化路径识别及其可视化方法。为了有效识别基金和论文之间的主题扩散演化路径并对其进行可视化揭示，提出了相应方法，相较于现有面向单一数据的主题演化分析方法，该方法能够有效识别基金和论文主题之间的扩散演化路径并实现演化路径的可视化，可在一定程度上提高主题扩散演化路径结果的直观性、可读性。

② 定量、客观地测度了基金和论文主题之间的扩散演化效应。创新性地提出了主题扩散演化滞后效应的测度方法，即从外部数量特征（自回归分布滞后模型）和内部主题特征（主题内容演化）两个层面分析基金和论文前沿主题的扩散演化滞后效应。

③ 提出了一套系统的基于主题扩散演化滞后的研究前沿识别及其预测的新方法。该方法将主题扩散演化滞后现象和研究前沿识别有机融合，提出滞后修正的研究前沿识别方案，并利用ARIMA模型和Word2Vec模型对研究前沿主题未来发展趋势进行分析与科学预测。与现有方法相比，一方面能够通过（基金或论文）主题扩散演化滞后效应结果来预测未来几年可能的（论文或基金）研究前沿主题，提高研究前沿主题识别结果的"前瞻价值"；另一方面可以通过对比研究前沿主题的可能发展方向来拓展研究前沿主题识别结果的分析粒度。

本书的出版凝聚了众人的智慧和努力，特别感谢方曙研究员在本书撰写过程中给予的悉心指导和修改，感谢岳丽欣老师、刘春江教授、冯志刚博士和陈军营博士对数据处理的支持和帮助，在此向他们表示诚挚的谢意！本书参考了许多相关的中外文献，在引用过程中难免会有所遗漏，在此对所有文献作者表示衷心感谢。同时，欢迎广大同行和读者就相关内容进行交流和讨论。

刘自强

2022年7月7日

目 录

第 1 章 绪 论 ... 1

1.1 研究背景与意义 ... 1
1.1.1 研究背景 ... 1
1.1.2 问题提出 ... 2
1.1.3 研究意义 ... 3

1.2 研究目标与研究内容 ... 4
1.2.1 研究目标 ... 4
1.2.2 研究内容 ... 4
1.2.3 研究的创新之处 ... 5

1.3 研究方法与研究工具 ... 6
1.3.1 研究方法 ... 6
1.3.2 研究工具 ... 7

1.4 组织结构 ... 9
1.5 本章小结 ... 11

第 2 章 研究前沿识别国内外研究进展 ... 12

2.1 相关概念及其界定 ... 12
2.1.1 研究前沿 ... 12
2.1.2 主题演化与主题扩散演化 ... 14

2.2 理论基础 ... 16
2.2.1 科学发展模式理论 ... 16
2.2.2 生命周期理论 ... 17
2.2.3 系统论视角下基金和论文中知识增长自组织、关联机制 ... 18
2.2.4 科学知识系统内主题扩散演化滞后影响因素分析 ... 19

2.3 研究前沿识别 ... 20
2.3.1 基于引文的研究前沿识别方法 ... 22

2.3.2　基于主题词的研究前沿识别方法 29
　　2.3.3　基于主题模型的研究前沿识别方法 31
　　2.3.4　研究前沿识别的新方法、新思路 32
2.4　主题演化 36
　　2.4.1　基于引用的主题演化分析 37
　　2.4.2　基于文本内容的主题演化分析 38
2.5　主题演化可视化 43
2.6　主题扩散演化 46
2.7　当前研究主要不足 47
2.8　本章小结 48

第3章　基金与论文关联的主题扩散演化路径识别及其可视化 49

3.1　基金与论文关联分析 49
　　3.1.1　研究前沿识别数据源 50
　　3.1.2　基金与论文关联分析 51
3.2　基金与论文关联的主题扩散演化路径识别及其可视化方法框架 52
　　3.2.1　数据获取及预处理 52
　　3.2.2　基于LDA模型的研究主题识别 54
　　3.2.3　基金和论文主题关联构建 55
　　3.2.4　基金与论文关联的主题扩散演化路径可视化设计 56
3.3　实例验证 62
　　3.3.1　数据集 62
　　3.3.2　基于LDA模型的基金与论文主题识别 63
　　3.3.3　基金与论文主题关联构建 64
　　3.3.4　基金与论文关联的主题扩散演化路径可视化 65
　　3.3.5　讨论 66
3.4　本章小结 68

第4章　基金与论文研究主题扩散演化滞后效应测度 69

4.1　研究假设 69
4.2　基本思路 70
　　4.2.1　基金和论文主题识别与关联构建 71
　　4.2.2　基于ARDL模型的基金和论文扩散滞后模型构建 72
　　4.2.3　基金和论文研究主题扩散演化路径滞后分析 72

4.3 实例验证 74
4.3.1 数据集 74
4.3.2 主题识别与关联 74
4.3.3 基于 ARDL 模型的基金和论文扩散滞后分析 76
4.3.4 基金与论文研究主题扩散演化滞后路径可视化分析 78
4.4 结论与讨论 85
4.5 本章小结 86

第 5 章 基于主题扩散演化滞后的研究前沿识别及其预测方法 87
5.1 研究前沿识别影响因素 88
5.1.1 影响因素分析 88
5.1.2 基金和论文数据特征分析 89
5.2 方法框架 91
5.2.1 研究前沿主题判别指标 93
5.2.2 基于战略坐标图的研究前沿主题判别 93
5.2.3 基于主题扩散演化滞后的研究前沿主题识别 94
5.2.4 基于主题扩散演化滞后的研究前沿预测解读 96
5.3 实例验证 100
5.3.1 数据集 100
5.3.2 主题识别 100
5.3.3 研究前沿主题指标计算 100
5.3.4 研究前沿主题判别 101
5.3.5 基金与论文主题扩散演化滞后效应测度 102
5.3.6 基于主题扩散演化滞后的研究前沿识别 103
5.3.7 基于主题扩散演化滞后的研究前沿预测及其解读分析 104
5.4 讨论 105
5.5 本章小结 105

第 6 章 实证研究 106
6.1 实证领域说明 106
6.2 数据获取及预处理 108
6.2.1 数据获取 108
6.2.2 数据预处理 109

- 6.3 美国纳米农业领域基金和论文主题识别 ... 112
- 6.4 美国纳米农业领域基金和论文研究前沿主题初始判别 ... 116
  - 6.4.1 基金和论文主题前沿特征计算 ... 116
  - 6.4.2 基金和论文研究前沿主题初始判别 ... 117
- 6.5 基于主题扩散演化滞后的研究前沿主题识别 ... 118
  - 6.5.1 美国纳米农业领域基金和论文主题扩散演化滞后效应测度 ... 118
  - 6.5.2 滞后修正的研究前沿主题判别 ... 129
- 6.6 美国纳米农业领域研究前沿主题预测及其解读分析 ... 130
  - 6.6.1 基于ARIMA模型的研究前沿主题强度趋势预测分析 ... 131
  - 6.6.2 基于Word2Vec模型的研究前沿主题内容趋势预测分析 ... 136
- 6.7 结果验证 ... 144
  - 6.7.1 专家咨询验证 ... 144
  - 6.7.2 基于共被引聚类和词分析的研究前沿识别验证 ... 144
  - 6.7.3 报告数据验证 ... 146
- 6.8 本章小结 ... 147

第7章 总结与展望 ... 148

- 7.1 研究总结 ... 148
- 7.2 研究的不足与未来工作 ... 150

附　录 ... 152

- 附录A 基金与论文关联的主题扩散演化路径可视化程序代码 ... 152
- 附录B 基于LDA模型的主题识别程序代码 ... 154
- 附录C 基于ARIMA模型的主题强度趋势预测程序代码 ... 157
- 附录D 美国纳米农业领域检索式 ... 159
- 附录E 词向量语义距离计算结果 ... 167
- 附录F 基金项目和论文主题识别结果 ... 173

参考文献 ... 215

第1章 绪 论

1.1 研究背景与意义

1.1.1 研究背景

随着科学技术的不断进步,科技创新成果不断涌现,生产力迅猛发展[1],科学技术对于各行各业的影响日益加深,成为促进经济增长、推动产业革命的重要源泉,科技竞争力逐渐成为国家地位的保障。科技竞争力地位的不断提高对于情报学界的研究范式提出了新的要求,需要尽早发现、识别科技创新的前沿、热点,并评估其发展趋势,以支撑相关科技发展决策。

科技文献作为科技创新知识的主要载体,记录了科学技术不断更新换代、向前发展演化的具体过程。随着科技文献的爆发式增长,及时、深入地掌握学科领域的研究前沿(Research Front)与热点变得愈发困难[2],如何运用情报分析方法与自然语言处理技术从大量科技文献中准确、高效地识别出科学研究前沿,为科技创新提供支持和帮助,是一个重要的研究课题。

因此,如何提高研究前沿识别结果的前瞻性和准确性成为研究者关注的重要问题。概括来说,目前针对研究前沿识别研究的拓展、深化,主要从指标改进、多种科技文献数据综合分析两个方面进行。特别是近年来,结合基金、论文和专利等多种数据进行研究前沿识别逐渐成为情报学界研究前沿、热点识别领域关注的重要问题。

在数据科学时代,科技情报分析与研究的问题往往更为综合,涉及要素更为多元,也更为细化,这导致单一数据源(论文、专利等)不能满足分析的要求,需要不同类型的数据源相互补充。从情报实践的角度看,情报监测、热点发现、科技查新、科技评价等情报工作都需要在充分搜集多种来源信息的基础上，运用多种方法进行分析与综合，以便更全面地扫描学科领域进展或揭示行业发展态势，为科学决策提供更有力的情报支撑[3]。

在上述背景下，综合基金、论文和专利等科技文献数据的研究前沿识别范式逐渐兴起，受到越来越多学者的关注和重视。但是，目前的研究侧重于基金、论文和专利等科技文献数据简单融合分析的实践应用，基金、论文和专利等科技文献数据的研究主题之间的相互作用机制尚待探讨，即目前情报学界对于基金、论文和专利之间的科学知识传递、扩散演化规律研究不足，在一定程度上限制了基金、论文和专利等不同科技文献数据融合分析的科学性、有效性。因此，对基金、论文和专利等不同科技文献数据之间相互作用机制进行深入研究，有助于促进综合基金、论文和专利等科技文献数据的研究前沿识别范式的进一步发展与完善，进而更好地指导研究前沿识别及其预测工作的实践。

1.1.2 问题提出

基于以上研究背景，提出本书需要解决的主要问题。基金、论文等科技文献作为科学知识的主要载体，其中蕴含的研究主题作为科学知识系统内容的核心要素，存在一定的显性、隐性联系，并通过主题转移、扩散和演化等时序变化过程表现出来。本书从"主题扩散演化"这一角度切入，以基金和论文数据为研究对象，面向研究前沿识别及其预测的情报分析任务场景，研究基金、论文这两种不同科技文献之间研究主题的扩散演化滞后现象，探索归纳其相互作用的基本机制与规律，并提出一般、通用的基于主题扩散演化滞后的研究前沿识别方法，以期提高研究前沿识别结果的"前瞻价值"。概括来讲，可以分为以下问题。

① 基金和论文研究主题的扩散演化滞后效应。基金和论文两种科技文献之间研究主题的扩散演化是否存在滞后效应？若存在，如何科学、准确地测度基金和论文研究主题的扩散演化滞后效应？不同阶段主题扩散演化滞后的变化如何？如何用直观的方式展示主题扩散演化滞后现象？

② 基于主题扩散演化滞后的研究前沿识别方法。主题扩散演化滞后效应是否会影响综合利用基金和论文数据进行研究前沿识别的结果？若有影响，基

金和论文两种科技文献之间研究主题的扩散演化滞后效应如何有效应用在研究前沿识别场景中？是否存在一般、通用的基于主题扩散演化滞后的研究前沿识别方法？与基于单一数据的研究前沿识别方法相比优势何在？

1.1.3 研究意义

本书的研究内容是科技战略情报研究的重要方向之一，为研究前沿识别研究提供了新视角和新方法，不仅在理论上丰富了情报研究方法，而且在实践上能够进一步提高支撑科技创新战略决策的前瞻性，具有重要的理论和实践意义。

（1）理论意义

首先，从主题扩散演化滞后的角度探索研究前沿识别问题，有助于从微观视角揭示研究前沿在基金、论文等不同科技文献中的动态演变过程，有助于准确把握科学知识生长中的研究前沿活动机制，可充实知识生长、演化、科技创新与研究前沿识别相关理论；其次，补充利用蕴含前瞻研究前沿信息的基金数据作为研究前沿识别的分析数据源，弥补了基于单一论文数据分析缺少前瞻信息的弊端；最后，构建主题扩散演化滞后效应测度方法，并在此基础上建立一套完整的基于主题扩散演化滞后的研究前沿识别方法流程，可以丰富领域科技情报分析方法体系，特别是基于科技文献的情报分析方法及面向研究前沿识别的情报分析方法。

（2）实践意义

首先，本书的研究成果在研究前沿识别、科技创新路径识别等多个领域具有一定的实践意义，可以提升基于多种科技文献数据融合的情报分析工作的实践应用效果，可以快速、准确地识别出未来研究前沿发展方向，提高前沿知识发现的前瞻性，有利于把握学科发展的布局和趋势，可以为重要领域科技创新的全局性、前瞻性、战略性的科技战略布局分析提供证据支撑；其次，可以实现研究前沿主题扩散演化的定量化、自动化及可视化识别与测度，较好地提升基于基金和论文数据的研究前沿识别的准确性和效率，并为领域相关情报分析提供可参考的方法流程。

1.2 研究目标与研究内容

1.2.1 研究目标

利用基金和论文数据，结合自然语言处理和情报分析相关理论方法，探索基金、论文研究主题的扩散演化滞后规律。在此基础上，提出基于主题扩散演化滞后的研究前沿识别方法，从而有效识别出具有"前瞻价值"的研究前沿，为面向科技创新的前瞻战略情报分析提供支持。

1.2.2 研究内容

根据本书的研究目标，将重点从以下3个方面展开研究，主要包括基础理论研究、主题扩散演化滞后规律研究、基于主题扩散演化滞后的研究前沿识别方法研究。

（1）基础理论研究

该部分是整个研究的基础部分，具体调研、总结研究前沿、主题演化、主题扩散演化等基本概念和基础理论，然后综述研究前沿识别、主题演化、主题扩散演化等相关研究的国内外研究进展和存在的问题，从而为后续研究奠定理论基础，总领、指导主题扩散演化滞后规律研究、基于主题扩散演化滞后的研究前沿识别方法研究。

（2）主题扩散演化滞后规律研究

为了区分基于单一数据源（论文、专利等）的研究主题演化过程，本书将发生在基金和论文之间的研究主题的传递、扩散和演化过程定义为"主题扩散演化"。

本书将主要探索分析基金和论文的主题扩散演化滞后规律，梳理出影响基金和论文主题扩散演化滞后规律的可能因素，如制度因素（国家差异）、学科因素（学科差异）、科技文献自身特征因素（基金、论文和专利数量差异）等。基于基金和论文数据的外部数量特征、内部主题特征，统计分析基金和论文数据之间主题扩散演化滞后现象的一般规律，以期促进融合多种科技文献数据识别研究前沿相关研究与实践的发展与深化。

（3）基于主题扩散演化滞后的研究前沿识别方法研究

目前，综合基金和论文等不同科技文献数据进行研究前沿主题识别研究时，主要方法是简单地将数据按照时间窗口进行叠加、统一处理，然后进行对比分析。但是，基金、论文等科技文献作为科学知识的主要载体，其中蕴含的研究主题作为科学知识系统内容的核心要素，存在一定的显性、隐性联系，并通过主题转移、扩散和演化等时序变化过程表现出来。基金和论文中蕴含的研究主题存在一定的关联关系，研究主题的出现存在时间先后顺序（滞后性），基于主题扩散演化滞后规律测度基金和论文主题出现的先后顺序，从而依据基金的研究前沿主题预测未来论文的研究前沿主题（或依据论文的研究前沿主题预测未来基金的研究前沿主题），而不是仅仅将基金和论文数据中识别出的研究前沿主题进行叠加、并列。

探索将主题扩散演化滞后规律应用于研究前沿识别场景，通过分析基金和论文等不同科技文献中蕴含的研究主题的扩散演化滞后情况来辅助研究前沿识别。具体将尝试根据基金和论文主题之间的滞后时间来预测基金和论文中可能出现的研究前沿主题（以 t 时刻的基金前沿主题预测 $t+n$ 时刻可能出现的论文前沿主题，以 t 时刻的论文前沿主题预测 $t+n$ 时刻可能出现的基金前沿主题），以期提高研究前沿识别的前瞻性与准确性，最后选取特定领域进行实证研究。

1.2.3 研究的创新之处

（1）提出了基金和论文关联的主题扩散演化路径识别及其可视化方法

为了有效识别基金和论文之间的主题扩散演化路径，并对其进行可视化揭示，提出了相应方法，相较于现有面向单一数据的主题演化分析方法，该方法能够有效识别基金和论文主题之间的扩散演化路径，并实现演化路径的可视化，可在一定程度上提高主题扩散演化路径结果的直观性、可读性。

（2）定量、客观地测度了基金和论文主题之间的扩散演化效应

创新性地提出了主题扩散演化滞后效应测度方法，该方法具体从外部数量特征（自回归分布滞后模型）和内部主题特征（主题内容演化）两个层面分析基金和论文前沿主题的扩散演化滞后效应。

（3）提出了一套系统的基于主题扩散演化滞后的研究前沿识别及其预测的新方法

本书将主题扩散演化滞后现象和研究前沿识别有机融合，提出滞后修正的研究前沿识别方案，并利用 ARIMA 模型和 Word2Vec 模型对研究前沿主题未来发展趋势进行分析与科学预测，克服了目前研究前沿识别方法不具前瞻性预测的缺点。

1.3 研究方法与研究工具

1.3.1 研究方法

为了完成本书的研究，需要对相关文献进行调研分析，对现有的相关研究理论和方法进行系统梳理，设计搭建可靠的实验环境进行理论方法的验证，对实验结果进行深入对比分析，寻求理论方法上的改进与突破。因此，本书在研究过程中主要采用了以下研究方法。

（1）文献调研方法

在本书的整个研究过程中，每一个环节都需要多种文献资源支持，本书针对"研究前沿识别""主题演化""主题扩散演化"等研究内容综合调研国内外相关期刊论文、会议论文、学位论文、专著、报告、网络信息资源等，进行深入的归纳和总结，厘清与本书研究相关的基础理论与方法及目前的发展现状，形成相关研究的综述。因此，文献调研方法是本书研究的基础，贯穿研究始终。

（2）自然语言处理方法

利用 LDA 主题模型、相似度计算等自然语言处理方法，识别基金、论文文本中的研究主题，利用相似度计算方法分析不同时间段主题的相似度，识别不同主题的关联关系，构建主题演化路径。

（3）数理统计方法

综合运用自回归分布滞后模型等数理模型对研究数据及资料进行数理统计和分析。本书对基金、论文研究主题数量、主题扩散演化比例等进行统计分析。

（4）时间序列分析方法

挖掘研究前沿主题在时间序列中包含的动态关系并进行预测。本书对基金和论文研究主题在不同时间阶段的变化特征进行分析，并根据主题扩散演化滞后规律对特定研究前沿主题的未来发展趋势进行分析与预测。

（5）可视化方法

运用可视化方法，可以发现不同主题之间的新生、发展、突破创新、转移乃至湮灭的过程，可视化多源数据融合的主题扩散演化路径为发现主题扩散演化滞后规律奠定基础。

（6）实证研究法

将理论方法应用于特定的数据集以验证其可行性与有效性。本书利用美国纳米农业领域的数据对基于主题扩散演化滞后的研究前沿识别方法进行验证。

（7）专家咨询方法

在对本书的研究结论进行验证的过程中，需要向相关领域专家进行咨询与求证。特别是在研究前沿识别过程中需要领域专家对实验结果进行验证，根据领域专家的意见进一步分析实验结果，调整实验方案。领域专家为方法的改进提供意见，为本书研究结论的科学性和有效性提供可靠保障。

1.3.2 研究工具

（1）Python

Python是目前最流行的计算机程序设计语言之一，具有程序编写简洁快速、语法表达优美、易读等优点，此外，Python具有丰富的自然语言处理、机器学习可视化工具包，目前在企业界、学术界中广泛使用。本书利用Python中的Scikit-learn、Numpy、Matplotlib等工具包进行基金、论文研究主题识别及可视化分析等工作。

（2）R

R是一套完整的数据处理、计算和制图软件系统，具有完整连贯的统计分析工具、优秀的统计制图功能及简便而强大的编程语言。本书利用R软件进行部分图谱的绘制。

（3）KNIME

KNIME 是一款功能十分强大的开源数据挖掘软件，具有强大的数据和工具集成能力，兼容纯文本、图像、数据库、网络等多种数据，并且能够和 Python、R 和 Weka 等工具进行高效集成。本书利用 KNIME 进行基金、论文研究主题的相似度计算，以构建主题扩散演化路径。

（4）EViews

EViews（Econometrics Views）通常被称为计量经济学软件包，具备数据预处理、模型选择、模型检验和模型应用等功能，在数据评价、经济分析、金融预测等领域应用广泛。本书利用 EViews 对基金和论文研究主题扩散演化滞后效应进行分析。

（5）D3

D3（Data-Driven Documents）即被数据驱动的文档，是一个 JavaScript 的函数库，具有强大的数据可视化功能，支持 .txt、.xls、.csv 等多种数据格式，具有数据兼容性强、多种算法可选等优点，能够绘制可交互的各类可视化图表。本书利用 D3 绘制基金和论文主题的扩散演化路径可视化图谱。

对研究中使用的 Python、R、KNIME、EViews、D3 等主要研究工具进行对比，归纳其功能及优缺点，如表 1.1 所示。

表 1.1　主要研究工具对比归纳

语言类别	工具名称	功能	优点	缺点
Python	Igraph、NetworkX、Matplotlib、Seaborn 等	可视化、数理统计、自然语言处理等	灵活性、拓展性强，适合技术性数据分析师、数据科学家，可以和 Python 处理的数据无缝衔接	技术门槛高，需要 Python 语言基础，需要代码控制图谱，色彩、布局等不够灵活
R	Plotly、ggplot2、Igraph、rCharts 等	可视化、数理统计、自然语言处理等	灵活性、拓展性强，适合技术性数据分析师、数据科学家，可以和 R 处理的数据无缝衔接	技术门槛高，需要 R 语言基础，需要代码控制图谱，色彩、布局等不够灵活

续表

语言类别	工具名称	功能	优点	缺点
JavaScript	D3、Echart、Highchart 等	可视化	灵活性、拓展性很强，适合前端开发设计，工程师，具有动态、交互效果，能够处理海量数据	技术门槛高，需要JavaScript、HTML、CSS网站建设等计算机基础，不提供统一数据处理功能，需要提供底层数据
Business Intelligence	SPSS、EViews 等	可视化、数据挖掘、数理统计	灵活性、拓展性低，适合商业智能分析，简单易用，官方技术支持度较高，经常更新功能	可拓展性较低，只能使用工具提供的功能类型，可处理数据量相对较少
Java	KNIME	可视化、数理统计、自然语言处理等	各种功能实现模块化，可以通过连接构建数据处理流程	规则相对僵硬，必须按照软件要求的规则构建数据处理流程

1.4　组织结构

本书共分为 7 章，包括问题提出、研究背景、理论研究、模型和方法研究、实证研究及研究总结等内容，具体组织结构如图 1.1 所示。

第 1 章，绪论。介绍本书的研究背景、课题来源、研究问题和研究意义，确立研究目标，围绕研究目标论述研究内容；介绍本书主要的研究方法及研究工具；对本书的组织结构及其创新点进行概要性介绍。

第 2 章，研究前沿识别国内外研究进展。梳理总结国内外研究前沿识别、文本主题识别及其关联方法、主题演化、主题演化可视化和主题扩散演化等内容的研究现状，明确当前已有研究中的研究对象、研究方法，分析了现有研究的特点及存在的不足。

第 3 章，基金与论文关联的主题扩散演化路径识别及其可视化。在第 2 章对国内外研究进展进行调研、总结的基础上，改进现有研究中的不足，提出基金与论文关联的主题扩散演化路径识别及其可视化分析方法框架，然后对方法框架中的核心步骤的原理进行详细阐述。

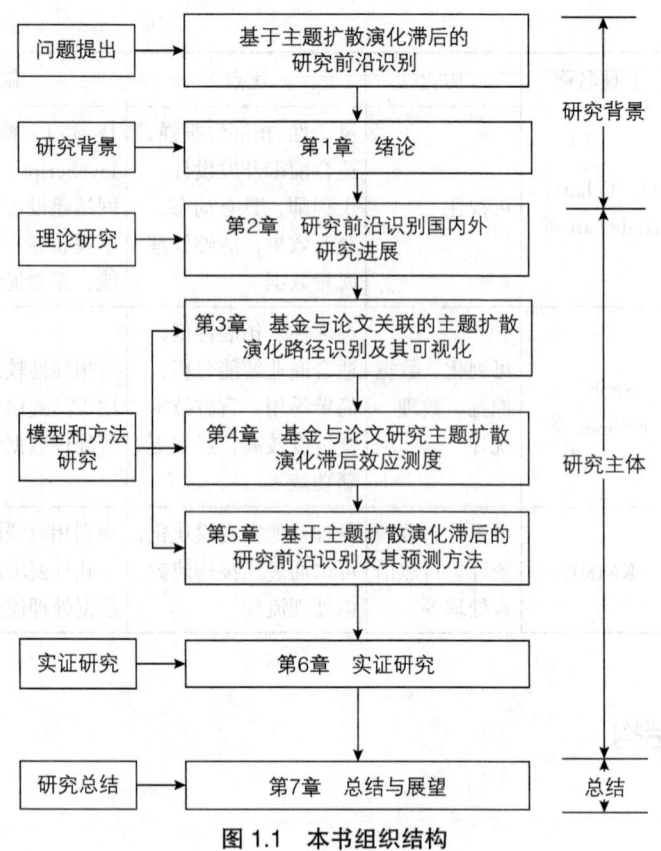

图 1.1 本书组织结构

第 4 章，基金与论文研究主题扩散演化滞后效应测度。本章利用上一章提出的基金与论文关联的主题扩散演化识别及其可视化方法，从"基金和论文主题扩散演化"这一角度切入，以基金和论文数据为研究对象，面向研究前沿识别及其预测的情报分析任务场景，研究基金、论文两种不同科技文献之间研究主题的扩散演化滞后现象，进行基金与论文研究主题扩散演化滞后效应测度研究。

第 5 章，基于主题扩散演化滞后的研究前沿识别及其预测方法。提出一套系统的基于主题扩散演化滞后的研究前沿识别及其预测分析方法，旨在通过综合基金和论文数据识别研究前沿主题，根据主题扩散演化滞后效应测度结果来预测未来一定时间内可能会形成的研究前沿主题，以期改进现有研究前沿识别方法的前瞻性不足等问题。

第 6 章，实证研究。在上述研究成果的基础上，进行系统的实证研究，以期在具体实践中验证本书提出的研究前沿识别方法的可行性和适用性。具体以美国纳米农业领域为研究对象,对基于主题扩散演化滞后的研究前沿识别及其预测分析方法进行实证研究,以验证方法的有效性与可行性,同时揭示纳米农业领域研究前沿及其发展趋势,从而为领域相关科技创新、决策提供参考、借鉴。

第 7 章,总结与展望。总结本书的主要研究工作及成果,探讨研究中的不足,并对未来研究做出展望。

1.5 本章小结

本章首先介绍了本书的研究背景、课题来源、研究问题和研究意义;其次围绕本书的研究目标介绍了本书的主要研究内容,在此基础上介绍本书研究中使用的主要研究方法和研究工具;最后给出了本书的篇章组织结构。

第 2 章　研究前沿识别国内外研究进展

基于主题扩散演化滞后的研究前沿识别研究主要涉及研究前沿识别、主题演化和主题扩散等相关内容。为了更加有效地开展本书研究，本章围绕研究问题与研究目标，系统梳理了本书研究涉及的研究前沿识别、主题演化和主题扩散等国内外相关研究的发展现状及其趋势，并指出目前研究中存在的问题与不足，以期为本书研究提供参考、借鉴。

2.1　相关概念及其界定

2.1.1　研究前沿

目前，情报学领域的研究者针对"研究前沿"（Research Front）问题做了大量研究[4]，因此，存在很多类似的概念，如科学前沿、科技前沿、Research Frontier、Potential Technological Front 等[5]。有关学者认为，研究前沿代表科学研究中最先进、最新、最具有发展潜力的研究主题或研究领域[6]，或者代表特定时期内的一组研究选题，这些选题被认为具有重要的学术价值，但相关研究尚未完全展开，有待进一步挖掘，而在未来时段，具有学术价值的"前沿选题"则有"较大的概率"转化为新时段的"热点选题"[7]。

研究前沿（Research Front）的概念最早起源于情报学领域，"研究前沿"这一概念具有明显的学科属性，即通过图书情报领域相关专业术语来定义研究前沿这一概念。1965 年，"科学计量学之父" D. J. Price 在 *Science* 杂志上提出"Research Front"这一概念，即"科学引文网络中经常被引用且近期发表的文献集所代表的研究领域称为研究前沿"[8]。这一概念提出后,部分情报学学者开始关注研究前沿相关研究,1973 年,H. Small 基于 D. J. Price 提出的概念将同被引文献聚类定义为研究前沿,推动了科学研究前沿研究的进一步发展[9]。

近年来,研究前沿相关概念不断发展,其中比较具有代表性的是 1994 年由 O. Persson 提出的定义,他认为研究前沿由施引文献构成,而将被引的文献称作研究前沿的知识基础,即将研究前沿定义为与高同被引文献簇关联的施引文献群[10]。1994 年,SCI 的创始人 E. Garfield 认为,研究前沿这一概念具有更大的范畴,具体将同被引聚类的核心论文和引用这些核心论文的最新文献一起定义为研究前沿[11]。目前,ESI 中的 Research Front 指标和中国科学院文献情报中心、中国科学院科技战略咨询研究院和科睿唯安联合发布的《研究前沿》报告均基于此原理,具有广泛影响力和认可度。2002 年,Kleinberg 提出突破监测算法可以从词频变化密度层面识别研究前沿,将短期内的若干突发词界定为研究前沿。除上述概念外,2003 年,S. Morris 提出了新的研究前沿概念,将研究前沿定义为引用一组固定和时间不变基础文献的文献集,由文献耦合数据聚类得到[12];2006 年,陈超美[13]把研究前沿定义为一组突现的动态概念和潜在的研究问题。研究前沿概念的时序发展如图 2.1 所示。

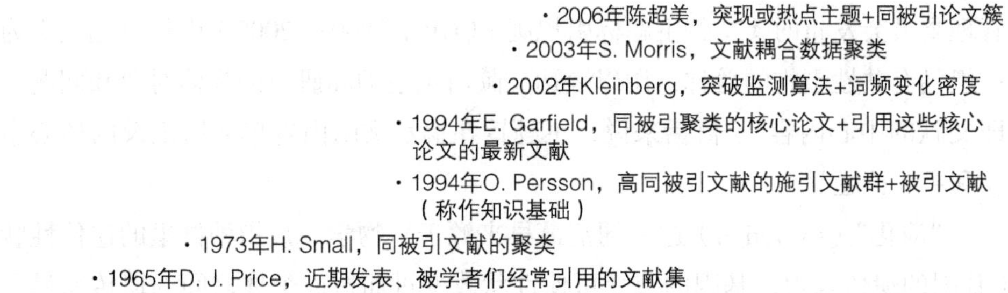

- 2006年陈超美,突现或热点主题+同被引论文簇
- 2003年S. Morris,文献耦合数据聚类
- 2002年Kleinberg,突破监测算法+词频变化密度
- 1994年E. Garfield,同被引聚类的核心论文+引用这些核心论文的最新文献
- 1994年O. Persson,高同被引文献的施引文献群+被引文献(称作知识基础)
- 1973年H. Small,同被引文献的聚类
- 1965年D. J. Price,近期发表、被学者们经常引用的文献集

1960年　1970年　1980年　1990年　2000年　2010年

图 2.1　研究前沿概念的时序发展

根据图 2.1 总结分析可知,在情报学领域,研究前沿的基本概念通常被定义为一组高被引文献、一组施引文献、一组突现主题等,研究前沿的定义在很大程度上取决于具体研究中所选择的数据源和采用的方法,方法和数据源不同会导致研究前沿的概念有所差异。

科学意义上的研究前沿是指特定时期内的一组研究选题,这些选题被认为具有重要的学术价值,但相关研究尚未完全展开,有待进一步挖掘。图情领域中的"研究前沿"是指借助信息计量与可视化分析方法,通过引文、关键词及论文作者等指标特征,从目前较为"新颖"的一些文献中提取出来的具有"潜在价值"的文献信息。图情领域中的"研究前沿"概念的提出是为了帮助研究人员与科学家对研究前沿进行"预判",而非(也不可能)替代具有明确现实意义的科学意义上的"研究前沿",两者所对应的文献集合是一种"交集"关系。本书主要研究图情领域中的研究前沿(Research Front),下面对其进行具体界定。

总体来看,目前图情领域中"研究前沿"这一概念还没有公认的定义,随着识别方法及采用分析数据源对象的不同而不同,主要是狭义上的定义。根据图 2.1 可归纳出,国内外学者对研究前沿的定义主要有新颖、一定的关注度和发展趋势良好 3 个关键特征。在此基础上,本书将研究前沿的概念界定为:某学科领域的基金、论文等科技文献中在近期(新颖性)广泛受到关注(关注度),并且呈现良好成长、发展趋势(发展潜力)的研究内容(主题)。

2.1.2 主题演化与主题扩散演化

目前学术研究中对于"主题"(Topic)尚无公认的定义,中国国家标准化管理委员会发布的《文献主题标引规则》(GB/T 3860—2009)中将主题定义为"一组具有共性事物的总称,用以表达文献所论述的和研究的具体对象和问题,即文献的中心内容"。概括来说,主题旨在揭示文献内容单元所论及的核心事物和主要论题[14]。

"演化"(Evolution)这一词汇最早来源于生物学,是指种群里的遗传性状(基因的遗传表现,基因的突变可使性状改变进而造成个体之间的遗传变异)在世代之间的变化[15]。随着科学交流、扩学科、学科交叉等现象的增加,"演化"相关理论与方法逐渐应用到情报学、管理学等学科领域研究中,并逐渐与本学科领域有关内容进行结合、拓展,进而推动这些内容的进一步发展,其中,情报学中最有代表性的就是关于"主题演化"的相关研究。

情报学中的"主题演化"旨在利用文献特征项之间的关联关系对文献集合进行分析,在主题识别的基础上通过不同阶段主题的关联分析揭示文献集合中蕴含的研究内容及其发展趋势,从而了解当前学科领域的研究现状、热点及其发展趋势[16-17]。

目前,众多研究者对"主题演化"这一概念做出了不同的界定。2008年,王春秀等将主题演化界定为"以词语为表征的学科主题在时间维度上的发展变化过程,与空间变化相比,学科主题的时间演化体现的是学科主题的新陈代谢过程,体现了某一学科的发展态势和未来走向"[18];2011年,徐戈、刘国威等在研究中提出主题演化的概念:主题演化是指主题在传播过程中变化的现象,这些变化包括主题时间和空间变化趋势,旧话题的消亡和新话题的产生,以及某话题向另几个话题扩散或收敛等发展趋势[19-20];2012年,王莉亚将主题演化定义为"主题随着时间变化而逐渐变化的现象,这些变化主要包括主题内容和结构的变化趋势"[21];2014年,吴江宁等提出主题演化的概念:主题演化可以看作主题在时间标签上的连续分布,具体界定分为内容演化和强度演化两种模式,主题内容演化指属于相同主题下的话题在不同时间窗口下存在着同一性和关联关系,主题强度演化指属于相同主题下的话题的热度随时间的变化[22-23]。2017年,郑晓月等在研究中将主题演化定义为"学科领域发展过程中具有层次结构的知识体系动态演变(排列结构、有机知识结构的演化路径或过程),具体包括主题全局演化、主题团簇演化和主题协同演化3个方面"[24]。

概括来说,目前研究者在对"主题演化"这一概念进行定义时主要从主题演化分析的整体过程入手,即将主题强度演化、主题内容演化或者主题结构演化等过程作为定义的核心。此外,当前主题演化研究主要基于单一数据(论文或专利),分析某学科、技术领域的论文或专利文本中的主题演化情况。

目前研究中与"主题演化"相关的概念还有"主题扩散",但具体研究中学者对于"主题扩散"的相关定义和研究较少,主要集中于基于引文分析的"知识扩散"研究。

概括来说,主题扩散是一个包括主题形成、主题溢出、主题吸收、主题再造和新主题形成在内的螺旋式上升过程,是对现有主题和知识的获取、整合和创造;主题扩散是个人、群体或组织间有用信息的流动,是创新知识在有效机制控制下的传递过程,主题扩散的目的性、主动性及可控性较弱。在科学知识发展过程中,主题演化和主题扩散并不是孤立的,两者相互影响。相较于单一数据中的主题演化与主题扩散,同一学科领域的不同科技文献(基金、论文和专利等)之间的主题演化与主题扩散过程具有更紧密的联系,从一定程度上讲,这种更紧密的联系不应该被简单、人为地割裂,而是应该作为一个整体来研究。因此,本书首先对不同科技文献(基金、论文和专利等)之间的主题演化与主题扩散过程进行概念界定，将其界定为"主题扩散演化"。本书主要在"主题演化"这一概念的基础上，界定本书关键概念"主题扩散演化"，即为了区分基于单一数据源的研究主题演化过程，本书将发生在基金、论文或专利等不同数据源之间的研究主题的传递、扩散和演化过程定义为"主题扩散演化"。界定、明确"主题扩散演化"的概念，探究不同科技文献之间主题演化与主题扩散的相互关系及相互作用机制，对促进知识扩散、知识演化等相关研究的发展具有一定的意义。

2.2 理论基础

2.2.1 科学发展模式理论

卡尔·波普尔（K. Popper）通过《科学发现的逻辑》《猜想与反驳：科学知识的增长》《客观知识：一个演化论的研究》等著作系统论述了科学哲学论，并且较为全面地阐述了"证伪主义"[25]和"三个世界"[26]学说。他在研究中指出，知识的发展同生物的进化有惊人的相似[27]，客观知识的发展、进化是通过非自然的、非自发的或人为的选择进行的，具有遗传、继承、变异等特征[28-29]。

托马斯·库恩（T. S. Kuhn）在《科学革命的结构》一书中提出科学发展模式理论[30-31]，以历史主义方法论出发，以范式为核心概念，采用四段图式（问题—猜想—反驳—新的问题）表示科学发展模式，认为科学发展是一个革命过程，且永无止境、不断发展，逐渐向真理逼近，并将科学范式定义为"某一学科领域的共同约定"。

无论是波普尔提出的"证伪主义"（亦称批判理性主义）的科学发展模式理论，还是库恩提出的基于范式理论的科学发展模式理论，都是从科学发展的宏观层面上用不同的形式描述了科学研究内容的发展演化过程[32]。从主题演化的角度来看，科学发展是新研究主题不断产生和旧研究主题不断消失的过程，同时包含着研究主题的交叉和融合。科技文献作为科学知识的主要载体，其中蕴含的文本内容（主题词、主题等）会随着科学领域的发展而发生动态关联演变：从某一短时期来看，科学知识结构趋于稳定，整体研究处于相对稳定的渐进式发展模式，伴随着少量新词、新主题的出现、关联和消失等现象；从较长时期来看，科学发展的基本模式就是知识的产生、发展、成熟、消亡的动态过程，也可以认为是研究主题的动态演化过程[33]。

通过上述分析可知，某学科领域发展过程中基金、论文等科技文献中蕴含的研究主题的发展演化过程同样符合科学发展模式理论。在某一短时期来看，研究前沿作为某学科领域中近期产生的、受到研究者关注的科学知识，不会凭空产生，而是来源于前期研究内容的交叉、融合和延伸，因此，通过基于基金和论文研究主题的扩散演化分析来识别研究前沿，从理论上来看是可行、合理的。

2.2.2 生命周期理论

生命周期理论概括、揭示事物发展的整体过程，认为事物的发展遵循产生、发展、成熟到消亡的一般规律[34]。目前，生命周期理论在金融经济[35]（产品生命周期）、企业管理[36]（企业生命周期）和科技政策[37-38]（技术生命周期）等研究领域应用广泛。

学科领域的发展同样遵循生命周期理论，学科领域的增长是由若干个研究主题呈阶梯形增长的 S 形生命周期组成，每个生命周期包括萌芽期、成长期、成熟期和衰退期等阶段[39]。结合科学发展模式理论与生命周期理论分析可知，学科领域知识特征和主题特征的发展过程可以分为 4 个阶段，具体如表 2.1 所示。

表 2.1 学科领域知识特征和主题特征的发展过程

特征	阶段 1	阶段 2	阶段 3	阶段 4
知识特征	范式出现	常规科学	重大问题的解决	衰竭
			反复出现	危机
主题特征	研究主题少或尚未形成主题	研究主题或无形学院	日益专业化	主题减少
			争论日益加剧	无形学院成员减少

阶段 1：学科领域发展处于萌芽期，知识特征呈现研究范式萌芽发展趋势，具体研究成果较少，研究者交流不畅，尚未形成具体的研究主题及研究社区，基础研究方法与研究理论匮乏。

阶段 2：学科领域发展处于成长期，知识特征呈现爆发趋势，研究范式涌现，形成常规科学，具体研究成果快速增加，形成研究主题及研究者相互交流构成的无形学院。

阶段 3：学科领域发展处于成熟期，知识特征呈现稳定特性，重大领域难题得到解决，特定研究问题呈螺旋式发展，具体研究成果稳定增加，研究主题及研究者相互交流构成的无形学院日益专业化、细化，并且相互之间争论加剧。

阶段 4：学科领域发展处于衰退期，知识特征呈现衰竭特性，研究领域发展出现危机，具体研究成果的增加日益减少，研究主题的具体内容逐渐减少，并且研究者相互交流构成的无形学院成员减少。

通过上述分析可知，学科领域的发展一般经历萌芽期、成长期、成熟期和衰退期等生命周期阶段，研究主题作为学科领域主要研究内容的概括总结，同样按照这一模式进行发展。在一定时期内，某学科领域的研究主题不会凭空产生或消失，主题发展趋势是有迹可循的：学科主题的时序演变具有延续性，并且会受到前期阶段的影响（学科主题发展生命周期），所以能够根据学科主题的演化数据构建数理模型，来预测未来一定时期内的研究主题发展趋势，通过研究主题的演化数据来进行短时期的研究前沿主题发展趋势预测是可行的。

2.2.3 系统论视角下基金和论文中知识增长自组织、关联机制

系统论的基本思想是把研究对象看作一个整体系统来对待，研究、分析系统整体和组成系统整体的各个要素之间的相互关系，通过揭示整体与系统各个要素的结构、功能等特征来把握系统整体，从而达到最优的目标[40]。

从系统论角度来看，基金与论文主题的关联、演化互动是科学系统内部各个要素之间通过某种方式建立联系并相互影响，从而使整个科技系统的性质、结构和功能发生变化的过程。

E. C. M. Noyons 等指出，科学知识增长问题在很大程度上是一个科学认知系统内部的自组织过程，并伴随着科学知识的动态增长和老化[41]。

L. Leydesdorff 等认为，科学研究活动通过社会化的学术交流来获得知识的积累与增长，本质上是一个科学社会内部的自组织过程[42]，并借鉴系统论动力学的思想来研究科学知识的动态增长规律，把整个科学界的所有学科看作一个大系统，把每一个学科看作整个科学大系统中的子系统[43-44]。靖继鹏、马费成等认为，科学是一个不稳定的逻辑混乱系统中通过逻辑合理化组织获得的稳定有序性建构[45]。刘则渊等在结合可视化技术利用文献共被引分析方法与共词分析方法展现知识结构的动态发展演化时，指出在特定的学科领域会发生知识单元的分解和会聚、离散和重组、演进和升华、衍生和转化，形成一个从简单到复杂、从低级到高级、从混沌到有序的自组织系统[46]。K. Popper 指出，科学始于问题，科学理论就是对问题的试探性答复，科学发展是一个从问题到问题的链式过程，并将"进化"思想引入科学认知过程之中[47]。万昊指出，科学认识论中存在认知链式结构，在这条知识链中，各节点之间因某种逻辑因果关系而链接起来，知识单元依据科学共同体内部通用的科学标准、范式和系统理性建构规则来实现科学内在认知链式结构的建构[48]。

基金和论文等科技文献数据作为科学知识的主要载体，其中蕴含的研究主题作为科学知识系统内容的核心要素，存在一定的显性、隐性联系，并通过主题关联、演化等时序变化过程表现出来。

2.2.4 科学知识系统内主题扩散演化滞后影响因素分析

在现实生活中，时间滞后现象广泛存在，受到许多学科领域研究者的关注与重视，特别是通过定量分析的方法揭示客观事物之间的滞后规律。滞后规律的基本定义是，解释变量对被解释变量的影响不可能在短时间内完成，在这一过程中通常存在时间滞后，也就是说，解释变量需要经过一段时间才能完全作用于被解释变量[49]。

在管理心理学中，学者关注决策、管理等因素与形势发展的滞后现象与机制[50]。在经济、金融领域，学者研究宏观经济管理手段从实施到其对宏观经济运行产生显著作用，需要经过较长时间以后才能显示出来的一般滞后规律[51-53]，以及在经济运行过程中，某些经济变量受到同期及过去某些时期各种因素影响的时间滞后规律[54-55]。在公共政策研究领域，学者关注公共政策制定、执行等过程中的滞后规律[56]。目前，滞后规律相关研究主要集中在管理学、经济金融、公共政策、建筑科学与工程等领域[57]，并且主要通过时间序列数据（数量特征）进行滞后性分析，方法上大多采用现象描述与简单归因。

基金和论文作为科学知识的主要载体，其中蕴含的研究主题是科学知识系统内容的核心要素，存在一定的显性、隐性联系，并通过主题转移、扩散和演化等时序变化过程表现出来，并且其主题扩散演化过程存在客观滞后性。两者主题扩散演化存在滞后性的主要影响因素如下。

① 制度因素：基金的申请、批准到发表相关论文需要按照一定的制度流程，造成两者主题扩散演化具有一定的滞后性。

② 知识扩散因素：某领域的研究主题变化依赖于现有知识，是一个渐进的过程，基金和论文之间的知识扩散需要一定的时间，会导致滞后效应，所以造成两者主题扩散演化存在滞后性。

基金和论文主题扩散演化的滞后性为提高基于单一数据的研究前沿识别结果的前瞻性和准确性提供了新视角（通过主题扩散演化滞后规律，预测可能发生的主题演化状态），所以，发现、揭示作为科学知识主要载体的基金、论文主题扩散演化的滞后规律，对于指导多种科技文献数据融合的科技情报分析工作具有一定的参考作用。

此外，仅通过数量的时间序列分析来探索基金和论文的主题扩散演化滞后规律问题是不充分的，需要深入文本内容（主题）特征，综合外部数量特征和内部主题特征来分析基金和论文之间研究主题的扩散演化滞后规律。

2.3 研究前沿识别

概括来说，目前"研究前沿"可以分为两类：①引起相关领域学者高度关注并取得一定突破、形成一定影响力的研究成果，这一类型的"研究前沿"主要蕴含在已经发表、公布的研究报告、会议论文和期刊论文等科技文献中；②关于某一待解决研究问题尚未形成一定突破及有影响力的研究成果，但是获得相关领导、研究者的重视，开始逐步制定研究路线、研究方案，这一类型的"研究前沿"主要蕴含在各类基金申请书、科技规划中。

目前，情报学学者针对①类"研究前沿"做了大量的研究工作，提出了许多卓有成效的理论与方法；相较于①类"研究前沿"，情报学学者对于②类"研究前沿"有待于进一步的深入研究。

经过半个多世纪的发展，研究者提出了众多优异的研究前沿识别方法，大致可以分为定性和定量两种。

其中，定性的研究前沿识别方法以专家定性讨论分析为核心，具体利用调查问卷、线上通信（电话、邮件和在线视频）及线下专家咨询会议等多种专家调研方式进行，在实践中可能会进一步利用德尔菲法[58]、情景分析法[59]等，经过多轮征询专家意见，结合相关数据资料，最终汇总、提炼出领域不同专家的意见、观点，揭示出学科领域当前研究中的前沿、热点问题[60]，最后做出符合领域发展现状与趋势的研究前沿预测结果，从而指导相关的政策制定、科学实践和资金分配等工作。虽然定性的研究前沿识别方法能充分发挥专家的作用，集思广益，准确性较高，但是这种方式存在周期性长，需要耗费大量人力、物力，并且最终研究前沿识别结果过度依赖相关专家的经验、知识（主观性较强）等不足。

随着信息技术的发展及科技文献数据库的不断完善，以及学科领域知识的交叉发展、科技文献的爆发式增长，定性的研究前沿识别方法越发耗时耗力，专家难以掌握爆发式增长的科学知识，对于研究前沿的主观判定准确性不断降低。在此背景下，定量的研究前沿识别方法逐渐受到众多情报学工作者和研究者的重视，成为目前研究前沿识别工作中的主要手段。定量的研究前沿识别方法以科技文献为核心，主要利用文献计量学、文本挖掘、数理统计和可视化等相关方法对特定学科领域的基金、论文和专利数据进行计量、挖掘，通过分析引文、主题词和主题等科技文献内外特征的变化来揭示学科领域研究内容的特点、现状及其发展趋势，最后结合情报人员的解读，从而得到学科领域研究前沿。定量的研究前沿识别方法以计算机为主要手段，具备自动化程度高、高效、省时省力等优点，相较于人工阅读，能够快速、准确地处理较长时间内特定学科领域的科技文献资料，获得相应的研究前沿结果[61]；但是，通过定量分析得到的研究前沿存在一定误差、噪声，并且局限于所分析的科技文献数据，可能难以分析科学领域的整体结构，因此，在实际工作中，定量的研究前沿识别方法需要领域专家进行辅助研判，从而保证最终研究前沿识别结果的准确性和有效性。

目前，定量的研究前沿识别方法主要分为：①基于引文的研究前沿识别方法（将一组高被引文献定义为研究前沿）；②基于主题词的研究前沿识别方法（将突发或热点主题词定义为研究前沿）；③基于主题模型的研究前沿识别方法（将突发或热点主题定义为研究前沿）。

2.3.1 基于引文的研究前沿识别方法

各个学科领域的研究者们通过各种形式进行科学交流，其中，文献引用是主要方式之一，能够体现研究者完成论文过程中的知识继承关系，即学科领域知识的生长、累积和继承延续能够在一定程度上通过期刊论文之间的相互引用进行相对直观的表征[62]，因此，情报学研究者多利用期刊论文的引用关系测度特定学科领域研究者在某一时间段内研究的主要内容及其发展方向，识别出研究前沿及其发展趋势，进而揭示该学科领域发展规律。

具体来说，基于引文的研究前沿识别方法旨在利用多种数学、统计学等数理统计模型方法，对期刊、论文和作者等进行引用和被引用特征分析，进而使用比较、归纳、抽象、概括等逻辑方法进行总结归纳，以揭示其数量特征与内在规律，辅助情报人员识别学科领域研究前沿。

1965年，科学计量学（Scientometrics）的奠基人普赖斯（D. J. Price）通过观察、实验发现，大部分学科领域的研究者在论文发表过程中倾向于引用近期发表的期刊论文，这些近期发表的论文通过被引用而紧密联系起来，形成特定集合，并将这部分近期被引用的论文集合命名为"研究前沿"（Research Front，RF）[8]。研究中认为，这些论文集合是"生长的尖端"（Growing Tip）和"研究的表皮层"（Epidermal Layer），并且这些论文集合具备活跃、影响力和新颖性3个关键特征；也有学者将这部分文献称为过渡文献[63]。具体研究中，普赖斯指出，某个学科领域的研究前沿主要由研究者近期积极引用的多篇论文集合（一篇特定施引文献频繁引用的近期发表的30~50篇文献）来体现；实证研究中，普赖斯按照年代时序发展顺序将200篇"N-ray"相关内容的期刊论文划分到不同时间窗口，然后通过构建引文矩阵揭示近期被频繁引用的期刊论文集合，来预测"N-ray"领域的研究前沿。

自1965年普赖斯提出"研究前沿"的概念及基于引文的研究前沿识别初始方法以来，获得了众多研究者的认可与重视，并且根据普赖斯的研究思想进行了拓展和深化，逐步形成了基于引文的研究前沿识别方法体系。概括来说，目前比较受研究者认可的基于引文的研究前沿识别方法主要分为共被引（Co-Citation）[64-65]、文献耦合（Bibliographic Coupling）[66-67]和直接引用（Direct Citation）分析[68-69]3种类型。

（1）基于共被引分析的识别方法

基于共被引的研究前沿识别方法是对普赖斯关于"Research Front"研究的拓展深化，其中，H. Small、O. Persson 和 E. Garfield 等著名科学计量学、情报学研究者都对基于共被引的研究前沿识别方法进行了探索。

1973年，H. Small 最早提出共被引分析方法，即两篇或多篇文献同时被后来的一篇或多篇文献引用，则这两篇文献构成共被引关系[9]。在此基础上，1974年，H. Small 等在普赖斯对研究前沿的定义的基础上，将研究前沿定义为共被引文献簇，他认为高共被引文献簇代表目前研究中的活跃内容，能够有效表征研究前沿；并且首次提出了基于共被引聚类的研究前沿识别方法，来分析特定学科领域的研究前沿。在研究中，H. Small 为了研究共被引文献簇，即研究前沿对学科领域后续研究内容的影响情况，提出了创新性分析流程[70]：

首先，假定 m 篇文献 A_m 构成共被引文献聚类，其中，文献 A_i ($i<m$) 被 n 篇文献 A_{i1}，A_{i2}，$\cdots$，A_{in} 引用，选出在 A_{ij} ($j>n$) 文献标题中最常出现的4个词形成文献 A_i 的词集。

其次，统计共被引文献聚类中所有文献 A_m 所构成的词集，筛选出出现频次最高的 N 个词，进而构建 N-词聚类库（N-Word Cluster-Profile）。

最后，通过与该学科领域后续研究内容中标题抽取出的频次最高的 N 个词进行对比分析，以验证共被引文献聚类所表示的研究前沿能够揭示潜在主题领域的动态变化并引领后续研究内容。

1994年，O. Persson 在 H. Small 的研究基础上提出了新的基于共被引的研究前沿识别方法，与 H. Small 的研究主要区别在于，O. Persson 将共被引文献簇定义为"知识基础"，将相应的引证文献簇定义为"研究前沿"。具体研究中，O. Persson 检索、下载《美国情报学会会刊》（*Journal of American Society for Information Science*，*JASIS*）1986—1990年所刊载的期刊论文及其参考文献作为研究数据，首先构建引文网络，然后基于共被引聚类分析方法将聚类结果划分为共被引文献簇、施引文献簇，即知识基础与研究前沿，并通过对比分析两者的关系与区别，从而识别情报学领域的研究前沿[10]。同样是在1994年，

SCI 的创始人 E. Garfield 也提出了新的基于共被引的研究前沿识别方法，他认为共被引文献簇及其施引文献簇共同组成的文献簇才能准确揭示科学领域研究，在一定程度上是对 H. Small、O. Persson 两人研究方法的结合[11]。

经过上述学者的引领，基于共被引的研究前沿识别方法受到众多学者与工作者的认可，并逐步应用到研究前沿识别相关的研究与实践工作中。例如，近年来，情报学研究者提出了众多基于共被引的研究前沿识别新方法[2, 71]；此外，美国科技信息研究所（ISI）基本科学指标数据库（Essential Science Indicators，ESI）中的研究前沿（Research Front）功能和中国科学院文献情报中心、中国科学院科技战略咨询研究院与科睿唯安联合发布的《研究前沿》报告中的研究前沿指标都是基于共被引的研究前沿识别方法。

但是，基于文献共被引分析的研究前沿识别方法存在的主要不足是：共被引聚类分析是对"过去式"研究成果的统计，由于论文从选题确定到进行实验、撰写论文，再到论文发表需要 1~2 年，然后被引用形成共被引关系还需要 1 年多的时间，因此，基于共被引分析的识别方法存在"时滞性"问题，在一定程度上制约了研究前沿识别结果的时效性、前瞻性。

（2）基于文献耦合分析的识别方法

1963 年，M. M. Kessler 首次提出文献耦合（Bibliographic Coupling）的概念，当两篇及以上的论文同时引用一篇或多篇论文（存在共同的参考文献）时，将这两篇及以上的论文称为耦合论文（Coupled Papers），并把这种关系称为文献耦合[72]。

在研究中，M. M. Kessler 进一步定义了两个等级的文献耦合：一组论文中的每一篇都至少与指定的测试论文有一项耦合的引文，耦合强度表示测试论文与组内成员间引用相同参考文献的数量；一组论文中的每一篇都至少与组内其他论文有一项耦合的引文，耦合强度表示这些论文之间引用相同参考文献的数量。通过收集、处理期刊论文数据进行文献耦合分析，M. M. Kessler 发现，学科、专业内容越是相近的论文，它们参考文献中相同文献的数量就越多[20]。

基于文献耦合分析的研究前沿识别方法旨在利用文献耦合聚类来揭示科学领域的近期研究趋势，从而进行研究前沿识别，是另一种常见的研究前沿识别方法。与基于文献耦合分析的研究前沿识别方法相比，基于文献共被引分析的方法存在一定的时滞性，因此，有关研究者认为文献耦合更适合于研究前沿识别方法，并提出了众多卓有成效的研究前沿识别方法。

2003 年，S. Morris 等提出一种基于文献耦合分析的研究前沿识别方法[12]，其创新之处在于将文献耦合聚类结果与时间轴相结合，采用具有创新性的时间线方式来可视化挖掘研究前沿。通过绘制研究前沿时间线索（Time–Line）可视化图谱，能够清晰、直观地展示研究前沿出现和消失的时间，并且能够揭示潜在的新兴研究前沿及其基础文档、学科领域内研究前沿的信息流动及其层级结构等内容，从而有效辅助研究前沿识别，并以炭疽病领域为例进行了实证研究，验证了方法的准确性和有效性。

2006年，P. van den Besselaar 等通过研究发现[73]，与基于文献共被引分析的研究前沿识别方法相比，文献耦合是一种有意识的行为，作者总是有目的地选择使哪两篇文章相关，而文献共被引则是两篇文章在共被引之后所建立的联系，因此，文献耦合更适合于研究前沿的探测，并且受到了许多研究者的认可[74-77]。

2012年，E. Schiebel 在基于文献耦合分析的研究前沿识别方法的基础上，设计了基于二维地理图像和三维地理图像识别基础知识和研究前沿的可视化方法[78]。2016年，J. S. Liu 等提出了文献耦合分析和主路径分析结合的研究前沿识别方法，以辅助分析学科领域研究前沿、研究现状及发展趋势[79]。2018年，黄福、侯海燕等提取一组新近的高被引文献作为核心文献，然后通过核心文献与其被引文献进行耦合分析进而识别出研究前沿，通过对科学计量学领域的研究前沿特征的分析，发现耦合分析能够获得相对成长性较高的研究前沿[80]。

概括来说，虽然基于文献耦合分析的研究前沿识别方法能够在一定程度上克服基于共被引分析的识别方法的"时滞性"不足，但基于文献耦合分析进行研究前沿识别同样存在一定的缺陷，如数据集的固定性问题，一篇文章发表后，它的参考文献是固定不变的，因此，文献耦合分析的数据集不会像共被引分析数据集那样随着时间发生变化，在一定程度上会限制研究前沿识别的准确性、有效性。此外，文献耦合关系的形成依赖于较为成熟、权威的文献（研究者倾向于引用权威、有影响力的文献），因此，得到的聚类结果往往可能代表的是研究热点而不是研究前沿。

（3）基于直接引用分析的识别方法

直接引用分析（Direct Citation Analysis）是指基于期刊论文之间的引用关系构建引文网络，通过对所构建引文网络中节点的引用次数、引文链接和引文分布特征的统计分析来揭示学科领域研究的核心、热点和前沿等内容。由于基于共被引和文献耦合分析的研究前沿识别方法存在一定的缺陷（时滞性等不足），部分研究者认为，基于直接引用分析的研究前沿识别方法能够更直接、更早地揭示科技文献之间的相互关系，从而更早地探测到领域内部的前沿知识结构[81]。

2004年，E. Garfield最早提出基于直接引用分析的研究前沿识别方法，以改进基于共被引识别方法的时滞性问题，利用直接引用网络构建了一个学科领域的知识历史演化脉络图谱（Historiography Mapping）以辅助研究前沿识别[82]。

2006年，R. Klavans等对直接引用分析和共被引分析进行对比研究，分别基于期刊论文引用关系进行科学引文网络和共被引网络聚类分析，经过研究发现，直接引用聚类结果在内容上具有更高的相似性，认为直接引用关系更适合进行相似期刊论文的聚类分析[83]。在此基础上，该研究团队于2010年进一步研究了基于共被引、文献耦合和直接引用的3种研究前沿识别方法的优劣，认为直接引用识别得到的研究前沿结果更为准确[84]。

2008年，N. Shibata等进行了基于直接引用分析的研究前沿识别方法研究，具体以复杂网络和氮化镓两个研究领域为例进行探索研究，识别出两个领域的研究前沿[85]。2009年，N. Shibata等研究者同样对基于共被引、文献耦合和直接引用的3种研究前沿识别方法进行了对比研究，具体以复杂网络、氮化镓和碳纳米管3个领域为例，综合文献聚类大小、聚类密度和出版时间3个指标进行研究前沿识别，比较了识别方法的优劣，研究发现，基于直接引用的研究前沿识别方法相较于其他两种方法能够识别出前瞻价值更高的研究前沿，丢失研究前沿的风险最小[86]。2011年，N. Shibata研究团队面向研究前沿识别问题，提出了一种基于直接引用分析的社区探测方法，具体通过剔除与研究主题不相关的引文节点对引文网络进行修剪，然后对直接引文网络进行聚类，得到社区探测结果[87]。在此基础上，该研究团队进行了基于直接引用分析的再生医学领域研究前沿识别研究工作[68]，并且在后续研究中利用前期研究提出的基于直接引用的研究前沿识别方法，综合论文和专利两种数据进行研究前沿识别，以期得到商业价值更高的研究前沿[88]。

直接引用分析方法能够基于时间线（时序）以网络链接的形式描绘、展示某个研究主题的论文源流、走向，相较于共被引和文献耦合分析，直接引用分析能够描绘该引文发展的来龙去脉，对于识别研究前沿、分析学科发展过程及揭示研究规律具有重要意义。为了提高直接引用分析的效果，有关学者设计开发了相应的可视化工具，能够提高研究前沿识别结果的可读性和有效性。其中，比较具有代表性的研究如下。

21世纪初，随着可视化技术的发展，E. Garfield等研发出引文编年图可视化工具HistCite（History of Cite），能够基于科学论文的直接引用数据自动绘制领域引文编年图，揭示学科发展脉络（图2.2 a），并以之为基础进行了理论与实证研究[89-90]。除此之外，陈超美设计、开发的CiteSpace同样具有直接引用可视化分析功能[13, 91]，主要有Timezone、Timeline两种直接引用数据可视化功能（图2.2 c、图2.2 d）。2014年，N. J. van Eck等继研发出VOSviewer[92]之后，又设计出了直接引用分析可视化工具CiteNetExplore（Citation Network Explore）[93]，与HistCite、CiteSpace相比，其大大提高了对引用数据的处理能力和效率，能够处理百万级别引用关系；此外，CiteNetExplore提供连接成分分析（Connected Components）、聚类分析（Clustering）、核心文献识别（Core Publications）、最长最短路径识别（Longest, Shortest Path）等分析功能（图2.2 b）。

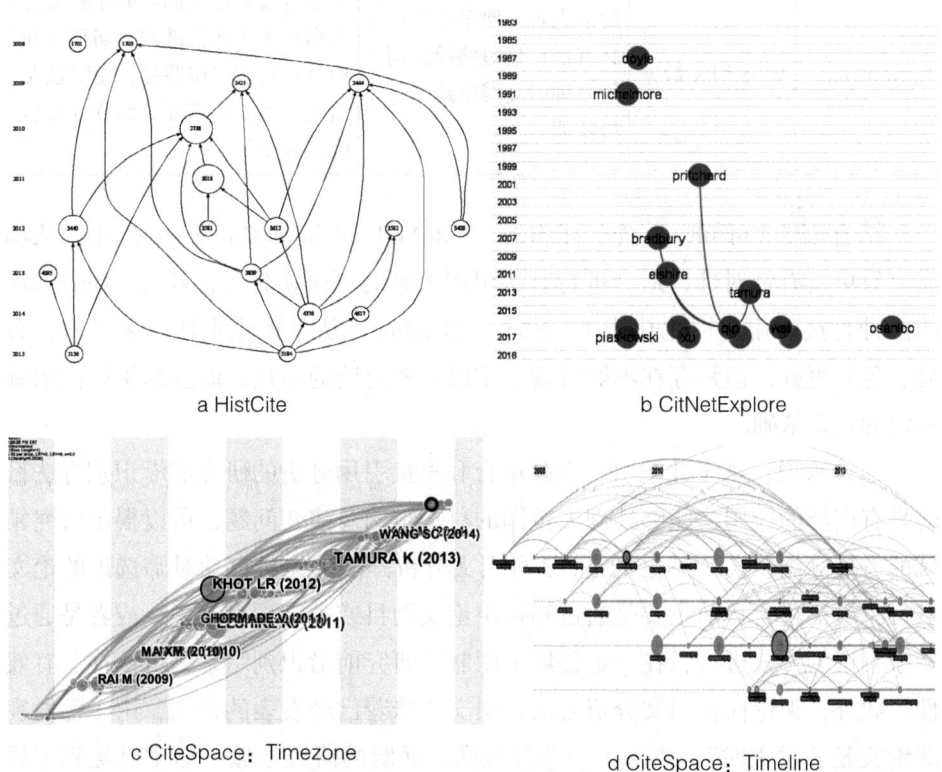

图2.2 基于直接引用的可视化工具

上述 3 种可视化工具是目前主流的适用于基于直接引用分析研究前沿识别方法的软件工具，本书对 HistCite、CiteSpace、CitNetExplore 软件工具进行对比分析，如表 2.2 所示。

表 2.2 基于直接引用的可视化工具对比

软件名称	支持数据	优点	缺点
HistCite	WOS 引文数据	简洁直观，便于解读；具有 GCS、LCS、LCR、CR 数据库，本地引用，参考文献数据统计功能	分析功能相对单一；海量引用数据处理能力较差；无法直接处理其他数据库的引用数据；节点标签只能显示数字；已经停止更新
CiteSpace	各种主流数据	布局美观，色彩丰富；具有 Timezone、Timeline 两种类型	路径不清晰、不直观，难以解读；直接引用可视化分析功能单一
CitNetExplore	WOS 引文数据	简洁直观，便于解读；具有最长最短路径识别等多种引文网络路径分析功能	无法直接处理其他数据库的引用数据；无法从关键词、期刊等方面分析直接引用路径；无法融入引文网络结构特征，如节点大小、链接权重等

结合表 2.2 可知，首先，HistCite、CitNetExplore 和 CiteSpace 相比，从功能上看更具有针对性，适合进行直接引用关系的可视化分析；其次，CiteSpace 的两种直接引用可视化功能 Timezone、Timeline，从可视化表达效果来看，布局、色彩更好，但是存在不够直观、难以有效解读的不足，而且结果解读依赖一定的知识基础。

总体来说，基于共被引、文献耦合和直接引用分析的研究前沿识别方法目前具有广泛的应用，能够处理大范围的科学结构及演变问题，可以揭示研究领域的发展脉络。美中不足的是，3 种引文分析方法都无法自动对筛选出的论文进行主题描述，目前主要是通过筛选出论文题目或关键词来标识，或者是通过专家判读的方式进行，在一定程度上限制了研究前沿识别结果的可读性、有效性。此外，无论何种引文分析方法，引文意味着已经发表的论文，由于已发表的论文是"过去时"，指示了一些较成熟、活跃的研究领域，通常已经到了研究的爆发发展阶段，其识别出的科学研究前沿存在滞后性，因而其"前瞻价值"一直受到质疑。

2.3.2 基于主题词的研究前沿识别方法

基于共被引、文献耦合和直接引用的研究前沿识别方法都是以文献为基本单元（引文单元），并不能实现对研究前沿内容本身（领域知识层面）进行识别，除了存在引用滞后性问题，还存在识别结果的间接性问题。因此，部分情报学研究者试图深入文献具体内容进行研究前沿识别，以期识别出更加直观、更有价值的研究前沿。

由于期刊论文中能够有效表达语义信息的基本单元为词，学科领域知识生长过程中伴随着新词的大量涌现[94]、词义的变迁、词共现的变化[95]和词频的变化等特征，有关研究者试图基于词进行研究前沿识别研究，特别是随着计算机技术、自然语言处理技术的发展，融合文献计量学方法，深入期刊论文文本内容运用词频、共词等分析方法识别研究前沿成为可能。相较于引文分析方法，基于词的识别方法能够处理基金、论文和专利等多种科技文献数据，具有较强的适应性，并且深入文本内容，可读性强、直观[96]。概括来说，目前基于词的研究前沿识别方法主要分为词频分析（Word Frequency Analysis）和共词分析（Co-Word Analysis）。

（1）基于词频分析的识别方法

当新的研究问题出现时，会引起越来越多研究者的注意，相应的文献数量也会增加，作为文献基本单元的相关词的出现频率也会相应变化。基于词频分析的研究前沿识别方法较为直接、简单，包括高频词分析，以及对主题词词频随时间变化、对时间片段内主题词的统计对照变化、突发词监测等，受到部分学者的重视[97]。

2002 年，J. Kleinberg 提出考虑词频变化密度的突发词监测算法（Burst Word Detection Algorithm），认为文本流数据中很多词汇的数量变化不是平滑增长，而是相对增长率突然提高，这些突发词汇具有潜在价值，在一定程度上能够代表某领域的研究前沿[98-99]。2004 年，K. K. Mane 等在 J. Kleinberg 的研究基础上，利用突发词监测算法选择突发词进行共词分析，然后以 1982—2001 年 *PNAS* 期刊所刊载的论文作为研究数据，绘制了词频变化图谱，辅助识别研究前沿[100]。同年，陈超美也借鉴 J. Kleinberg 提出的突发词监测算法，改进了 CiteSpace，发布了新版 CiteSpace Ⅱ，实现了突发词探测（Burst Detection），进一步完善了该软件的研究前沿识别功能[13]。2014 年，方丽等以 H 指数领域为例，利用突发检测算法识别了该领域的研究前沿及其知识基础，认为该算法在分析学科动态发展方面具有明显的优越性，利用突发词作为前沿术语展现研究前沿方便快捷[101]。近年来，部分研究者使用基于词频分析的识别方法进行领域前沿分析，取得了一定的成果[102-103]。2019年，赵燕等[104]以CNKI数据库中2008—2018年收录的我国关于儿童阅读推广领域的文献为数据来源，进行关键词突变分析，在此基础上对儿童阅读推广领域的研究前沿及其发展趋势进行了深入分析，以期为我国儿童阅读推广领域相关研究提供一定的参考与借鉴。

基于词频分析的研究前沿识别方法的主要不足是：单纯的词频分析得到的研究前沿主要以单一词汇为主，而由于一词多义、歧义等问题，在实际的研究前沿识别工作中会限制结果的准确性和可读性。因此，部分研究者提出基于共词分析的研究前沿识别方法，以期改进单纯基于词频分析识别方法的不足。

（2）基于共词分析的识别方法

1983年，M. Callon在科学与技术研究社会学座谈会上首次明确提出共词分析方法，并用其绘制科学研究结构。M. Callon认为，相较于引文分析，共词分析方法能够深入文献内部，从更细微、更深的层次揭示科学研究结构的动态变化[105]。共词分析方法的基本原理是：通过统计文献集合中词汇的共现情况来分析关键词、主题词之间的关联强度，常以层次聚类、共词网络可视化（用Ucinet、Pajek、SCI^2、TDA等软件绘制可视化图谱）的形式直观输出揭示这些词之间的亲疏关系，进而反映这些词所代表的学科领域的研究前沿、热点及其发展趋势[106-107]。

1984年，A. Rip等提出基于共词分析的研究前沿识别方法，并以生物技术领域为例，检索、下载了生物技术领域10年内的论文作为研究数据，识别了生物技术领域的研究前沿，研究中特别指出，研究前沿的识别要将科学计量方法和专家认知分析结合起来[108]。1998年，B. Shaffer仅以论文标题为研究数据，抽取论文标题中的词语构建共词网络，然后利用聚类分析识别学科领域的研究前沿，最后以凝聚态物理研究领域为例验证了方法的有效性[109]。

1997年，美国海军研究所（ONR）的R. N. Kostoff博士提出基于全文本自动抽取词汇的共词分析——数据库内容结构分析技术（Database Tomography, DT），并用来发现具有核心竞争力的研究前沿[110]。2003年，A. Kontostathis提出基于文本挖掘的自动探测方法ETD（Emerging Trend Detection），首先将主题用一组由时间特性关联的词共现特征来表示，然后根据这些共现特征用文本挖掘技术进行主题抽取，随着时间的推移，用一定的评价标准来验证主题、对主题进行分类并判断趋势[111]。这两项成果促进了文献计量学和数据挖掘方法的结合，出现了大量相关研究。2006年，陈超美提出基于研究前沿词汇（主题词）和知识基础（同被引论文簇）构成的异构网络（Heterogeneous Network）识别研究前沿的方法[13, 91]。2013年，程齐凯、王晓光基于共词网络社区，利用Z-value算法和社区相似度算法构建了科研主题演化模型，并试图通过分析网络视角下词间关系的变化来发现研究前沿[112]。2016年，郑彦宁等提出基于研究主题年龄、研究主题关注作者数量指标的研究前沿识别方法，首先利用TF-IDF算法提取关键词，构建共词网络，然后基于Newman社区算法进行主题识别，最后利用构建的两个指标进行研究前沿识别[113]；同年，在此基础上，郑彦宁等进一步提出将论文与专利结合的研究前沿识别方法，发现该方法可以识别出基础研究与应用研究相结合的研究前沿[114]。2019年，赵丽梅等基于共词分析的研究前沿识别方法，综合采用矢量动态模型、聚类分析、多维尺度分析及区块分析等方法，揭示了大数据时代背景下我国数字图书馆研究领域的知识结构和前沿趋势[115]。

基于共词分析的研究前沿识别方法由于作者取词习惯、关键词不规范、表征内容不完整和缺乏语义联系等原因，会造成研究前沿识别结果的不准确，在一定程度上限制了其实用价值。因此，有关研究者尝试利用机器学习技术（主题模型）来改进基于共词分析的研究前沿识别方法。

2.3.3 基于主题模型的研究前沿识别方法

在自然语言处理、机器学习领域中，主题模型（Topic Model）是指以非监督学习的方式对文本集合的隐含语义结构（Latent Semantic Structure）进行聚类（Clustering）的统计模型，旨在发现一系列文档中的抽象主题[116]。相较于共词分析方法，基于主题模型的识别方法具有无须监督、省时省力，以及能够有效提高研究前沿识别结果的语义信息等优点，因此，大量情报学研究者进行基于主题模型的研究前沿识别方法研究，下面对代表性研究成果进行介绍。

1996年，美国国防部高级研究计划局（Defense Advanced Research Projects Agency，DARPA）提出主题探测与追踪（Topic Detection and Tracking，TDT）技术[117]，旨在不需要人类干预的情况下，让计算机在新闻信息流中能够自动发现新闻主题。TDT技术面向具备突发性和延续性规律的文本流数据，已逐渐成为当前研究前沿识别、舆情监测和数据挖掘等领域的研究重点，受到学者广泛关注。早期DARPA提出的主题探测与追踪模型主要使用基于规则的方法，通过人工编制主题构成规则，然后识别文本集合中的主题，因此，存在规则编制费时费力、鲁棒性较差（人工编制的规则仅适用于部分文本，不同领域需要编制不同的规则）等不足，在一定程度上制约了基于主题模型的研究前沿识别方法的发展[118]。

2003年，D. M. Blei等提出的LDA模型能够有效识别文本数据中蕴含的主题，可以基于统计概率层面表达词间语义层次关系，但是存在不能解释主题演化情况的不足[119]；为了改进此不足，2006年，D. M. Blei等又提出了动态主题模型，让动态LDA模型可以处理具有时间戳记的文档数据集，实现动态主题的识别与追踪[120]。LDA主题模型的提出与改进推动了TDT技术的发展，广泛应用于研究前沿识别、舆情监测和情报分析等领域，特别是在情报学领域，众多情报学研究者提出了基于主题模型的研究前沿识别方法。2004年，J. Zhang等使用LDA模型对在线文档进行了研究前沿主题的探测与跟踪研究[121]。2014年，范云满等利用TDT技术识别论文数据中的主题，并追踪主题时序变化特征，分析新兴、成熟等各个阶段的主题变化情况，在此基础上，绘制新兴前沿主题探测表格和探测曲线，来探测新兴研究趋势[122]。2018年，陈伟等利用维特比（Viterbi）算法识别专利术语，利用TDT技术分析各时期主题的分布特征和演变规律，并结合隐马尔可夫模型进行研究前沿识别，预测分析了研究前沿的发展趋势[123]。

由于基于概率的主题模型不仅使用多个主题词来描述同一主题，而且给出了每个主题词对这一主题的贡献度；此外，还可以通过调整阈值的设置改变主题词的个数，不仅能够提升研究前沿识别结果的语义信息（可读性），还能够提升研究前沿识别的粒度和灵活性。特别是近年来，传统的研究前沿识别方法逐渐难以适用于爆发式增长的科技文献，因此，基于主题模型的研究前沿识别方法成为研究前沿识别领域的热点方法之一。

2.3.4 研究前沿识别的新方法、新思路

除了上述主流的研究前沿识别方法外，近年来，随着复杂网络技术的发展、数据源的丰富和深度学习技术的兴起，研究者在上述经典、成熟的研究前沿识别方法的基础上，提出了许多研究前沿识别的新方法、新思路。

(1) 基于引文和词分析有机结合的研究前沿识别方法

通过调研可知，基于引文或词分析的识别方法各有优劣，因此，有关研究者尝试将两种主流方法进行有机融合，以期提高研究前沿识别的效果。

基于引文和词分析有机结合的研究前沿识别方法最早可以追溯到 20 世纪 90 年代初。1991 年，R. R. Braam 等首次提出将共被引和词分析结合起来的研究前沿识别方法，基本思路是：首先基于文献共被引聚类得到文献集合，然后从这些文献集合的标题、摘要中抽取词构建相应的词集合，进而通过测度这些词集合的相似性将基于共被引聚类得到的文献集合划分到不同的研究前沿主题；以物理学领域为例进行了实证，验证了方法的可行性和有效性，并且认为共被引和词分析有机结合的研究前沿识别方法相较于单纯的共被引或者词分析方法能够获得更为准确、全面的研究前沿[124]。后续研究者对此进行了继承、延续[73, 125]，推动了基于引文和词分析有机结合的研究前沿识别方法的进一步发展，其中，陈超美提出的新方法影响最为广泛。

2006 年，陈超美研究、设计了科学知识图谱绘制工具 CiteSpace Ⅱ，其中集成了引文和词分析有机结合的研究前沿识别方法[13, 91]，基本原理如图 2.3 所示。该方法的基本步骤是：①采用 Kleinberg 突发词监测算法识别研究前沿词汇；②进行共被引聚类分析，得到共被引文献簇（知识基础）；③将①和②得到的结果结合起来构建异构网络，然后利用可视化技术来揭示研究前沿。随着 CiteSpace Ⅱ 工具的广泛使用，该研究前沿识别方法及其软件、工具受到了广大情报学研究者的认可，特别是国内产生了众多研究成果[126-128]。

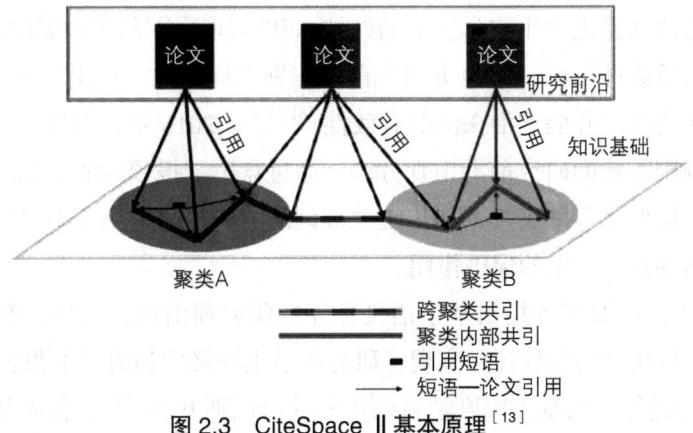

图 2.3 CiteSpace Ⅱ 基本原理[13]

2015年，P. Xie 基于共被引和共词分析有机结合的研究前沿识别方法分析了国际抗癌领域的研究前沿[129]；同年，周丽英、冷伏海等提出了引文耦合增强的共词分析方法，并以农业科学领域为例进行实证研究，研究结果表明，该方法能够提高主题划分的准确性[130]，对于基于引文和词分析有机结合的研究前沿识别方法有关研究具有一定的借鉴意义。

基于引文和词分析有机结合的研究前沿识别方法虽然能够结合文档的外部引文和内部词汇特征，提高研究前沿识别的准确性、可读性，能够在一定程度上解决单纯基于引文或词分析的识别方法的不足，但是，由于在实际操作过程中方法步骤过于烦琐、复杂，极大地限制了该方法的实用价值。

（2）基于新兴计算机技术的研究前沿识别方法

利用新兴计算机技术来识别研究前沿一直是情报学研究者工作的重点之一。早在1945年，V. Bush 在"As We May Think"一文中指出信息爆炸所带来的知识利用问题[131-132]，并提出用不断出现的信息技术来协助人们管理和利用信息。目前，部分情报学研究者在这一思想的指导下，提出了基于离群点挖掘算法、关联规则算法、语义分析和深度学习算法等新兴计算机技术的研究前沿识别方法，对经典研究前沿识别方法起到了补充、完善的作用。

离群点是指数据集中偏离大部分数据、出现模式异常的数据。目前，离群点探测方法主要有基于分布的离群点、基于深度的离群点、基于聚类的离群点、基于距离的离群点和基于密度的离群点等方法[21, 133-134]。2011年，张英杰、冷伏海等提出了基于离群点的前沿趋势探测方法，并以 Web of Science 数据库收录的 2006—2010 年的国际空间站（ISS）数据为数据源，运用基于聚类的优选离群点算法在微重力生物学、空间站技术和空间天文学等领域识别出若干研究前沿，然后通过与 CiteSpace Ⅱ 研究前沿识别工具与专家判读结果进行比对，验证了基于离群点开展前沿探测的有效性[61, 135]。2016年，李牧南[136]提出了基于关联规则算法的研究前沿识别方法，通过竞争情报领域的实证研究，得出结论：基于摘要文本的突发词和传统关键词的关联规则挖掘模型对于研究前沿的发现与甄别具有一定的促进作用。

2015年，白如江等提出基于语义标注的研究前沿识别方法，利用条件随机场模型进行语义组块标注，实现了研究前沿主题聚类和语义主题表征[137-138]。2018年，孙震等提出基于深度学习的研究前沿识别方法[139]，首先基于上下文对知识元进行神经网络训练建模，将知识元（人工语义标注得到）表示为词向量，然后利用欧几里得距离（Euclidean Distance）算法计算上一步得到的知识元向量，构建相似性矩阵，进而利用 K-Means 聚类算法对其进行聚类，识别具有相似语义、语用关联的知识元簇集，通过与 ESI 研究前沿的对比分析揭示研究前沿的演进特征和规律。

基于新兴计算机技术的研究前沿识别方法虽然能够提高研究前沿识别的效率、可读性，但是由于这些新兴计算机技术并不是面向研究前沿识别问题而设计的，在使用过程中应该客观而不是盲目追求新技术，因此，与基于引文、词和主题模型等的识别方法孰优孰劣还有待于通过研究进行进一步验证。

（3）基于数据源拓展的研究前沿识别方法

部分研究者认为，论文数据中蕴含的研究前沿前瞻价值不高，需要进一步考虑科技规划、基金等科技文献作为研究前沿识别的数据源。基于数据源拓展的研究前沿识别方法旨在利用科技规划、基金数据或结合论文数据进行研究前沿识别[140]，以期从根本上提高识别结果的前瞻性。

2014 年，静发冲等利用聚类方法对美国国家科学基金会资助的基金进行分析，展示了各类主题的项目研究内容及识别研究前沿主题[141]。2017 年，王效岳等以 NSF 资助的碳纳米管领域基金数据为数据源，构建了基于主题的资助时间、资助强度（金额）和中心性指标的研究前沿主题探测指标体系，以辅助进行研究前沿识别[142]。2017 年，李贺等选取美国 NSF 资助的燃料电池、碳纳米管和无线传感器网络技术科研项目为例，从申请趋势、申请机构和内容主题 3 个维度，利用相关系数、可视化等技术方法对相应的专利信息与科研项目进行了详细分析，从而识别相关领域的研究前沿[143]。

基于基金、论文和专利等科技文献数据的研究前沿识别方法研究逐渐成为国内情报学界前沿、热点识别领域关注的重要问题。但是，目前的研究侧重于利用基金、论文和专利等数据进行研究前沿识别的实践、应用，而且多限于特征项的数量计量分析，未深入揭示研究前沿在不同数据源间扩散演化的基本机制和规律，在一定程度上限制了基于数据源拓展的研究前沿识别结果的准确性和有效性，研究前沿在不同数据源间扩散演化的基本机制和规律问题有待于进一步深入研究。

2.4 主题演化

近半个世纪以来，随着科学交流、扩学科、学科交叉等现象的加剧，"演化"相关理论与方法逐渐应用到情报学、管理学等学科领域研究中，并逐渐与本学科领域有关内容进行结合、拓展，进而推动这些内容的进一步发展。其中，情报学中最有代表性的就是关于"主题演化"的相关研究。

在主题演化过程中，随着时间的推移会发生分裂、融合等现象，进而形成类似于生物进化树的网状结构。与生物进化树不同的是，主题演化过程中不仅存在分裂现象，研究主题之间的融合现象也很明显，从而形成演化网状结构，共同推动学科领域的发展，如图 2.4 所示。

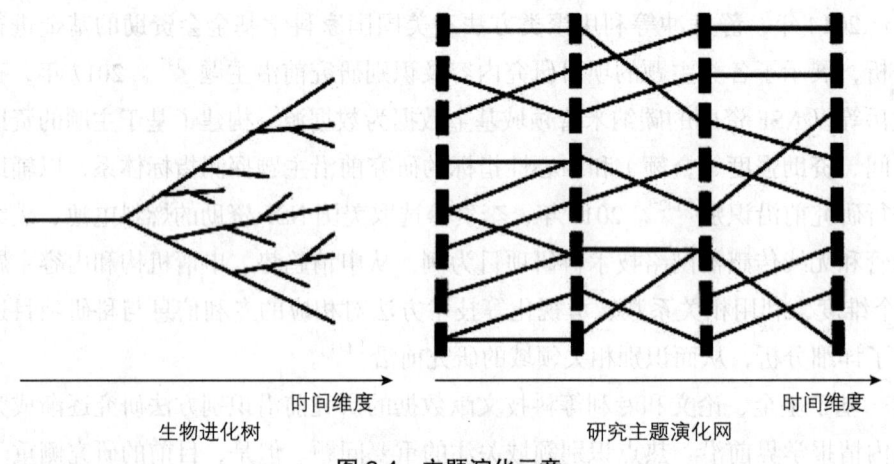

图 2.4 主题演化示意

情报学中的"主题演化"旨在利用文献特征项之间的关联关系对文献集合进行分析，在主题识别的基础上通过不同阶段主题的关联分析揭示文献集合中蕴含的研究内容及其发展趋势，从而了解当前学科领域的研究现状、热点及其发展趋势。主题演化分析能够有效揭示学科领域研究内容的内在联系、整体结构特征及演化脉络，评估特定学科领域的研究现状、热点及其发展趋势等，对于科研人员提高科研效率、管理者合理配置科技资源和政策制定者思考政策方向具有一定的意义。

概括来说,目前主题演化相关研究主要分为主题演化分析方法(基于引用、文本内容的主题演化分析方法)、主题演化可视化和主题扩散演化等方面。下面分别进行综述。

2.4.1 基于引用的主题演化分析

期刊论文之间的引用关系反映了科学知识的流动、关联,因此,引用关系是主题演化关联构建中天然的联系,引用关联不仅可以在一定程度上直观反映不同期刊论文研究主题之间的关联,也可以反映同一研究主题的关联、发展。部分情报学研究关注基于引用的主题演化研究。

1977 年,H. Small 首次提出了较为系统、成熟的基于引用的主题演化分析,以 Web of Science 数据库中收录的胶原蛋白(Collagen)领域相关期刊论文为研究数据,具体选择被引次数 15 次及共被引次数 11 次以上的论文构建引文网络,利用高被引论文聚类的共被引次数作为主题演化关联标准,在此基础上提出了簇演变链(Cluster String)的概念,然后以 1 年为间隔进行时间窗口滑动,分析了 1970—1974 年胶原蛋白领域的主题演化情况,结果如图 2.5 所示[144]。

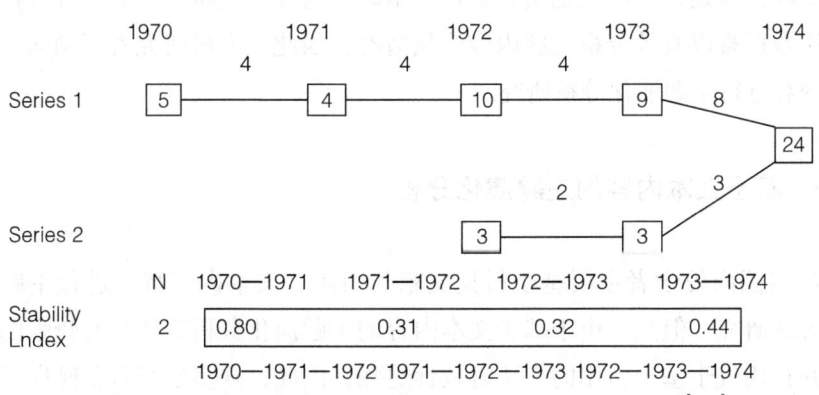

图 2.5 胶原蛋白领域的主题演化情况(1970—1974 年)[100]

国内关于基于引用的主题演化研究最早可以追溯到 20 世纪 90 年代,其中代表性研究成果是:1995 年,崔雷以支气管肺泡灌洗术领域的文献为研究数据,在共被引聚类的基础上进行时间排序,对聚类主题结果进行分析,直观、清晰地分析了该领域的研究现状与发展脉络[145],并在论文中指出基于高被引论文的共被引聚类和时序分析是分析学科领域某一主题历史与现状的有效手段。在此基础上,1996年,崔雷以丙型肝炎(Hepatitis C)领域期刊论文作为研究数据,提出高被引论文的连续同被引聚类分析方法,进一步明确了基于同被引聚类的主题演化分析方法,通过实证研究验证该方法能够动态地分析某学科领域研究主题变化情况[146]。

近年来,国内外学者仍然进行基于引用的主题演化研究,并尝试与其他文献计量分析方法相结合,如共词分析、主题识别等。2017年,Leung等将共被引分析和共词分析相结合,对社会媒体相关期刊论文进行分析,从宏观到微观全面揭示该领域主题演化的外部表现和内在机制,反映学科领域主题演化的全貌[147]。2018年,罗双玲等提出一种基于"半积累"引文网络的领域主题演化分析方法,并以"合作演化"领域为例进行实验,构建该领域相继时间段下的引文网络并进行主题识别,然后根据相邻时间段主题之间的引用强度来识别主题演化路径及不同主题间的交互影响结构,通过研究发现,该方法能够与基于文献耦合、共被引的主题演化分析方法结合以深化学科主题演化相关研究[148]。

基于引用的主题演化分析虽然能够通过引用这一天然联系构建主题之间的演化关联,但是,由于主题演化旨在揭示研究内容的现状与发展趋势,仅仅基于引用数据难以有效分析主题内容演化情况,因此,大量研究者更倾向于基于文本内容进行主题演化分析研究。

2.4.2 基于文本内容的主题演化分析

虽然国内外学者主要基于科技文献的引用、文本内容特征进行主题演化分析方法研究,但是,由于基于文本内容的主题演化分析方法具有较强的适应性,并且相较于基于引用的方法时效性更强,因此,众多研究者更倾向于基于文本内容进行主题演化分析。基于文本内容的主题演化分析方法和文献处理技术息息相关,2001年,T. Nasukawa等对文献处理技术的发展阶段进行了概括总结[149],如表2.3所示。

表 2.3 文献处理技术的发展阶段总结

功能	目的	技术	数据表示	自然语言处理	输出
文献查找	找出特定主题的相关数据	信息检索	字符串、关键词	关键词抽取（转换为原型）	一组文献
文献组织	主题概述	聚类、分类	关键词集（矢量空间模型）	关键词分布分析	文献集（簇）
知识挖掘	从内容中抽取感兴趣的信息	NLP、数据挖掘、可视化	语义概念	语义分析、意图分析	提炼过的信息（趋势模式、关联分析等）

结合表 2.3 分析可知，基于文本内容的主题演化分析方法主要基于信息检索、自然语言处理、知识图谱和可视化等信息技术。20 世纪 70 年代以来，如何高效地从海量科技文献文本内容中识别出隐含的研究主题及其演化趋势一直是情报学的研究重点之一，为此，国内外情报学专家学者提出了大量方法、模型以识别研究主题及其演化趋势，概括来说主要分为 3 类：基于共词、基于社区探测和基于主题模型的主题演化分析方法。下面对国内外代表性研究进行梳理、综述，以为本书提供参考、借鉴。

（1）基于共词的主题演化分析

基于共词的主题演化方法以词频、词共现（主题词、关键词）关系为基础，根据词共现关系进行聚类得到主题，并根据共现关系构建主题之间的关联，从而分析学科主题的演化轨迹。研究早期，部分研究者仅基于词频进行主题演化分析，由于单个词汇及其频次难以有效揭示主题演化内容，因此，在后续研究中，专家学者主要以词共现关系或结合词频分析进行主题演化分析。概括来说，目前基于共词的主题演化方法主要分为 3 个步骤：主题词（关键词）抽取、主题词共现构建与主题识别、主题演化分析，具体步骤如图 2.6 所示。

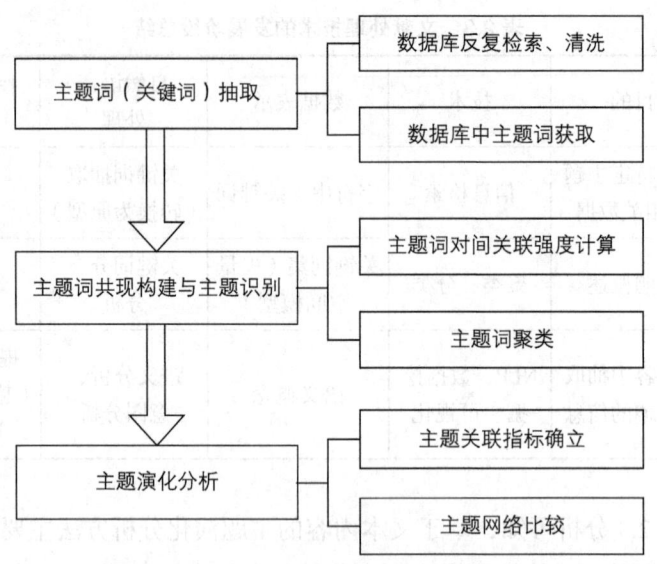

图 2.6　基于共词的主题演化分析方法主要步骤

根据图 2.6 分析可知，基于共词的主题演化分析方法中，主题词共现强度的测度是其关键步骤，部分研究者对此展开研究，其中，对后续研究影响较大的研究成果是：1986 年，M. Callon 等提出包容指数（Inclusion Index）和临近指数（Proximity Index）两个指标以测度关键词对间的关联强度，并以饮食纤维（Dietary Fibre）领域为例进行了实证研究，通过构建不同时期的词共现网络图谱分析共词网络图谱中的变化，揭示了饮食纤维领域的主题演化情况[150]。在 M. Callon 研究的基础上，N. S. Coulter、R. N. Kostoff 等[151-152]进行了拓展、深化，在多个领域进行基于共词的主题演化分析研究[153-154]。

此外，部分研究者面向专利数据进行了基于共词的技术主题演化分析。2004 年，B. Yoon 等利用文本挖掘技术抽取专利文本中的关键词构建共现网络，并基于技术中心指数（Technology Centrality Index）、技术周期指数（Technology Cycle Index）和技术关键词聚类指数（Technology Keyword Clusters Index）进行技术主题演化分析[155]。2006 年，Y. G. Kim 等从目标技术领域的专利文献中提取关键词，利用不同聚簇（由 K‑Means 聚类算法得到）关键词之间的共现关系绘制关键词语义网络，根据语义网络中每个关键词节点在专利文献中的最早提交日期和提交频率对其进行重新排序，并结合关键词首次出现的时间构建专利地图，进行技术主题演化分析，从而反映技术主题演变轨迹和趋势[156]。

由于单纯的词共现关系难以有效识别出科技文献中的主题,所以,基于词共现的主题演化分析方法存在天然的缺陷,即难以准确反映主题内容及其演化情况。因此,部分研究者尝试改进不足,利用主题模型、社区探测等算法模型进行主题演化分析研究。

(2)基于社区探测的主题演化分析

随着文本挖掘、自然语言处理技术的发展,社区探测、主题模型等算法模型的提出改进了基于词共现的分析方法难以有效识别主题的不足,因此,主题演化分析方法有关研究取得了新的进展。

进入21世纪以后,随着计算机技术的进步,复杂网络相关技术也获得了一定的发展,其中,复杂网络社区探测(Community Detection)就是在这一背景下兴起的。社区探测是复杂网络研究中的一个重要分支,网络社区(Network Community)或网络簇结构(Network Cluster)是复杂网络最普遍和最重要的拓扑结构属性之一[157]。2002年,M. Girvan等最早进行复杂网络的社区及其结构(Cmmunity Structure)有关研究,并提出社区的概念:"复杂网络中的一个子图、子网络,并且社区内部节点间链接紧密,不同社区间链接稀疏"[158]。2009年,M. L. Wallace等[159]通过研究发现社区深测算法在科研主题识别上具有天然的优势,因此,部分情报学研究者逐渐开始利用社区探测算法进行主题演化分析研究。2009年,M. A. Bettencourt等基于网络密度、直径、连通性等指标揭示研究主题的时序演化过程,研究中指出,一个领域从产生到成熟的主题演化过程,可以理解为作者们在初期进行离散的、孤立的研究,之后逐渐交融形成统一认识的过程[160]。2013年,程齐凯、王晓光等提出了一种基于共词网络社区的科研主题演化分析框架,研究中指出,共词网络内的社区可以表征学科研究主题,具体利用Z-value算法和社区相似度算法构建主题之间的关联,并将主题演化过程划分为产生、消亡、分裂、合并、扩张与收缩6种状态[112]。2013年,白如江、冷伏海等提出一种基于K-Clique社区的主题演化揭示方法,并以SCI数据库中收录的碳纳米管研究领域2008—2012年的论文为研究数据进行了实证研究,通过实证验证了该方法能够准确识别出该领域的知识创新主要方向,并能准确反映其演化情况[117]。2020年,舒文琛等基于合著网络提出动态社区—主题演化模型,并以2000—2017年国内情报学领域期刊论文为研究数据进行了实证研究,研究发现合著网络社区演化呈现从松散到聚合的趋势,并指出基于合作网络社区探测进行主题演化分析具有十分重要的意义[161]。

（3）基于主题模型的主题演化分析

D. M. Blei 等提出的 LDA（Latent Dirichlet Allocation）模型及其改进模型——DTM（Dynamic Topic Model）模型和 CTM（Correlated Topic Model）模型[162]有力地推动了主题演化分析方法相关研究，众多研究者提出基于 LDA 模型的主题演化分析方法，利用主题模型进行主题演化分析[163-165]。

2012 年，叶春蕾、冷伏海等在研究中指出，LDA 模型能够促进主题演化实现更深层次的语义分析，体现出主题词、主题和文档间的层次语义关系，以更微观、精确的语义层面展现主题演化过程[166]。2015 年，E. Yan 等利用 LDA 模型对图书情报领域文献数据集进行挖掘，分析了图书情报领域主要研究主题的演化情况，并论证了进行主题演化分析时需要关注主题影响力的变化[167]。2016 年，祝娜、王芳等提出基于 LDA 模型的主题演化分析方法，首先基于 LDA 识别出科技创新主题，然后在主题集群内部与外部的关联强度分析基础上，分析某领域研究主题的动态演化过程，通过 3D 打印领域的实证研究，验证了方法的可行性、有效性[168]。2016 年，齐亚双等基于 DTM 通过构建主题强度时序演化模型，分析了国内外情报学领域的研究主题演化过程，对比分析了研究内容和研究热度的异同点[169]。2018 年，周源等将期刊论文外部特征（作者）融入 LDA 主题分析中，基于加权雅可比相似度算法构建主题关联，然后利用可视化技术展示作者—主题演化变迁路径，以辅助进行主题内容变迁分析和主题相关学者变迁分析[170]。2019 年，李静等在 LDA 主题识别的基础上，提出一种基于时间序列分析和 SVM 模型的主题演化趋势分析方法，在构建主题特征变化的时间序列数据的基础上，利用 SVM 模型进行了演化趋势分析，进而辅助识别新兴趋势[171]。2019 年，关鹏等提出了基于 LDA 模型的主题语义演化分析方法，主要思路是利用生命周期理论和主题相似度计算，将学科领域发展过程中主题之间的语义关联进行量化，同时利用主题词的语义信息解析主题在发展过程中的语义演化模式[172]。

概括来说，目前基于社区探测和主题模型的主题演化分析方法可以在一定程度上改善引文分析方法的时滞性问题，而且能够处理多种类型数据，适应性较好，促进主题演化分析可以实现更深层次的语义分析，深入文本内容揭示研究主题的微观发展动态。但是，目前研究中主要利用单一数据进行主题演化分析，对于基金、专利和论文主题之间的扩散演化研究不足；在多源数据融合情报分析范式背景下,基金、论文和专利等多种科技文献数据的主题扩散演化一般规律亟待研究。

2.5 主题演化可视化

21世纪以来,随着计算机技术的发展,可视化技术受到越来越多学者的关注、重视。主题演化研究领域经过半个多世纪的发展,研究者对某学科领域的主题演化分析不再只是停留在文本、数据层面的处理分析上,而是逐渐进入可视化层面,期望通过可视化技术将某学科领域的研究现状、研究热点、研究前沿和发展趋势形象、直观地展现出来。

随着科技文献的爆发式增长,传统主题演化分析逐渐难以处理海量的科技文献,特别是在主题演化结果的解读问题上,基于单纯的文字、表格等人工方式绘制主题演化脉络逐渐难以适应主题演化分析需求,在这一背景下,由于可视化技术可以在主题识别的基础上直观、生动地展现主题之间的关系,对于帮助人们更准确地把握信息的脉络,增强用户的洞察力和认知,帮助用户快速消化、理解信息,有效分析海量信息具有一定的意义。因此,部分学者尝试基于可视化技术进行主题演化可视化相关问题的研究。

随着计算机技术的快速发展,信息可视化技术逐渐成熟,2003年,美国国家科学院提出科学知识图谱的概念[173],引起众多专家学者的重视。特别是在学科主题演化分析研究领域,研究者们提出了众多可视化分析方法,并以之为基础,研究开发了相应的科学知识图谱绘制工具,促进了学科主题演化分析研究的广泛开展,具有重要的理论与实践意义。

2003年,S. Morris基于文献耦合聚类方法识别研究前沿主题,并采用创新性的时间线图谱方法来分析和展现研究前沿主题的演化情况,如图2.7 a所示[12]。2004年,E. Garfield基于直接引用网络分析,研究设计了可视化图谱,可用来分析主要研究主题的历史演化过程,如图2.7 b所示[82]。

2004年,陈超美提出了一种创新性的分析某知识领域演进情况的可视化分析方法,并基于Java语言研究开发了知识图谱绘制软件CiteSpace Ⅰ,该软件具有时序分割、同被引聚类、寻径网络、时序网络可视化分析等功能[91]。

2006年，陈超美针对前期研究中的不足，继而研究开发了CiteSpace Ⅱ，并对其基本原理进行了细致阐释，新增了N-Gram术语提取、突发检测、中介核心性、异构网络分析等功能，能够更加有效地展示某学科领域研究主题的演进历程，拥有良好的可视化效果，如图2.7 c所示[13]。

2008年，M. Rosvall等借鉴地理学领域的冲积图，提出了一种社区演化可视化分析方法，能够直观地展示学科主题结构的演化过程，其中以不同颜色的线条表示主题演化路径，如图2.7 d所示[174]。2013年，王晓光等改进M. Rosvall等的方法进行学科主题演化可视化分析，以之为基础研究开发了学科主题演化可视化分析软件NEViewer，该软件能够以冲积图、赋色网络图的形式揭示学科主题演化的宏观过程和微观细节，如图2.7 e、图2.7 f所示[175]。

2011年，M. J. Cobo等提出了一种可用于探测、量化和可视化分析某研究领域的演变过程的方法[176]，通过对模糊集理论领域的实证研究验证了方法的有效性；然后于2012年研究开发了知识图谱绘制工具SciMAT，并发表文章详细介绍了其基本原理和算法，能够通过密度、中心度指标分析主题词间的关联强度和主题演化能力，并且能够识别主题演化路径，如图2.7 g所示[177]。

2011年，微软亚洲研究院的研究人员提出了一种能够分析多个主题演化关系的文本可视化分析方法TextFlow，在海量文本分析中引入主题合并和分裂的理念，能让人利用直观的流式图形迅速把握海量信息的发展脉络，如图2.7 h所示[178]。2015年，S. Gad等基于文本中的高频词提出动态时序主题演化可视化系统，其中连线的粗细、颜色表示主题词共现次数的多少，可以充分展示内部基本知识单元的动态演化过程，并通过奥巴马演讲文本、报纸文本等进行实证研究，验证了其有效性，如图2.7 i所示[179]。

目前，随着可视化技术的发展、完善，上述可视化研究成果部分已经发布了相应的可视化工具，部分研究利用这些工具进行了大量主题演化相关研究，有效推动了主题演化可视化研究[180-183]的发展。本书在对主题演化可视化相关研究进行调研的基础上，对目前国内外主要主题演化可视化分析图谱、绘制软件工具进行对比、总结，如表2.4所示。

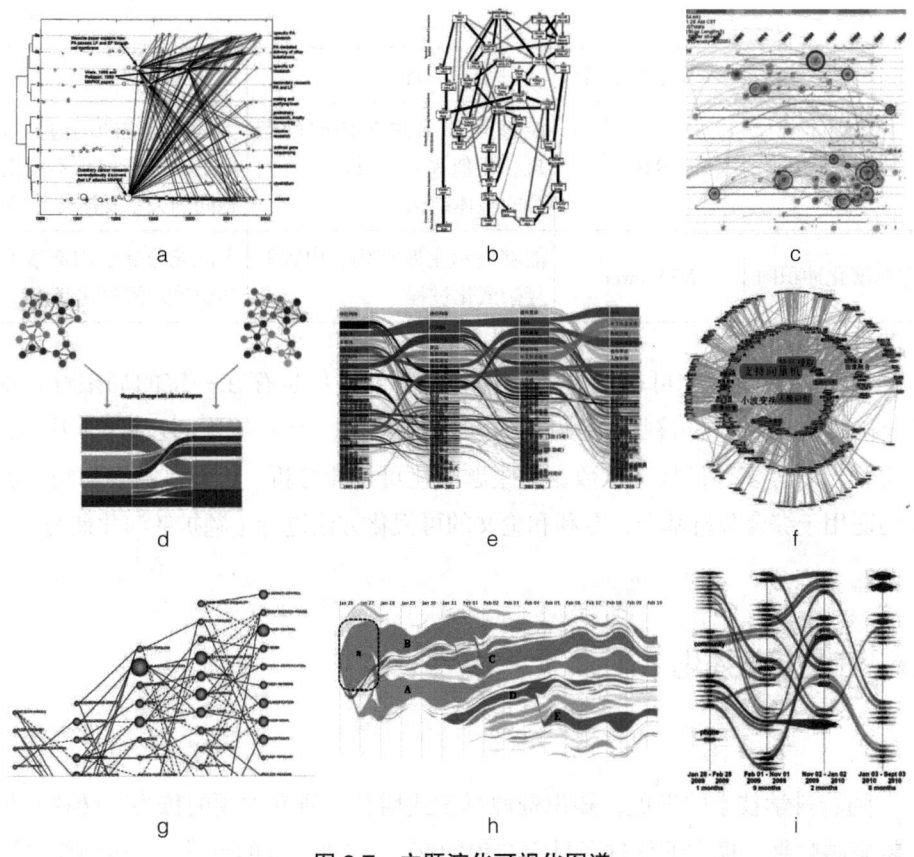

图 2.7　主题演化可视化图谱

表 2.4　主题演化可视化工具对比

图谱名称	主要绘制软件	优点	缺点
共词网络图	UciNet、NetDraw	可以通过节点、连线展示词间关系，发现核心和边缘主题词	学科主题演化趋势展示不足
CiteSpace 演化图	CiteSpace	美观、色彩丰富，可以展示主题的时间演化趋势	主题词间关系及其内部各主题词的权重不能很好地展示
战略坐标图	SPSS、SciMAT	以向心度和密度为参数，有效展示主题间的联系与相互关联	不能展示不同主题间的内部联系，而且不能很好地展示演化趋势

续表

图谱名称	主要绘制软件	优点	缺点
多维尺度图	SPSS	能够表现出主题词间的亲疏、相似关系，反映主题内容的整体结构	无法确定主题的边界与数目；不能展示不同主题间的关系及演化趋势
主题演化冲积图	NEViewer	能够展示主题结构、内容的复杂演化过程	不能充分展示内部基本知识单元的演化趋势

目前，主题演化可视化分析软件各有特点，但也存在一定的局限性，如CiteSpace、SciMAT等可视化工具只能处理论文数据，无法应用于处理综合基金、论文和专利等多种科技文献数据的主题演化可视化分析，因此，需要研究一种新的适用于综合分析基金、专利和论文的可视化方法进行主题扩散演化研究。

2.6 主题扩散演化

随着科学技术的发展，知识资源爆发式增长，研究主题的传播、转移和扩散越来越频繁，极大地促进了科学知识的交叉[184-185]、融合[186-187]和创新[188]。在此背景下，对于主题的演化[189]、迁移[190]和扩散[191-192]等问题的研究具有重要意义，逐渐成为研究者关注的重要问题。

2017年，侯剑华等基于引用关系表征研究主题的扩散演化过程，将阶梯引证关系（直接引用关系定义为一阶扩散过程，间接引用关系定义为二阶扩散过程）界定为扩散路径，并提出了相应的扩散测度指标$Q1$、$Q2$，最后对H指数研究领域进行了实证研究[193]。除了基于引用关系进行主题演化、扩散研究之外，有关学者还通过分析文献内容特征与主题之间的关联进行主题扩散研究。2015年，许海云等提出一种新的测度指标TI（Term Interdisciplinary）来分析学科交叉主题，并结合TF（Term Frequency）、TF-IDF（Term Frequency-Inverse Document Frequency）指标，分析主题词在不同学科的分布度，来研究情报学学科交叉情况[194]。2016年，岳增慧等在经典引用关系指标的基础上，以社会网络领域为例，结合主题特征（将学科视为对象，主题词视为属性），通过层次聚类分析社会网络领域学科主题的契合、离散等关系[195]。

虽然基金、论文和专利等科技文献数据之间存在联系,但是它们之间的扩散、转移和作用规律尚待探讨,即目前对于不同数据源之间的研究主题扩散演化规律研究不足,如"从基金和论文之间的主题扩散需要一定的时间(滞后性),两者之间的主题扩散演化是否具有一定的规律"等问题有待进一步深化,以促进基金、论文和专利等多种科技文献数据结合的情报分析方法理论得到进一步完善。

2.7 当前研究主要不足

① 目前利用不同数据源(基金、论文等)识别研究前沿的研究大都简单地将不同数据源的识别结果进行并列、叠加和对比分析,缺少对不同数据蕴含的研究主题内在关联的考虑,难以全面把握创新特征,影响了研究前沿识别的准确性和前瞻性。

② 未将研究前沿识别、主题扩散演化分析与滞后现象结合起来分析。主题扩散演化与滞后现象都属于利用多种科技文献数据识别研究前沿的重要特征,主题扩散演化与滞后现象拓展了研究前沿识别的内涵和作用。三者结合分析可将研究前沿的发展过程与规律分析得更为深入。

③ 基于文本主题演化的研究前沿识别多从单一对象或单一关系着手,将多个对象进行融合分析的研究较少。且已有关系融合方法中,简单的线性融合居多,尚未形成系统的面向研究前沿识别的主题扩散演化分析方法。

④ 基于共被引、文献耦合和主题词等的研究前沿识别方法不具有前瞻性和预测性,即识别的研究前沿具有滞后性。由于一篇文章从发表到被引用需要一定的时间,目前主要的研究前沿识别方法或多或少存在时间上的滞后性,得到的研究前沿识别结果更倾向于研究热点或者引起研究者广泛关注的研究前沿,而不能判断未来的研究前沿。

综上所述,本书将从"主题扩散演化"这一角度切入,以基金和论文数据为研究对象,研究基金、论文两种不同科技文献之间研究主题的扩散演化滞后现象,尝试探索归纳其基本机制与规律,并面向研究前沿识别及其预测的情报分析任务场景，进行基于主题扩散演化滞后的研究前沿识别研究及其实证，以期更准确、前瞻地识别研究前沿。

2.8 本章小结

本章围绕研究目标对相关概念、理论及方法的国内外研究进展进行了调研和综述，指出了目前研究中存在的主要问题，为本书的后续研究提供理论与方法支撑。首先，在梳理相关概念的基础上，对本书研究的关键概念"研究前沿""主题扩散演化"进行了界定，并从科学发展模式理论、生命周期理论和系统论等视角分析了本书研究的理论基础、依据。其次，对研究前沿识别、主题演化分析方法展开论述，从定性和定量两个角度总结现有分析方法，重点对基于引用关系、文本内容分析的定量方法进行梳理，主要包括基于共被引、文献耦合、直接引用、词频、词共现和主题模型（社区探测模型）等分析方法。最后，在上述调研的基础上讨论了现有研究的不足之处。

第 3 章 基金与论文关联的主题扩散演化路径识别及其可视化

某学科领域基金和论文之间的知识扩散会伴随着研究主题的传递、扩散和演化等"主题扩散演化"过程,如何有效识别基金和论文之间的主题扩散演化路径并对其进行可视化揭示,是后续研究中进行主题扩散演化滞后效应测度与基于主题扩散演化滞后的研究前沿识别的基础和前提。

本章将重点研究基金与论文关联的主题扩散演化路径识别及其可视化分析方法,即在第 2 章对国内外研究进展进行调研、总结的基础上,改进现有研究中的不足,提出基金与论文关联的主题扩散演化路径识别及其可视化分析方法框架,然后对方法框架中核心步骤的原理进行详细阐述。相较于现有面向单一数据的主题演化分析方法,该方法能够有效识别基金和论文主题之间的扩散演化路径并实现演化路径的可视化,可在一定程度上提高主题扩散演化路径结果的直观性、可读性。本章首先概述科技规划、基金和论文等主要科技文献,其次重点分析基金和论文之间的关联关系,最后提出基金与论文关联的主题扩散演化路径识别及其可视化方法。

3.1 基金与论文关联分析

科技规划、基金和论文等科技文献之间存在着直接或间接的关联关系,厘清这些关系对于把握研究主题扩散演化(科学知识流动)机制、提高基金与论文关联的主题扩散演化路径识别及其可视化方法的科学性具有重要意义。

3.1.1 研究前沿识别数据源

目前，研究前沿识别的数据源主要包括科技规划、基金和论文等科技文献（专利是技术前沿、新兴技术识别的主要数据源，本书不再对专利数据进行具体讨论），其中论文数据是目前研究前沿识别相关研究中使用最为广泛的数据，一方面是由于论文数据中蕴含的研究前沿对于科技创新的促进更为直接；另一方面是由于目前国内外建设了众多高质量的期刊论文数据库。

（1）科技规划

科技规划数据主要由各国政府发布，内容丰富，蕴含着大量科研计划，主要涉及关系国家发展大势、国际研究前沿热点和科技瓶颈等的内容，对于国家的未来发展起着重要的引领作用。其中，美国、欧盟和日本等科技强国（地区）的规划文本是研究者关注的重点，如欧盟"FP7框架计划""地平线计划"公布的科技规划数据。

（2）基金

基金数据是一种重要的研究前沿识别数据源，其中，国家资助的基金数据具有重要科研价值，从科研发展过程来看，一部分高质量的期刊论文来源于基金的资助，这部分论文往往代表着学科发展过程中的研究前沿、热点，能在一定程度上引领学科发展。资助这些论文的基金从时间上看比论文数据更进一步，从中识别出的研究前沿从一定程度上讲相较于通过论文识别出的研究前沿更加具有前瞻性。相关数据可以从美国国家科学基金会（National Science Foundation，NSF）、中国国家自然科学基金委员会和欧洲科学基金会（European Science Foundation，ESF）等官方网站上获取。目前，中国国家自然科学基金委员会的数据库中对于基金数据的开放性不足，相较于美国、欧洲地区，国内的基金数据无法有效、便捷地获取。

（3）论文

论文数据是目前主要的研究前沿识别数据源，论文作为科学研究成果的主要载体，蕴含着大量的研究前沿，此外，由于国内外存在众多成熟的论文数据库，使得论文数据获取方便快捷，因此，情报学研究者主要利用论文数据进行研究前沿识别。目前，研究者进行研究前沿识别使用的论文数据库主要包括WOS、CNKI、CSSCI、Springer Link、万方、维普等期刊论文数据库，具体又可以分为全文数据库、引文索引数据库等不同类型，情报学研究者根据设计的研究前沿识别方法的不同（基于引文或基于文本内容）而选择不同的期刊论文数据库。

3.1.2 基金与论文关联分析

从科学生命周期视角来看，上述 3 种科技文献中蕴含的研究前沿既有联系又有区别，相互关联关系如图 3.1 所示。本书认为，科技规划数据蕴含着前瞻性的未来研究前沿，但是由于科技规划相较于基金和论文数据蕴含的内容较为宽泛，难以深入、有效地揭示具体研究前沿内容，因此，在具体研究中，研究者更倾向于使用基金和论文数据进行研究前沿识别。

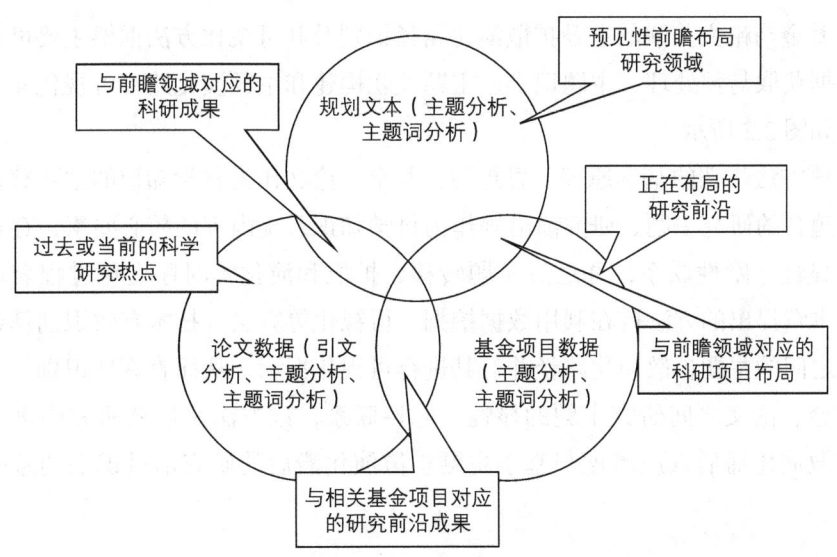

图 3.1 科技规划、基金和论文的关联关系

由图 3.1 分析可知，基金数据中蕴含着正在布局的研究前沿，而论文数据中蕴含着当前的研究前沿（已有部分研究者关注并且发表了相应的前沿研究成果），在一定程度上，基金数据中蕴含的研究前沿具有更高的"前瞻价值"。具有"前瞻价值"的研究前沿是指潜在的、未来的，以及可以引导科学技术的进步与发展的研究前沿。基金特别是国家级基金中的研究内容具有前瞻性、先导性和探索性等特点，代表着国内某学科领域的最高水平（受到领域内顶级专家的评审、认可），在一定程度上，每个基金都可能会起到引领学科领域发展

的作用，蕴含着潜在的、未来的研究前沿，往往可以引导科学技术的进步与发展。特别是科技强国的国家级基金在某种程度上可以引领世界潮流，其中蕴含着大量研究前沿信息，是进行研究前沿追踪、把握科技态势的必要数据。国家级基金资助产出的论文往往水平较高，具有较大概率成为领域研究前沿，或者引起领域内其他学者的关注，促进产出相关研究论文[196-197]，从而引领学科领域的发展。

3.2 基金与论文关联的主题扩散演化路径识别及其可视化方法框架

基金与论文关联的主题扩散演化路径识别及其可视化方法框架主要可以分为数据获取与预处理、主题识别、主题关联构建和主题演化路径可视化4个步骤，如图3.2所示。

该方法步骤的基本原理、思想为：基金、论文作为科学知识的主要载体，其中蕴含的研究主题、研究前沿等作为科学知识系统内容的核心要素，存在一定的显性、隐性联系，并通过主题转移、扩散和演化等时序变化过程表现出来。本章提出的方法旨在利用数据挖掘、可视化等算法、技术有效识别基金和论文之间的主题扩散演化路径并对其进行可视化揭示，从而直观地识别、表示出基金、论文之间研究主题的显性、隐性联系，该方法是后续研究中进行主题扩散演化滞后效应测度与基于主题扩散演化滞后的研究前沿识别的基础和前提。

3.2.1 数据获取及预处理

（1）数据获取

数据获取阶段的主要目标是获得所需的科技文献数据集，本书研究中需要获取基金和论文数据，具体包括以下步骤：首先，选择合适的数据库。现有学科领域主题分析的科技文献数据一般通过数据库公司和国家、机构的在线检索系统获取。其中，论文数据主要通过国内外科技论文数据库获取，包括CNKI数据库、Web of Science科技文献数据库、Scopus数据库等；基金数据主要通过

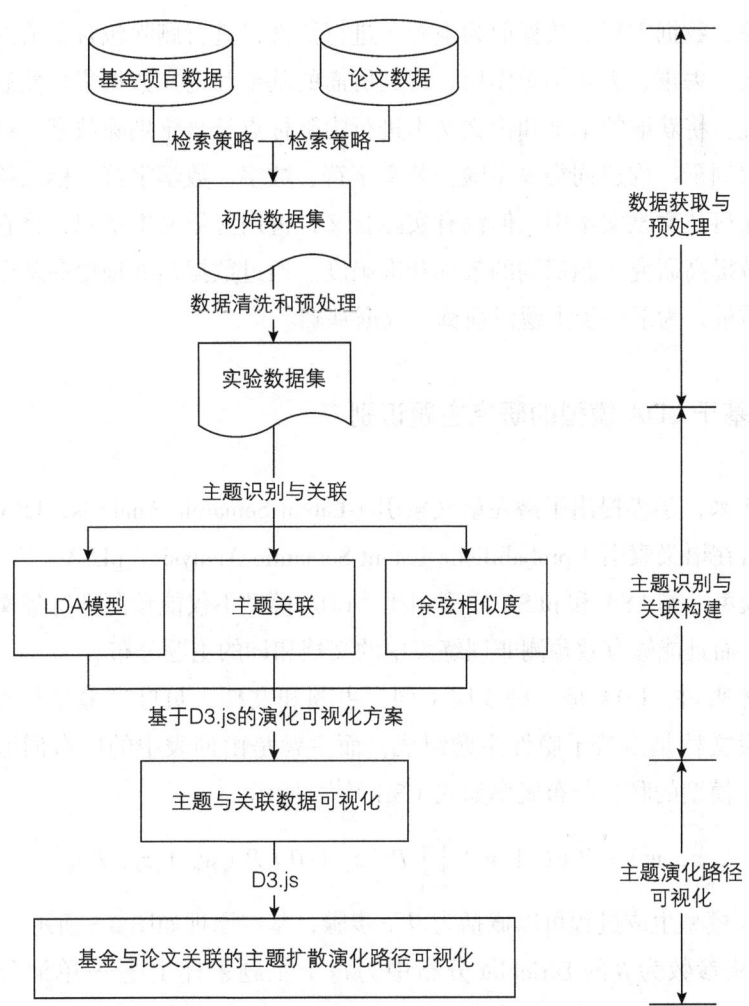

图 3.2 基金与论文关联的主题扩散演化路径识别及其可视化方法框架

美国国家科学基金会、中国国家自然科学基金委员会和欧洲科学基金会等官方网站上获取。根据研究需求明确检索策略，构建检索式，包括检索方式、检索词、检索范围、检索数据类型等，然后根据检索式从数据库中检索文献并获取所需字段，保存至本地以备后续研究使用。

（2）数据预处理

数据预处理阶段的主要目标是对上一步中获取到的基金和论文数据进行关键字段抽取、清洗、加工，从而提高数据质量，保证后续数据处理步骤的顺利进行，具体包括以下步骤：首先对获取到的基金和论文初始数据（可能存在数据不完整、数据重复、数据值为空等）进行清洗，进行删除包含空值的记录、格式变换、去重、去杂等操作后，得到所需的基金和论文数据集。然后进行文本预处理，将获取的基金和论文文本进行去除标点符号、剔除数字、过滤停用词、提取词干、构建词袋等步骤，英文字符、数字、数学字符、标点符号等经常出现在科技文献文本中，但没有实际含义，占用大量文本空间，将它们过滤能够有效提高研究主题识别的效率和准确度。通过数据预处理提高基金和论文数据的质量，为下一步主题识别奠定数据基础。

3.2.2 基于 LDA 模型的研究主题识别

近年来，学界提出了潜在语义索引（Latent Semantic Analysis，LSA）[198]、概率性潜在语义索引（probabilistic Latent Semantic Analysis，pLSA）[199]和 LDA 等主题模型。与 LSA 和 pLSA 模型相比，LDA 模型不仅能预测训练集文档的主题分布，而且能够有效预测非训练集中的文档和词的主题分布。

具体来讲，LDA 是一种 3 层（词、主题和文档）贝叶斯概率模型，LDA 模型假设文档是由若干隐性主题组成，而主题是由词表中的所有词汇组成。LDA 主题模型的联合分布概率如式（3.1）[119]所示：

$$P(\theta, z, w) = P(\theta \mid w) \prod_{n=1}^{N} P(z_n \mid \theta) P(w_n \mid z_n, \beta)。 \quad (3.1)$$

LDA 模型生成过程可以概括为以下步骤，基本原理如图 3.3 所示。

① 从参数为 β 的 Dirichlet 分布中为每个主题采样主题——单词分布 φ_k，即 $\varphi_k \sim Dir(\beta)$，$k \in [1, K]$。

② 从参数为 α 的 Dirichlet 分布中为每个文档采样文档——主题分布 θ_m，即 $\theta_m \sim Dir(\alpha)$，$m \in [1, M]$。

对文档 m 的第 n [$n \in [1, N_m]$] 个词：

③ 从参数为 θ_m 的多项式分布中采样 1 个主题 $z_{m,n}$，即 $z_{m,n} \sim Mult(\theta_m)$。

④ 从参数为 $\varphi z_{m,n}$ 的多项式分布中采样 1 个具体单词 $w_{m,n}$，即 $w_{m,n} \sim Mult(\varphi z_{m,n})$。

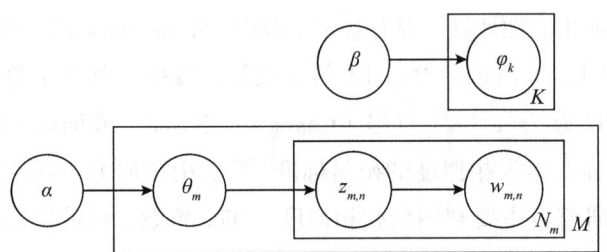

注：M 为文档数目，K 为主题数目，N 表示第 m 个文档的单词数目，θ 为参数 α 的 Dirichlet 分布采样，z 表示主题，w 表示主题词，φ 为参数 β 的 Dirichlet 分布采样。

图 3.3　LDA 模型基本原理

研究具体可以使用 R 语言下的 topic models 工具包进行 LDA 主题识别。在 R 语言中，主要有两个工具包提供了 LDA 模型：LDA 和 topic models 工具包。前者提供了基于 Gibbs 采样的经典 LDA、MMSB（Mixed-Membership Stochastic Blockmodel）、RTM（Relational Topic Model）和基于 VEM（Variational Expectation-Maximization）的 sLDA（supervised LDA）、RTM；后者提供了 LDA_VEM、LDA_Gibbs、CTM_VEM（Correlated Topics Model）3 种模型。

利用 LDA 对文献数据进行建模，关键是要推断出超参数 α 和 β，即要计算出每个文档—主题分布 θ_m 和主题—单词分布 $\varphi z_{m,n}$ 隐式参数。目前，对于 LDA 模型中参数估计的方法有最大后验估计（Maximum a Posteriori，MAP）、变分贝叶斯估计（Variational Bayes，VB）、变分贝叶斯推断（Variational Bayesian Inference，VBI）和吉布斯采样（Gibbs Sampling，GS）等方法，topic models 工具包的 LDA_Gibbs 模型可以有效地对 LDA 模型参数进行估计。

3.2.3　基金和论文主题关联构建

基金和论文主题关联构建是分析基金和论文主题扩散演化路径的关键步骤。LDA 主题模型虽然能够识别各个时间窗口下的主要研究主题，但由于某学科领域的各个研究主题并不是孤立的，特别是从科学研究的延续性、继承性角度来看，学科领域内各个主题之间应该存在或明显或隐含的联系，而这种联系可以通过研究主题文本内容来反映，即如果某两个研究主题包含大量相同的文本内容（大量重复的主题词），说明这两个主题之间具有一定的知识关联，因此，本书通过计算研究主题的文本相似性来构建基金和论文主题的关联关系。

目前,文本相似性计算主要有基于字符串(String-Based)、语料库(Corpus-Based)和知识(Knowledge-Based)的方法等,其中,基于字符串的方法也称作"字面相似度方法",以字符串(Character-Based)或词语(Term-Based)的共现和重复程度作为相似度的衡量标准[200]。由于研究主题主要由若干主题词组成,所以研究者主要利用余弦相似度、Dice系数、汉明距离、欧几里得距离等基于字符串的文本相似度计算方法进行主题关联构建。

本书拟利用余弦相似度算法[201]计算主题相似度,通过计算主题之间的相似度来判定基金和论文主题之间的关联关系。具体步骤为:①向量空间模型(Vector Space Model,VSM)构造,由于主题由若干主题词组成(上一步LDA主题识别结果),因此,可以将各个研究主题表示成向量,先将主题表示为 $Topic = \{w_1, w_2, w_3, \cdots, w_n\}$;②主题向量计算,两两计算研究主题向量的余弦相似度(介于0和1,值越大表示两个主题越相似),基于余弦相似度的主题相似度计算方法见式(3.2)[201]:

$$Sim(Topic_i, Topic_j) = \cos\theta = \frac{\sum_{k=1}^{n} w_k(Topic_i) \times w_k(Topic_j)}{\sqrt{\left(\sum_{k=1}^{n} w_k^2(Topic_i)\right) \times \left(\sum_{k=1}^{n} w_k^2(Topic_j)\right)}} \quad (3.2)$$

其中,分子表示两个向量的点乘积,分母表示两个向量的模乘积,权重 w 由主题词概率表示。

3.2.4 基金与论文关联的主题扩散演化路径可视化设计

(1)基本原理

基金和论文主题之间的扩散演化是一个较为抽象的过程,仅凭研究者肉眼观测数据难以对其进行分析,在具体研究中,如何定量、准确地分析基金与论文主题的扩散演化过程十分关键,因此,本书基于JavaScript语言的Web前端可视化技术,对基金和论文关联的主题扩散演化路径进行可视化设计,设计目的是可视化描绘基金和论文主题之间的扩散演化时序脉络并揭示其中的主要路径,以期基于可视化技术对基金与论文关联的主题扩散演化过程进行定量化、可视化揭示,帮助后续研究快速消化、理解其关键路径,设计基本原理如图3.4所示。

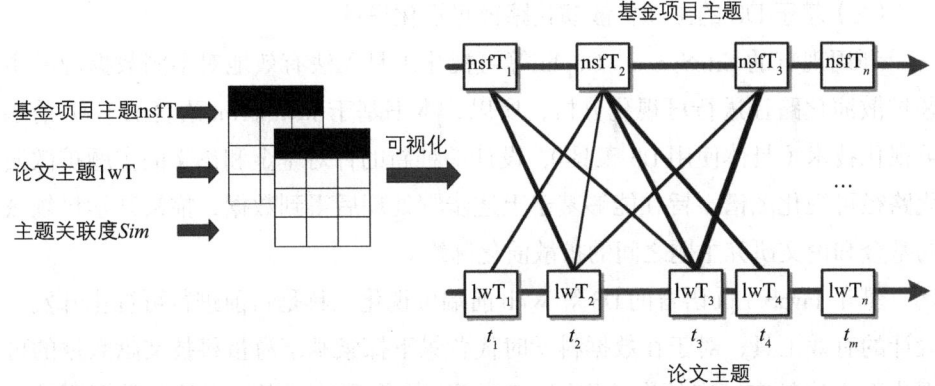

图 3.4　基金与论文关联的主题扩散演化路径可视化设计基本原理

图 3.4 为基金和论文关联的主题扩散演化路径可视化设计基本原理（以基金主题与论文主题为例）。其中，数据基础包括 3 个部分：nsfT 为基金主题（$nsfT_1$，$nsfT_2$，$nsfT_3$，$\cdots$，$nsfT_n$），lwT 为论文主题（lwT_1，lwT_2，lwT_3，$\cdots$，lwT_n），Sim 为主题关联度（上一步中基金和论文主题的余弦相似度计算结果）。基于数据基础进行可视化，具体根据主题的时间标签将基金和论文两类主题分布在时间轴 t 上，然后基于主题关联数据（Sim）将所有基金主题 nsfT 与论文主题 lwT 进行主题关联，主题关联度存在差异（以线条的粗细表示，线条越粗关联度越大）。

其中，基金与论文关联的主题扩散演化路径可视化设计中存在两个关键问题：

① 基金与论文主题的位置分布。通过对比垂直分布与水平分布，具体采用从左至右的水平分布方式展示基金与论文主题时序变化过程，可以根据关联主题在基金和论文路径上分布时间的先后发现主题扩散演化的具体方向及时差，辅助分析后续研究中的主题扩散演化滞后现象。

② 基金与论文主题的关联阈值。为了防止主题扩散演化路径可视化图谱显示不清晰、杂乱，需要根据具体情况设定主题关联阈值，即将关联度高于一定阈值的基金主题和论文主题判定为存在关联关系，以构建演化脉络。

将上述设计应用到基金和论文主题的扩散演化分析中，分别对基金主题与论文主题进行知识关联分析，对两种主题的关联关系及时间分布情况形成清晰的描绘，进而揭示科学知识系统中基金与论文主题关联的一般形式，重点分析基金与论文主题扩散演化的滞后现象。

（2）基于 D3 的主题扩散演化路径可视化设计

利用现有的 CiteSpace、Gephi 等可视化工具无法有效地对不同数据源的主题扩散演化路径进行可视化分析，所以，本书基于 JavaScript 语言的 Web 前端可视化技术（具体使用 D3 工具），设计一种新的针对基金和论文的主题扩散演化路径可视化图谱，旨在能够基于上述步骤处理后得到数据，描绘某学科领域的基金和论文研究主题之间的扩散演化脉络。

基于 JavaScript 语言的 D3 等 Web 前端可视化工具是目前进行可视化开发、设计的有效工具，对于在数据科学时代背景下探索基于海量科技文献数据的可视化新方法具有一定的推动作用。D3 可以将优秀的可视化组件和数据驱动的文档对象模型（Document Object Model，DOM）操作方法完美结合。虽然 D3 没有提供封装好的组件，使用需要一定的技术门槛，但是强大的灵活性使得其成为世界范围内数据可视化开发使用最广泛的可视化类库。此外，基于 JavaScript 的 D3 等可视化工具绘制的可视化图谱可以依托互联网前端进行展示，相较于本地桌面可视化程序，对于本地计算机的性能要求相对较低，而且只需要连入互联网，不需要安装额外程序，使用更加灵活、方便。

1）数据格式

本书设计的基金与论文关联的主题扩散演化路径可视化后端接收主题关联数据进行可视化，主题关联数据主要由主题、时间标签和关联路径（主题相似度）构成，前端接收后端的引用数据集进行可视化。下面对后端数据的 3 种基本数据格式：主题（节点）、关联路径（边）和时间标签进行具体介绍，如表 3.1 所示。

表 3.1　主题关联数据的基本数据格式

基本属性	数据来源	功能
主题（Topic）	基金和论文文本等	表征图谱中的主题节点
关联路径（Path）	主题相似度计算结果	用来构建主题扩散演化路径
时间标签（Time Label）	发表、发布时间	实现主题的时序布局

2）可视化图谱类型选择

选择何种可视化图谱类型展示基金与论文关联的主题扩散演化路径也是一个关键步骤，在数据格式分析的基础上，针对数据的基本格式，需要选择合适的图谱对后端数据进行前端可视化。

在调研目前企业界、学术界广泛使用的可视化方法、工具的基础上，对适用于主题扩散演化可视化的图谱类型进行了总结，由于主题扩散演化可视化最简单的数据形式是 A → B，可视化描述为两个主题节点（圆点、方块等多种节点形状）及其连接（直线、曲线、带条形等），因此，从原理上讲主要有弦图（Chord Diagram）、网络图（Network Diagram）、树图（Tree Diagram）、桑基图（Sankey Diagram）、平行坐标图（Parallel Coordinate Diagram）5 种图谱适用于主题扩散演化可视化，如图 3.5 所示。

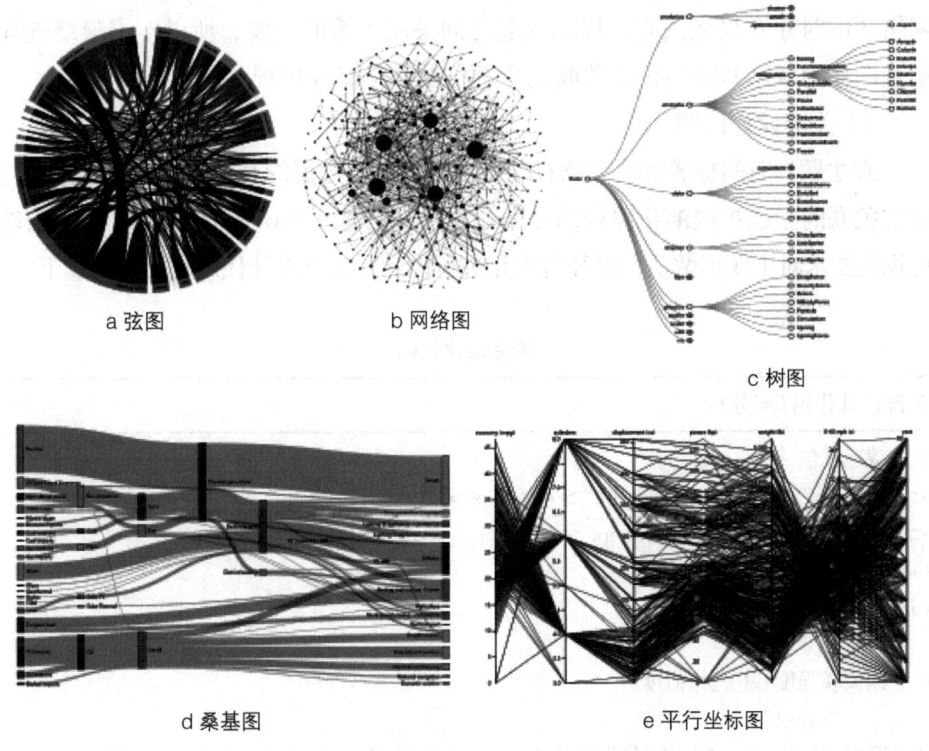

图 3.5 适用于主题扩散演化可视化的图谱类型

结合图 3.5 可知,这 5 种图谱都可以可视化 A→B 形式的数据,如变化 A、B 的形状为方块,变化布局形式为环形布局,变化连接→的形式为带条形,即可以形成弦图;变化 A、B 的形状为圆点,变化布局形式为力导向布局,变化连接→的形式为直线或曲线,即可以形成网络图。但是,这 5 种图谱各有优缺点,如弦图虽然能够清晰展示节点之间的关联,但是由于弦图的布局为圆形,限制了节点范围,所以无法有效可视化较多的节点;树图能够有效展示节点的变化路径,但无法通过边的粗细来展示不同节点关联度的强弱;平行坐标图虽然可以展示节点在不同时间段的变化趋势,但是无法可视化节点大小的变化。

考虑到基金与论文关联的主题扩散演化路径可视化的关键要素,如基于时序的合理布局,节点连接的清晰、准确展示等,通过对比 5 种图谱发现,适用的图谱类型主要有网络图的时序布局和桑基图两种形式,因为其既具有时序布局功能,又具备清晰、直观的节点及节点连接路径的可视化功能。但是,由于网络图的时序布局无法有效展示主题之间关联关系的强弱,所以本书最终选择桑基图作为展示基金与论文关联的主题扩散演化路径可视化图谱类型。

3)关键设计说明

在主题、时间标签和关联路径(主题相似度)数据的基础上,为展示基金与论文关联的主题扩散演化路径的复杂过程,本书基于 JavaScript 语言的 Web 前端可视化技术对主题扩散演化路径可视化进行设计,关键设计代码及其说明如下。

关键设计代码

关键设计代码(部分):

```
// 加载工具包
< script src="d3.js" charset="utf-8" >< /script >
< script src="sankey.js" >< /script >
// 节点和连接数据
var data = { "data":
    [{
// 主题关联强度(主题相似度)
        "value": sim,
// 主题时间标签 Time 和主题名称标签 Topic,通过 X、Y 来确定每个主题节点位置
        "sourceX": T0,
        "sourceY": "lwT1",
        "targetX": T1,
```

```
            "targetY": "nsfT1"
        }...]
};
// 进行桑基图设定，包括节点宽度、高度等
var sankey = d3.sankey()
        .nodeWidth(80)
        .nodePadding(40)
        .size([width, height])
        .nodes(data.nodes)
        .links(data.links)
        .layout(3);
```

代码处理思路是首先根据后端提供的主题、时间标签和关联路径（主题相似度）数据转换为绘制桑基图所需要的数据，然后利用这些数据结合 SVG 元素（Rect）绘制矩形节点，结合路径元素（Path）绘制主题扩散演化路径，基本图谱如图 3.6 所示。

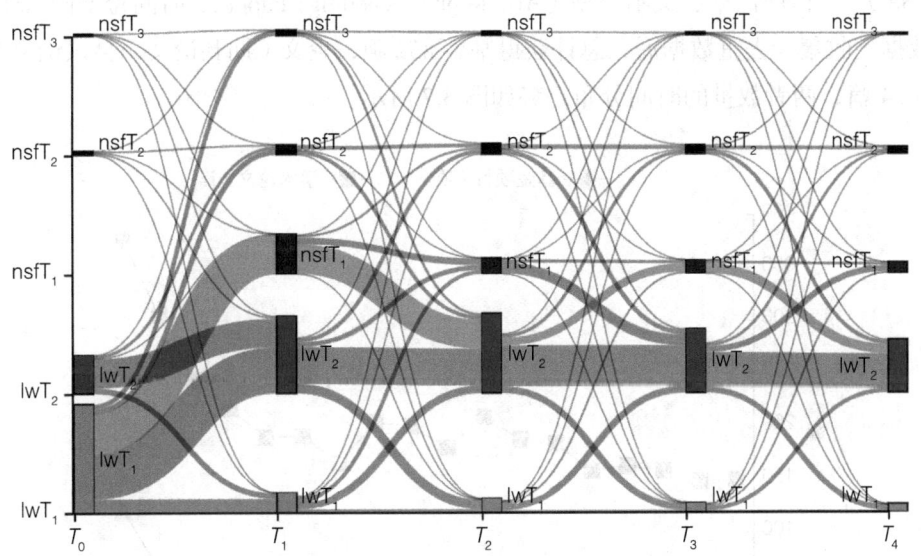

图 3.6　基金与论文关联的主题扩散演化路径可视化基本图谱

图 3.6 中，横坐标表示时间窗口 Time；纵坐标表示主题，并分为了上下两个部分，所有的论文主题 lwT_n 位于下部分，所有的基金主题 $nsfT_n$ 位于上部分。矩形表示主题，灰色连接表示扩散演化路径，粗细由主题相似度的大小决定。

3.3 实例验证

为了验证本章提出的基金与论文关联的主题扩散演化路径识别及其可视化方法的可行性、有效性，以美国人工智能领域为例进行实例验证。

3.3.1 数据集

选择美国国家科学基金会（National Science Foundation，NSF）所资助的人工智能（Artificial Intelligence）相关基金数据和 Web of Science（WOS）核心合集收录的相关论文作为本章研究的数据集（简称 NSF_WOS_AI 数据集）。将检索词确定为"Artificial Intelligence"，其中，NSF 数据库中检索范围为题名、摘要，时间跨度为 2000 年 1 月 1 日至 2017 年 12 月 31 日；WOS 数据库中检索式为"TS=（Artificial Intelligence）AND AD=（United States of America OR USA）"，精炼依据、文献类型（Article or Proceedings Paper）、时间跨度同 NSF 数据。收集、去重数据后，总计获得基金 852 项，论文（期刊论文、会议论文）3634 篇，两者数量的时间分布趋势如图 3.7 所示。

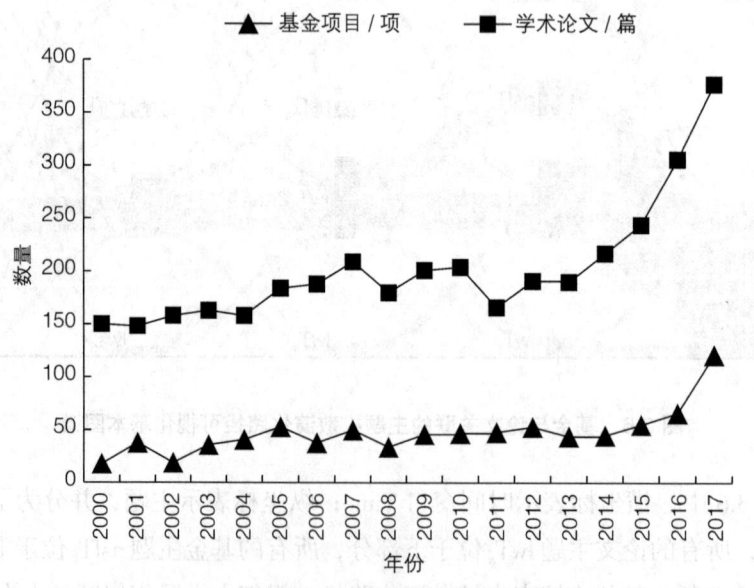

图 3.7 基金和论文数量的时间分布趋势

结合图 3.7 可知，基金和论文数量总体呈持续递增趋势，特别是 2013 年以后，数量增长加快，说明美国人工智能研究领域正处于快速发展阶段。

3.3.2 基于 LDA 模型的基金与论文主题识别

将上述 NSF_WOS_AI 数据集进行数据预处理之后，利用 LDA 模型分别对美国人工智能领域的基金和论文数据进行主题识别，具体步骤包括时间窗口划分、时间标签提取和主题识别等，其中，基金主题识别结果（部分）如表 3.2 所示，论文主题识别结果（部分）如表 3.3 所示。

表 3.2 基金主题识别结果（部分）

主题时间	主题序号	主题词
2000	$nsfT_0$	model	process	visualization	target	surface	field	image	background	technique	experiment	engineering	detection	signal	mechanism	study	
2000	$nsfT_1$	theory	question	science	database	belief	philosophy	retrieval	tool	bayesian	epistemology	multimedia	instrument	course	framework	
2000	$nsfT_2$	conference	agent	workshop	community	control	travel	participant	environment	cost	researcher	health	international	consortium	plan	
2001	$nsfT_0$	model	algorithm	analysis	sequence	database	cost	machine	learning	tool	technique	code	range	demand	management	gene	decision	
2001	$nsfT_1$	object	cybernetics	visualization	navigation	constancy	science	world	discontinuity	attention	identity	dataset	level	course	continuity	viewer	
2001	$nsfT_2$	agent	course	robot	science	environment	life	computing	curriculum	program	software	robotic	material	topic	laboratory	communication	
2001	$nsfT_3$	protocol	program	language	planning	action	unification	network	line	robot	award	example	application	goal	decision	symposium	attack	
2002	$nsfT_0$	robot	software	rescue	sensor	datum	scout	robotic	consortium	design	cise	quality	repository	communication	researcher	access	resource	
2002	$nsfT_1$	science	knowledge	content	information	theory	software	representation	internet	market	institution	commerce	user	cell	neuron	course	
2002	$nsfT_2$	method	structure	reliability	technique	tutoring	image	behavior	model	inpainting	load	avatar	tutor	computation	mode	response	modeling	
……	……	……

表 3.3 论文主题识别结果（部分）

主题时间	主题序号	主题词
2000	lwT_0	algorithm｜condition｜constraint｜result｜time｜approach｜method｜technique｜task｜optimization｜performance｜function｜architecture｜query｜
2000	lwT_1	agent｜information｜technology｜knowledge｜process｜management｜behavior｜implementation｜software｜research｜tool｜solution｜action｜
2000	lwT_2	knowledge｜learning｜representation｜research｜logic｜theory｜resolution｜language｜component｜context｜word｜domain｜user｜application｜concept｜
2000	lwT_3	design｜test｜machine｜evidence｜language｜computer｜verb｜engineering｜environment｜structure｜course｜experience｜predicate｜model｜project｜
2000	lwT_4	network｜image｜technique｜analysis｜model｜fault｜algorithm｜approach｜parameter｜input｜tool｜permeability｜event｜diagnosis｜study｜training｜
2000	lwT_5	robot｜control｜space｜environment｜planning｜league｜university｜research｜communication｜scale｜antenna｜time｜execution｜plan｜technology｜
2000	lwT_6	model｜decision｜patient｜method｜application｜rule｜analysis｜result｜assessment｜node｜process｜value｜database｜tree｜uncertainty｜objective｜
2001	lwT_0	decision｜datum｜support｜technique｜internet｜application｜structure｜theory｜tree｜rule｜page｜solution｜residue｜contract｜information｜network｜
2001	lwT_1	network｜datum｜patient｜model｜classifier｜rule｜study｜result｜outcome｜performance｜prediction｜classification｜feature｜technique｜accuracy｜
2001	lwT_2	pattern｜flow｜language｜brain｜machine｜damage｜representation｜field｜development｜child｜view｜mind｜application｜property｜engine｜structure｜
……	……	……

3.3.3 基金与论文主题关联构建

依据前文所介绍的基金与论文关联构建方法，分别基于余弦相似度算法两两计算基金和论文主题的相似度，各个时期的基金和论文主题相似度部分计算结果如表 3.4 所示。表 3.4 中，*Sim* 表示基金和论文主题相似度结果（结果已保留小数点后两位），nsf-time 和 nsfT 分别表示基金主题的时间标签和主题标号，同理，lw-time 和 lwT 分别表示论文主题的时间标签和主题标号。

第3章 基金与论文关联的主题扩散演化路径识别及其可视化

表 3.4 基金与论文主题关联构建结果（部分）

Sim	nsf–time	nsfT	lw–time	lwT	Sim	nsf–time	nsfT	lw–time	lwT
0.15	2000	$nsfT_0$	2001	lwT_1	0.25	2004	$nsfT_5$	2005	lwT_8
0.20	2000	$nsfT_1$	2001	lwT_3	0.15	2005	$nsfT_2$	2006	lwT_2
0.15	2000	$nsfT_2$	2001	lwT_3	0.20	2005	$nsfT_4$	2006	lwT_2
0.15	2000	$nsfT_2$	2001	lwT_4	0.15	2005	$nsfT_0$	2006	lwT_3
0.15	2000	$nsfT_0$	2001	lwT_5	0.20	2005	$nsfT_6$	2006	lwT_4
0.20	2000	$nsfT_0$	2001	lwT_6	0.15	2005	$nsfT_3$	2006	lwT_5
0.15	2001	$nsfT_0$	2002	lwT_0	0.20	2005	$nsfT_0$	2006	lwT_7
0.15	2001	$nsfT_3$	2002	lwT_0	0.15	2005	$nsfT_0$	2006	lwT_8
0.30	2001	$nsfT_3$	2002	lwT_2	0.45	2005	$nsfT_2$	2006	lwT_8
0.15	2001	$nsfT_2$	2002	lwT_4	0.15	2005	$nsfT_7$	2006	lwT_8
0.20	2002	$nsfT_0$	2003	lwT_0	0.15	2006	$nsfT_0$	2007	lwT_1
0.25	2002	$nsfT_1$	2003	lwT_5	0.25	2006	$nsfT_3$	2007	lwT_1
0.15	2003	$nsfT_0$	2004	lwT_0	0.15	2006	$nsfT_1$	2007	lwT_2
0.15	2003	$nsfT_2$	2004	lwT_3	0.35	2006	$nsfT_2$	2007	lwT_2
0.20	2003	$nsfT_3$	2004	lwT_3	0.20	2006	$nsfT_3$	2007	lwT_2
0.20	2003	$nsfT_4$	2004	lwT_3	0.20	2006	$nsfT_4$	2007	lwT_2
0.20	2003	$nsfT_0$	2004	lwT_7	0.20	2006	$nsfT_5$	2007	lwT_2
0.15	2004	$nsfT_2$	2005	lwT_0	0.20	2006	$nsfT_6$	2007	lwT_2
……	……	……	……	……	……	……	……	……	……

3.3.4 基金与论文关联的主题扩散演化路径可视化

依据前文所设计的基金与论文关联的主题扩散演化路径可视化图谱，在基金和论文主题关联构建数据的基础上，将其进行结构化处理，转换为视觉可表达的形式（Visual Form）。然后，根据基金与论文主题数据的时间特征对演化路径进行时序特征增强，实现基金与论文关联的主题扩散演化路径可视化。

最后，利用网页前端技术对可视化结果进行交互式特征增强，构建可交互的基金与论文关联的主题扩散演化路径可视化前端网页并上传至服务器，实现主题扩散演化路径可视化的前端迁移，提高用户易用性，可以通过个人计算机端进行在线访问（https：//www.informationscience.top/nsf2lw.html），根据个性化需求调整优化可视化图谱，增强基金与论文关联的主题扩散演化路径可视化分析功能。具体可视化结果如图 3.8 所示。

图 3.8 中，将基金主题（$nsfT_n$）向论文主题（lwT_n）的扩散演化路径添加了黄色标记，便于区分基金主题和论文主题之间扩散演化的路径、方向。此外，可以将鼠标悬停在某一主题或者路径上，进而会显示主题相应的出现时间、演化方向和相似度值等，能够有效增加基金与论文主题扩散演化分析的视角。

根据基金与论文关联的主题扩散演化路径可视化结果，可以揭示该领域某研究主题在基金和论文中的扩散演化时序变化情况。由于本章的实例部分是为了验证所提出设计的基金与论文关联的主题扩散演化路径识别及其可视化方法的可行性、有效性，并且该方法的设计目的是测度基金与论文研究主题的扩散演化滞后效应，所以，鉴于研究内容与篇幅所限，在此不再对美国人工智能领域研究主题的具体演化过程进行详细解读。

3.3.5　讨论

与现有主题演化可视化分析方法相比，本书提出的基金与论文关联的主题扩散演化路径识别及其可视化分析方法不仅能够分析单一数据的主题演化过程，还能够有效识别基金和论文主题之间的扩散演化路径并实现演化路径的可视化，可在一定程度上提高主题扩散演化路径结果的直观性、可读性。此外，由于该图谱基于 Web 前端可视化设计，因此具有可交互、直观等特点，并且适用于处理海量数据，相较于本地软件工具更加具有拓展性。

在实践中，本章所提出的方法需要满足一定的使用条件，如对计算机硬件的要求相对较高，对于使用人员的计算机水平也有一定的要求。此外，可视化结果的解读需要更深的专业知识基础。

第 3 章 基金与论文关联的主题扩散演化路径识别及其可视化

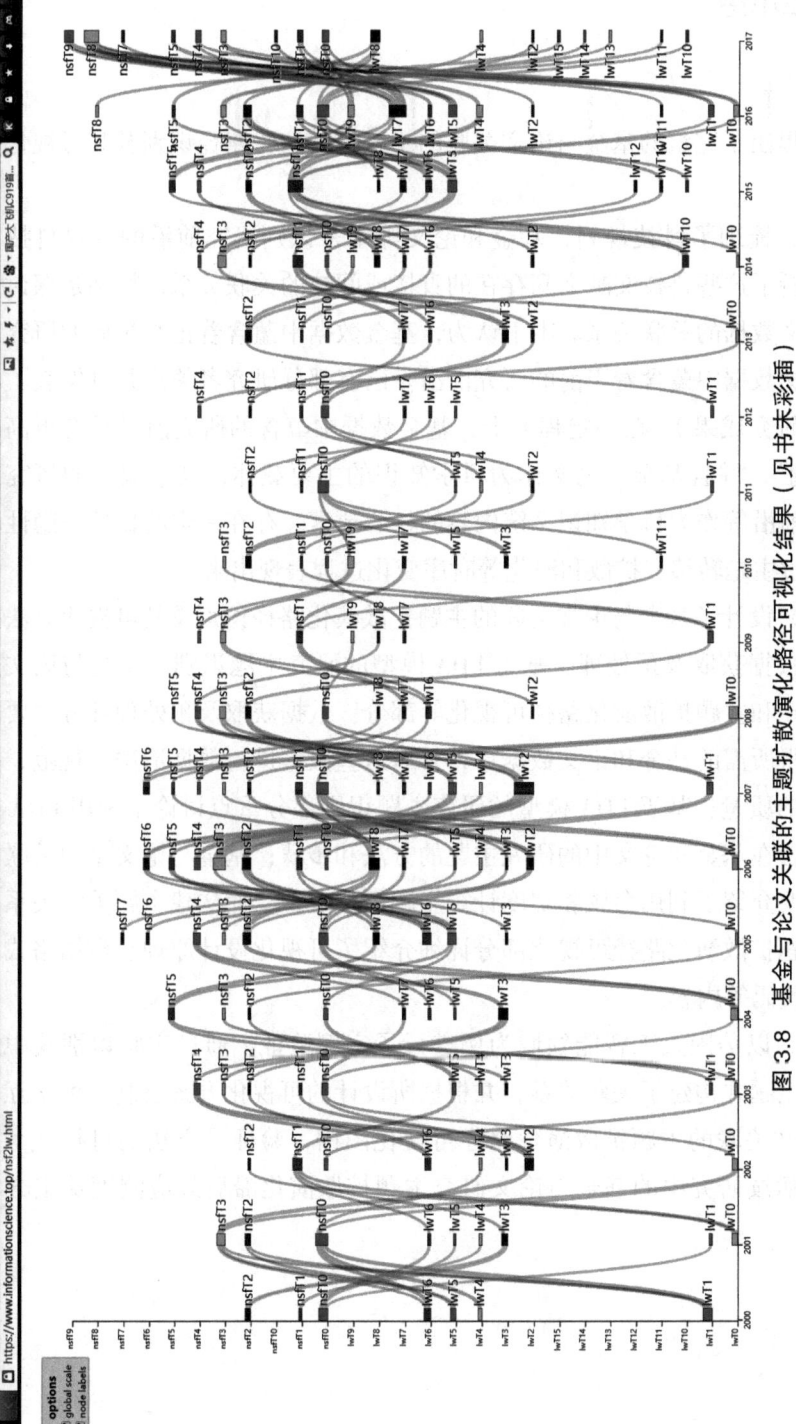

图 3.8 基金与论文关联的主题扩散演化路径可视化结果（见书末彩插）

3.4　本章小结

本章提出了完整的基金与论文关联的主题扩散演化路径识别及其可视化方法和流程。

首先，梳理了科技规划、基金和论文等用来识别研究前沿的主要科技文献，并分析了这些科技文献之间存在的直接或间接的关联关系，特别是探讨了基金与论文数据的关联关系。本书认为，基金数据中蕴含着正在布局的研究前沿，而论文数据中蕴含着当前的研究前沿（已有部分研究者关注并且发表了相应的前沿研究成果），在一定程度上，基金数据中蕴含的研究前沿具有更高的"前瞻价值"，并且基金、论文作为科学知识的主要载体，其中蕴含的研究主题、研究前沿等作为科学知识系统内容的核心要素，存在一定的显性、隐性联系，并通过主题转移、扩散和演化等时序变化过程表现出来。

其次，设计了基金与论文关联的主题扩散演化路径识别及其可视化方法框架，包括数据获取及预处理、基于 LDA 模型的研究主题识别、基金与论文主题关联构建和主题扩散演化路径可视化等部分。数据获取及预处理部分主要介绍如何获得所需的基金和论文数据集，并对这些数据进行数据清洗、规范，提高数据集的质量；基于 LDA 模型的研究主题识别部分重点讨论了利用 LDA 模型识别蕴含在基金和论文中的研究主题的方法和步骤；基金与论文主题关联构建部分主要介绍了利用余弦相似度计算主题相似度，从而构建主题关联关系的原理；主题扩散演化路径可视化部分详细介绍了可视化设计原理、数据格式和关键设计代码等内容。

最后，以美国人工智能领域为例进行了实例验证，通过实验识别其中蕴含的研究主题并构建了关联关系，并根据所设计的可视化方案绘制了可交互的基金与论文关联的主题扩散演化路径可视化图谱，验证了方法的可行性、有效性，为后续研究中的基金与论文研究主题扩散演化滞后效应测度奠定方法基础。

第4章 基金与论文研究主题扩散演化滞后效应测度

在一个知识有序、活跃流动的学科领域中，基金和论文之间通过知识的扩散、融合和演化等交互过程形成紧密联系，并随时间的推移不断相互促进、相互影响。在规章制度、资助政策的影响下，基金和论文之间的联系十分密切，在基金资助下产出大量高质量论文，影响着学科领域的发展方向，而由大量论文构成的学科领域的知识基础反过来又会影响管理者、研究方向决策者对于基金资助内容的确定。

基金和论文之间存在联系，能够相互影响，但是它们之间的作用机制是怎样的？特别是基金和论文之间的前沿知识传递、作用机制有待进一步深化研究。本章利用上一章提出的基金与论文关联的主题扩散演化路径识别及其可视化方法，从"基金与论文研究主题扩散演化"这一角度切入，以基金和论文数据为研究对象，面向研究前沿识别及其预测的情报分析任务场景，研究基金、论文两种不同科技文献之间研究主题的扩散演化滞后现象，进行基金与论文研究主题扩散演化滞后效应测度研究，以期为目前综合分析多种科技文献的研究前沿识别方法提供一定的参考、借鉴。

4.1 研究假设

从系统论角度来看，扩散是一种系统内部各要素之间通过某种方式建立联系并相互影响，从而使整个系统的性质、结构和功能发生变化的过程。基金、论文等科研文献作为科学知识的主要载体，其中蕴含的研究主题作为科学知识系统内容的核心要素，客观上存在一定的显性、隐性联系，并通过主题转移、扩散和演化等时序变化过程表现出来。为了区分基于单一数据源（论文、专利等）的研究主题演化过程，本书将发生在基金和论文之间的研究主题的传递、扩散和演化过程定义为"主题扩散演化"。

现实世界广泛存在时间滞后效应，即对于自变量的变化，因变量一定会有所反映，但是现实中这种反映要经过一段时间才会表现出来，这种效应称为滞后效应。

本书假设美国人工智能领域的基金和论文研究主题存在相关关系，并且存在滞后效应，假设基金和论文研究主题存在滞后效应的主要原因如下。

① 制度原因：基金的申请、批准到发表相关文章需要按照一定的制度流程，造成两者的相互影响具有一定的滞后性。

② 知识扩散原因：某领域的研究主题变化依赖于现有知识，是一个渐进的过程，基金和论文之间的知识扩散（基金→论文或者论文→基金）需要一定的时间，会导致滞后效应，所以造成两者研究主题的变化存在滞后性。

在上述分析的基础上，提出本书的研究假设：基金和论文文本中蕴含的研究主题存在一定的关联关系，研究主题的出现存在时间先后顺序（滞后效应），可以通过基金和论文的外部数量特征和内部主题特征在时间维度上进行表征和测度。

基于以上研究假设，提出基金与论文研究主题扩散演化滞后效应测度方法的基本思路。

4.2 基本思路

由于基金和论文之间不存在通常的引用关系，本书尝试从外部数量特征和内部主题特征维度构建联系，从而帮助探索研究前沿主题在基金和论文之间的扩散演化滞后效应，基本思路如图 4.1 所示。

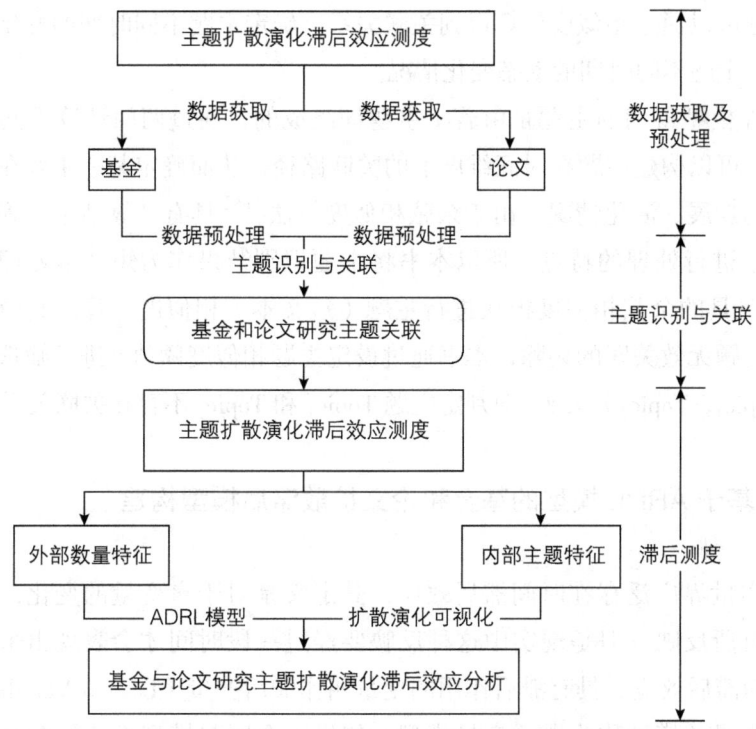

图 4.1 基金与论文研究主题扩散演化滞后效应测度基本思路

研究基本思路是：首先识别基金和论文中蕴含的主要研究主题及其隐含的关联关系，然后基于数理模型计算基金和论文的外部数量特征值时间序列的相关关系和时滞特征，基于可视化分析不同时间滞后窗口的研究主题的扩散演化路径，分析两种数据源蕴含的研究主题的引领地位和滞后效应。

4.2.1 基金和论文主题识别与关联构建

（1）主题识别

上一章中已对基于 LDA 模型的主题识别进行了具体介绍，这里不再赘述。LDA 模型不仅能预测训练集文档的主题分布，而且能够有效预测非训练集中的文档和词的主题分布，是分析大规模非结构化文档集最有效的模型之一。

（2）主题关联

为了分析主题的扩散演化，需要对已经识别出的不同时间窗口的主题进行关联。主题扩散表现为不同时间窗口下主题内容的改变，因此，基金和论文的研究主题可以通过相似度计算得到关联关系，确定主题不同时期的变化，进而表征每个主题不同时期的动态变化情况。

LDA 模型得到的主题是由若干主题词组成的，通过两两计算不同主题的相似度，可以构建主题在时间维度上的关联路径，从而确定某一主题在不同时间窗口的发展、演化情况。由于余弦相似度算法[66]具有计算结果准确、适合对短文本进行处理的特点，所以本书将主题识别结果作为短文本处理，利用 KNIME 工具的余弦相似度模块进行主题（短文本）相似度计算。其中，关键问题是主题无效关联的剔除，本书通过设定主题相似度阈值 γ 进行筛选，如果 $Sim(Topic_1, Topic_2) < \gamma$，即判定主题 $Topic_1$ 和 $Topic_2$ 不存在关联关系。

4.2.2 基于 ARDL 模型的基金和论文扩散滞后模型构建

现实世界广泛存在时间滞后效应，其定义是对于自变量的变化，因变量一定会有所反映，但是现实中这种反映要经过一段时间才会表现出来，这种效应称为滞后效应。具有滞后作用的变量叫作滞后变量（Lagged Variable），含有滞后变量的模型称为滞后变量模型，如果一个回归模型不仅包含自变量的期望值，还包含自变量的滞后值，称为自回归分布滞后模型（Auto-Regressive Distributed Lag Model），即 ARDL 模型，其一般形式如式（4.1）所示[202]：

$$Y_t = a + b_0 X_t + b_1 X_{t-1} + \cdots + b_k X_{t-k} + u_t \quad (4.1)$$

其中，X 为自变量；Y 为因变量；t 为时间；b 为影响系数，表示自变量 X 变化一个时间单位对同期因变量 Y 产生的影响；u_t 表示随机误差项。

本书利用 EViews 中集成的自回归分布滞后模型研究特定学科领域的基金数量和论文发文量之间的影响时间分布及其时间滞后关系，构建基金和论文的扩散滞后模型，利用 ARDL 模型定量分析探索基金和论文的滞后效应。具体来说，基于基金数量和论文发文量构建关联序列数据，利用 ARDL 模型描述两者滞后 1~5 年的回归关系。

4.2.3 基金和论文研究主题扩散演化路径滞后分析

上一步构建基金和论文扩散滞后模型，分析了两者外部数量特征的扩散滞后效应，在此基础上，从具体内容维度分析基金和论文研究主题的扩散演化滞后效应。具体做法为：结合主题识别和相似度计算结果，基于上一章中设计的可交互的基金与论文主题扩散演化路径可视化方法，利用 D3 工具绘制不同时间滞后窗口的基金和论文的研究主题扩散演化路径，从具体内容维度分析基金和论文主题的扩散演化滞后效应。

基金和论文主题的滞后时差对两者主题的扩散演化过程会产生不同的影响。对主题滞后时差与主题扩散演化的关系进行探索，有助于明晰基金和论文主题的扩散演化基本规律，为融合多种科技文献数据分析的研究前沿主题识别研究提供一定的参考借鉴。利用现有的 CiteSpace、Gephi 等可视化工具无法有效可视化分析不同数据源的主题扩散演化滞后路径，所以，上一章中设计了一种新的针对基金和论文研究主题扩散演化路径可视化图谱，其基本样式如图 4.2 所示。

符号定义：

$t=\{t_0, t_1, t_2, \cdots, t_n\}$，代表基金和论文数据集所分布的时间窗口，具体单位根据时间切片而定，n 为正整数；

$lwT=\{lwT_0, lwT_1, lwT_2, \cdots, lwT_n\}$，代表论文主题集合；

$nsfT=\{nsfT_0, nsfT_1, nsfT_2, \cdots, nsfT_n\}$，代表基金主题集合。

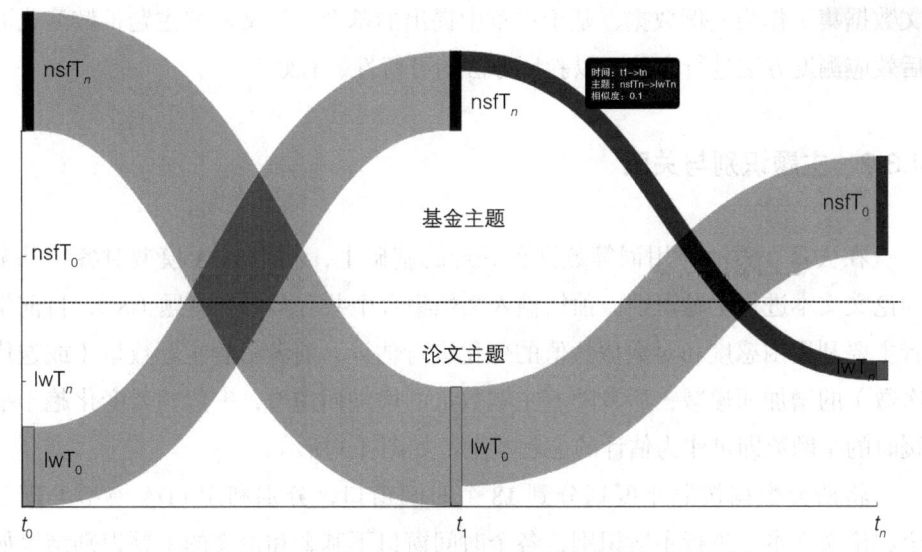

图 4.2　基金和论文研究主题扩散演化路径可视化基本样式

图 4.2 中，横坐标表示时间窗口 t；纵坐标表示主题，并分为上下两个部分，所有的论文主题 lwT_n 位于下部分，所有的基金主题 $nsfT_n$ 位于上部分；矩形表示主题，灰色连接表示扩散演化路径，粗细由主题相似度的大小决定。由于该图谱基于 Web 前端可视化设计，因此具有可交互、直观等特点，并且适用于处理海量数据，相较于本地软件工具更加具有拓展性。

在该可视化设计的基础上，分别绘制不同时间滞后窗口下的基金和论文研究主题扩散演化路径，分析不同时间滞后窗口下两者的扩散演化方向和比例，结合上一步的基金和论文时间滞后模型，从外部数量特征和内部主题特征两个层面分析基金和论文研究主题扩散演化滞后效应。

4.3 实例验证

4.3.1 数据集

利用上一章中构建的 NSF_WOS_AI 数据集（美国人工智能领域基金和论文数据集）作为实例数据，基于本章中提出的基金与论文研究主题扩散演化滞后效应测度方法进行实验，以验证方法的可行性、有效性。

4.3.2 主题识别与关联

在去重、过滤停用词等数据预处理的基础上，利用 LDA 模型对各年基金和论文文本进行主题识别。预估输入文档集合中共有多少个主题（K），目前学者主要利用困惑度和对数似然值的变化进行估计，前者随着主题数量（或迭代次数）的增加而递减，后者随着主题数量的增加而递增，一般两者变化趋于平缓时的主题数即可作为估计的主题数量，如图 4.3 所示。

将研究数据按照年度划分到 18 个时间窗口，分别利用 LDA 模型处理基金、论文文本，进行主题识别，各个时间窗口下基金和论文的主题识别结果如表 4.1 所示。

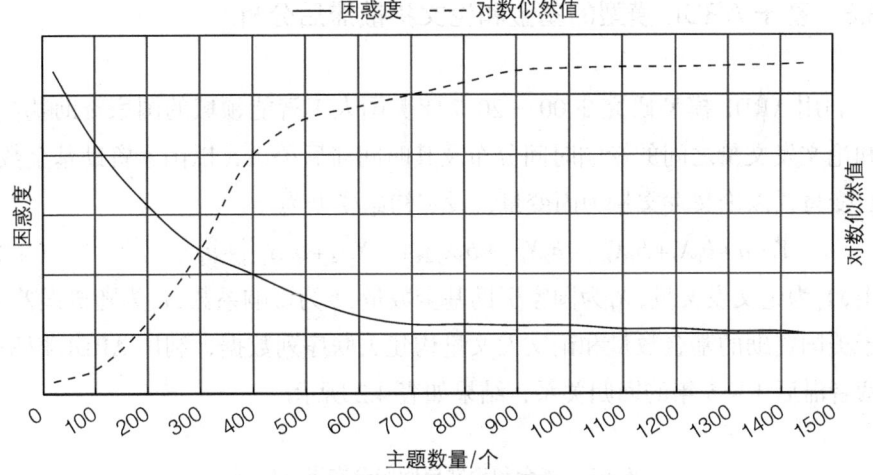

图 4.3 困惑度和对数似然值的关系

表 4.1 主题识别结果

时间	nsf 主题数量 / 个	lw 主题数量 / 个	时间	nsf 主题数量 / 个	lw 主题数量 / 个
2000	3	7	2009	5	11
2001	4	7	2010	4	12
2002	3	8	2011	4	8
2003	7	6	2012	5	9
2004	6	12	2013	3	10
2005	8	10	2014	5	11
2006	7	9	2015	6	13
2007	8	9	2016	6	14
2008	6	9	2017	11	16

经过处理 18 个时间窗口下的文本数据，共得到 282 个主题，其中，基金 101 个主题，论文 181 个主题。在此基础上，利用余弦相似度计算进行主题关联构建，去除相似度为 0 的主题对（Topic1，Topic2，Sim 值）之后，共得到 46 825 个主题对，由于本书探索基金和论文研究主题的扩散演化滞后关系，故只保留基金—论文主题对，且时间间隔小于 5 年，最终得到 857 个主题对。经过对比，将相似度阈值 γ 设定为 0.37，当主题相似度大于 0.37 时，判定为同一主题在不同时期的关联扩散。

4.3.3 基于 ARDL 模型的基金和论文扩散滞后分析

利用 ARDL 模型研究 2000—2017 年美国人工智能领域的国家资助基金数量和论文发文量之间的影响时间分布及其时间滞后关系,以国家资助基金数量为自变量,以论文发文量为因变量,设定初始模型为

$$Y_t = a + b_0 X_t + b_1 X_{t-1} + b_2 X_{t-2} + b_3 X_{t-3} + b_4 X_{t-4} + b_5 X_{t-5} + u_t \tag{4.2}$$

其中,Y_t 为论文发文量,X_t 为国家资助基金数量,b 为影响系数,u_t 为随机误差项。基于美国资助的基金数量和论文发文量构建关联序列数据,利用 ARDL 模型描述两者滞后 1 ~ 5 年的回归关系,结果如表 4.2 所示。

表 4.2 基金和论文自回归分布滞后模型

Dependent Variable:XT
Method:ARDL(Auto–Regressive Distributed Lag model,ARDL)
Date:07/20/18   Time:09:21
Sample(adjusted):2005 2017
Included observations:13 after adjustments
Dependent lags:5(Fixed)
Dynamic regressors(5 lags,fixed):YT
Fixed regressors:C

Variable	Coefficient	Std. Error	t–Statistic	Prob.*
YT(−1)	1.654 831	0.992 524	−0.659 763	0.0287
YT(−2)	0.578 721	0.839 761	−0.689 150	0.0159
YT(−3)	−1.424 617	1.006 253	−1.415 765	0.0315
YT(−4)	−0.093 490	0.953 954	−0.098 002	0.0378
YT(−5)	−1.272 477	0.789 698	−1.611 348	0.0336
XT	0.377 584	0.163 600	2.307 978	0.0260
XT(−1)	1.820 937	1.068 197	1.704 683	0.0624
XT(−2)	2.027 888	0.623 009	3.254 990	0.0791
XT(−3)	1.042 231	0.738 400	1.411 471	0.0225
XT(−4)	0.491 244	0.445 314	1.103 141	0.0396

续表

Variable	Coefficient	Std.Error	t−Statistic	Prob.*
XT（−5）	−0.339 134	0.506 505	−0.669 557	0.0468
C	−91.983 09	30.025 55	−3.063 494	0.0200
R−squared	0.993 004	Adjusted R−squared		0.916 053
F−statistic	12.904 36	Prob（F−statistic）		0.021 411

从表4.2中的模型参数估计结果可以看出，包括常数项在内的各解释变量在显著性水平0.1下都显著（Prob.*指标为显著性水平，一般取0.05，有时候根据实际也会取0.1，Prob.*值≤0.1为显著），而且模型的R^2也很大，模型整体的显著性F检验显示模型显著。

模型诊断。对拟合模型后的残差序列进行检验，得出观察值、估计值（拟合值）与残差序列的关系（图4.4）及模型残差相关序列（图4.5）。显然，模型的实际观察值和估计值拟合程度较高，而且残差为白噪声序列（残差为零均值、常方差的稳定随机序列，计量模型中的随机误差项必须是白噪声，模型才有意义），总体说明模型拟合很好，该模型可以作为反映美国人工智能领域资助的基金数量和论文发文量关系的自回归分布滞后模型。

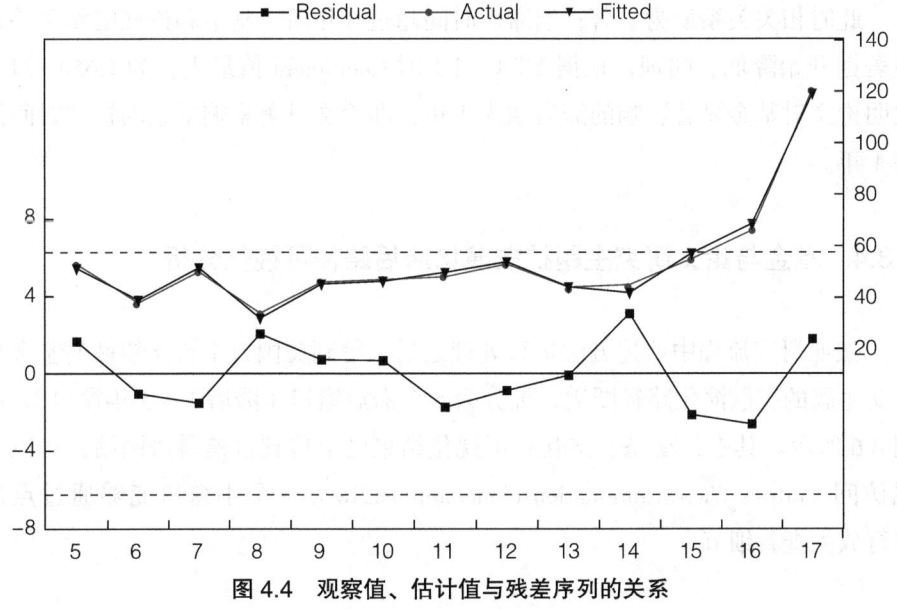

图4.4　观察值、估计值与残差序列的关系

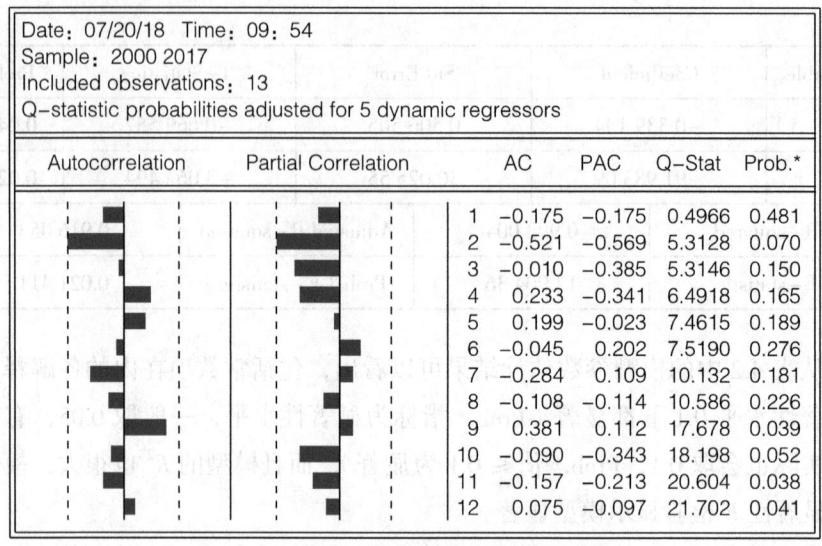

图 4.5 模型残差相关序列

结合上述结果可知,美国人工智能领域的国家资助基金数量和论文发文量持续稳定增长,两者存在相关关系且具有明显的滞后性。其中,XT(-2)时 Coefficient 值最大,为 2.027 888,说明基金对论文显著影响的滞后期为 2 年,XT(-3)、XT(-4)、XT(-5)时 Coefficient 值逐渐降低,说明当滞后期超过 3 年时,基金对论文的影响逐渐减小,即基金显著影响论文的扩散时间需要 2 年,此时相关关系最为显著;当滞后时间超过 3 年后,基金和论文的相关关系显著性开始降低。同理,根据 YT(-1)时 Coefficient 值最大,为 1.654 831,说明论文对基金显著影响的滞后期为 1 年,即论文显著影响基金的扩散时间需要 1 年。

4.3.4 基金与论文研究主题扩散演化滞后路径可视化分析

按照研究流程中所述方法进行处理之后,得到美国人工智能领域的基金和论文主题的扩散演化路径图谱,细分为 5 个滞后窗口(滞后 1~5 年窗口),如图 4.6 所示。其中,动态、交互式可视化结果已上传到自建科研网站,可以在线访问(https://www.informationscience.top/nsf2lw),5 个小窗口能够通过点击进行放大查看细节。

第4章 基金与论文研究主题扩散演化滞后效应测度

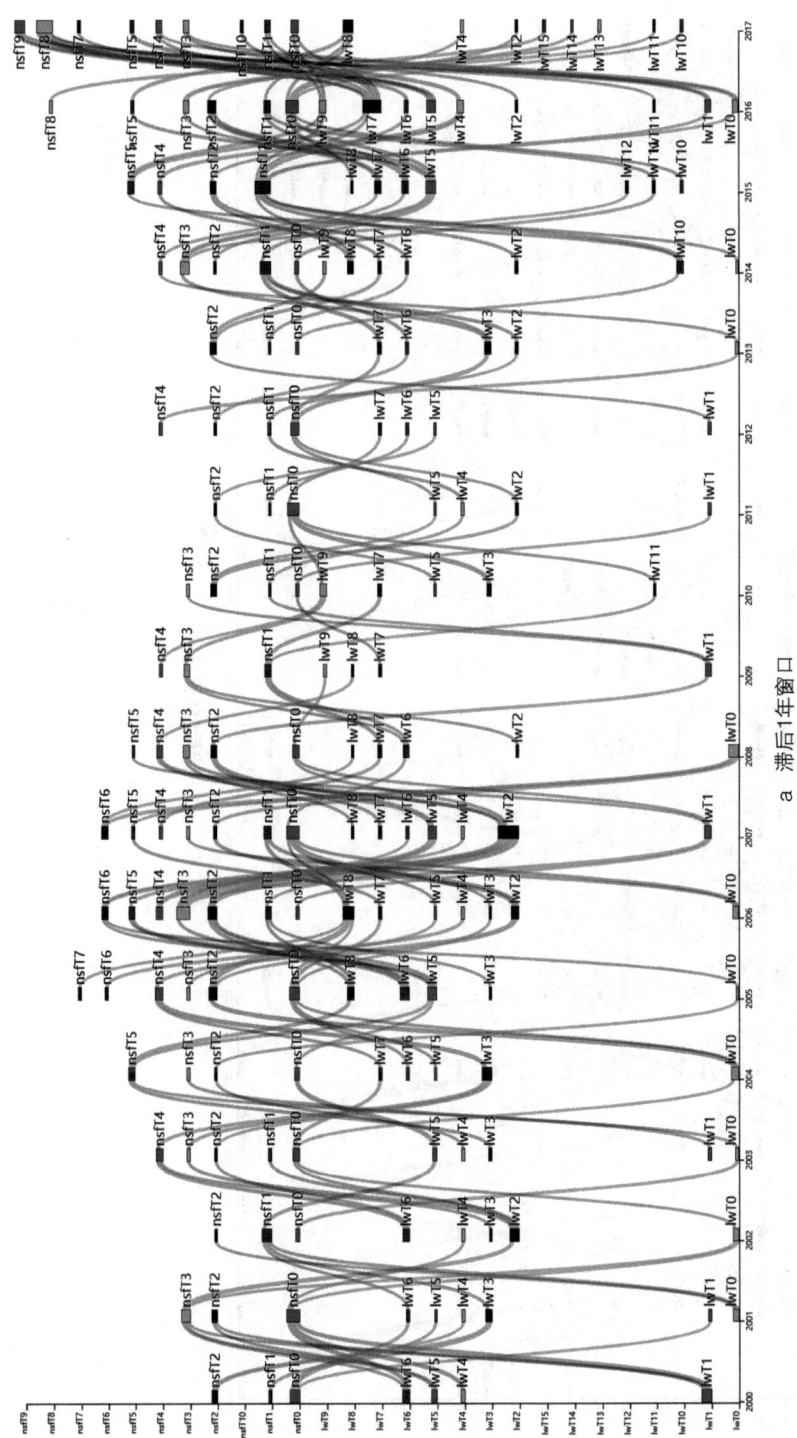

a 滞后1年窗口

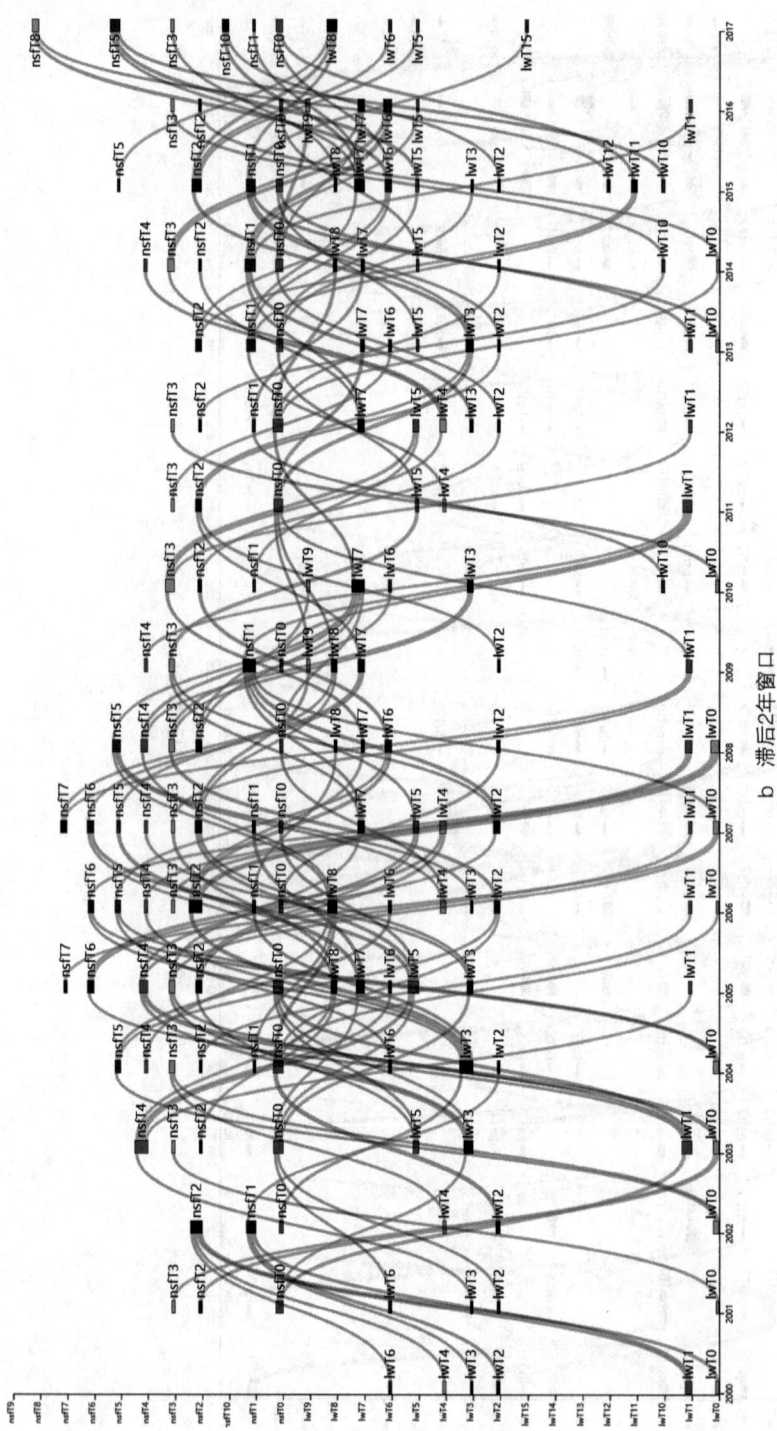

b 滞后2年窗口

第 4 章　基金与论文研究主题扩散演化滞后效应测度

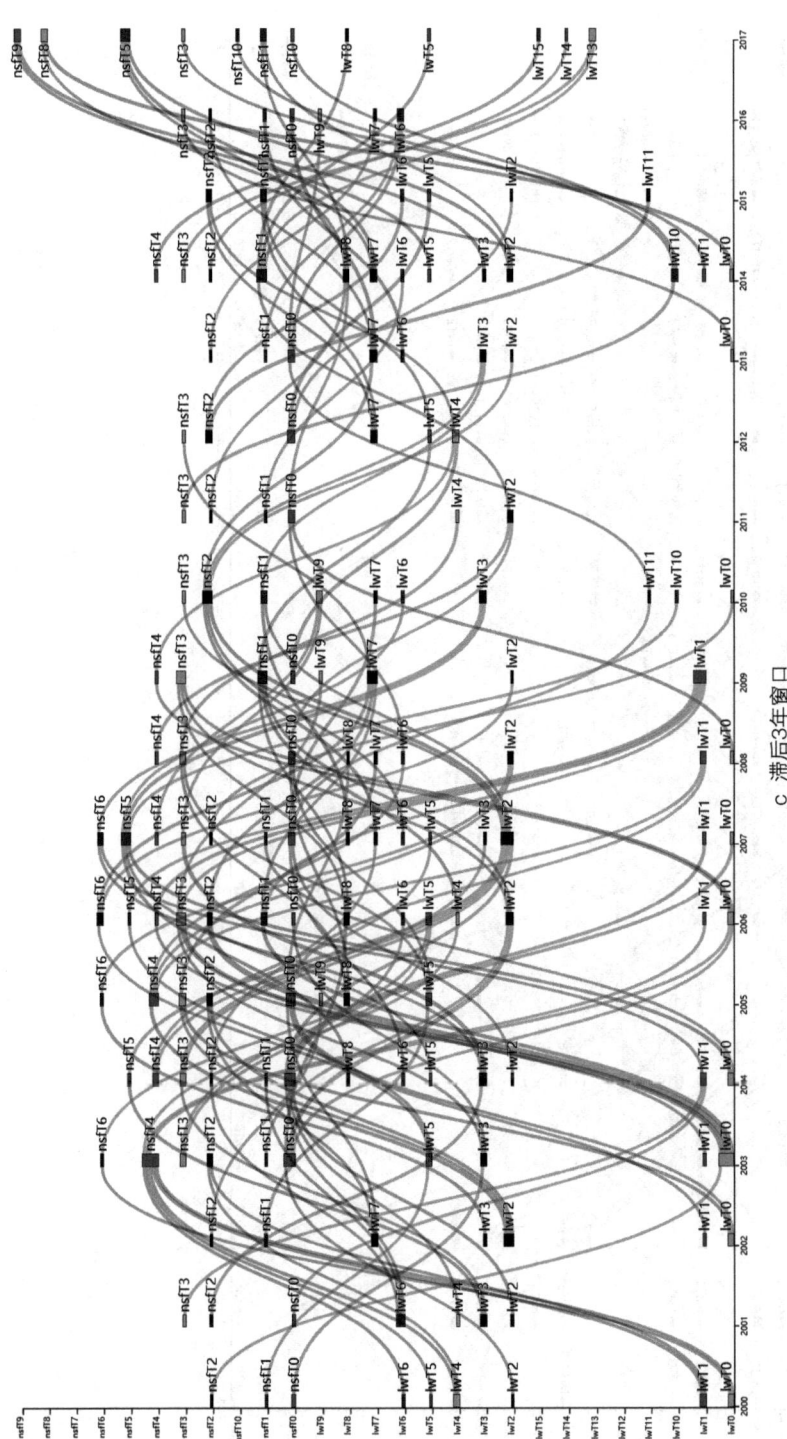

c　滞后 3 年窗口

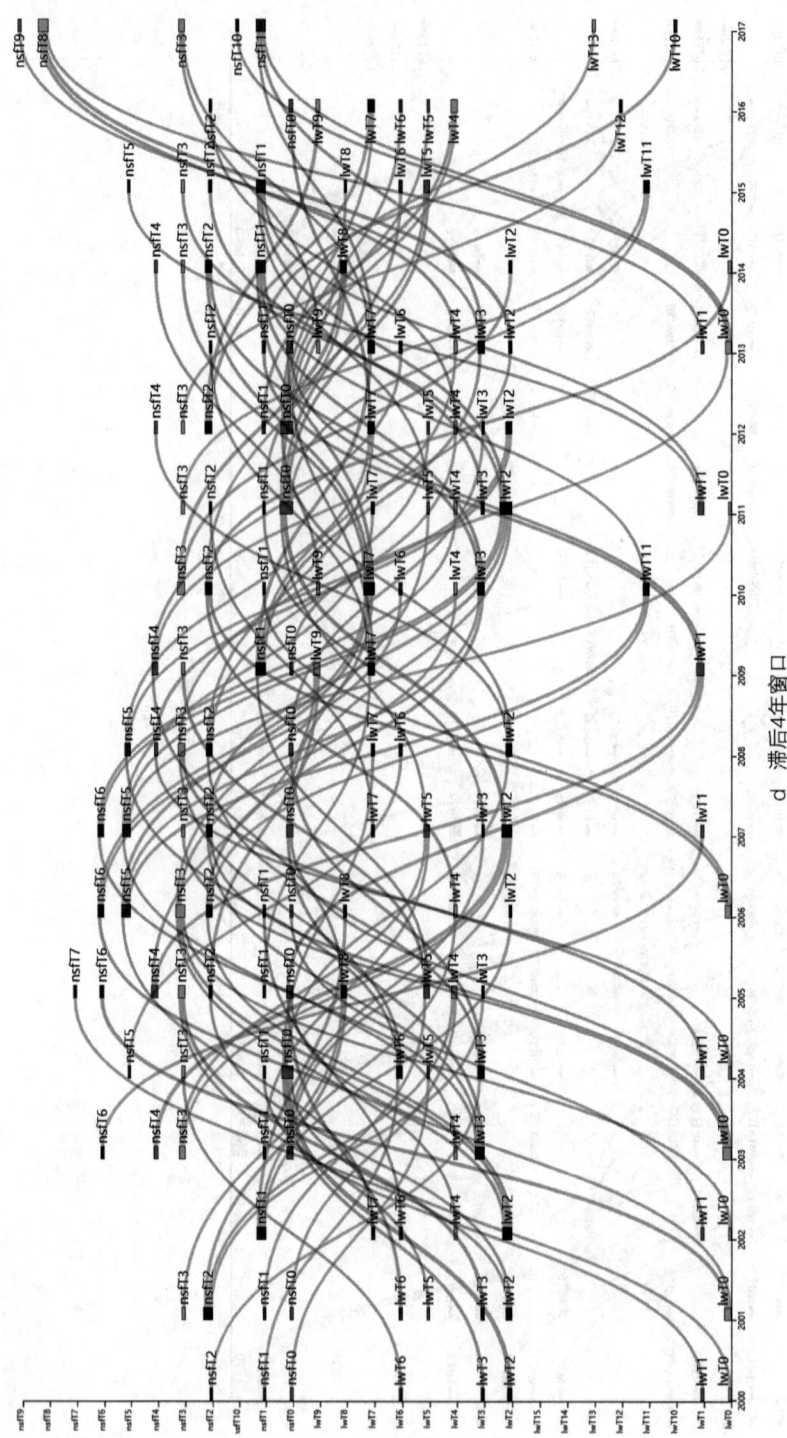

d 滞后4年窗口

第 4 章　基金与论文研究主题扩散演化滞后效应测度

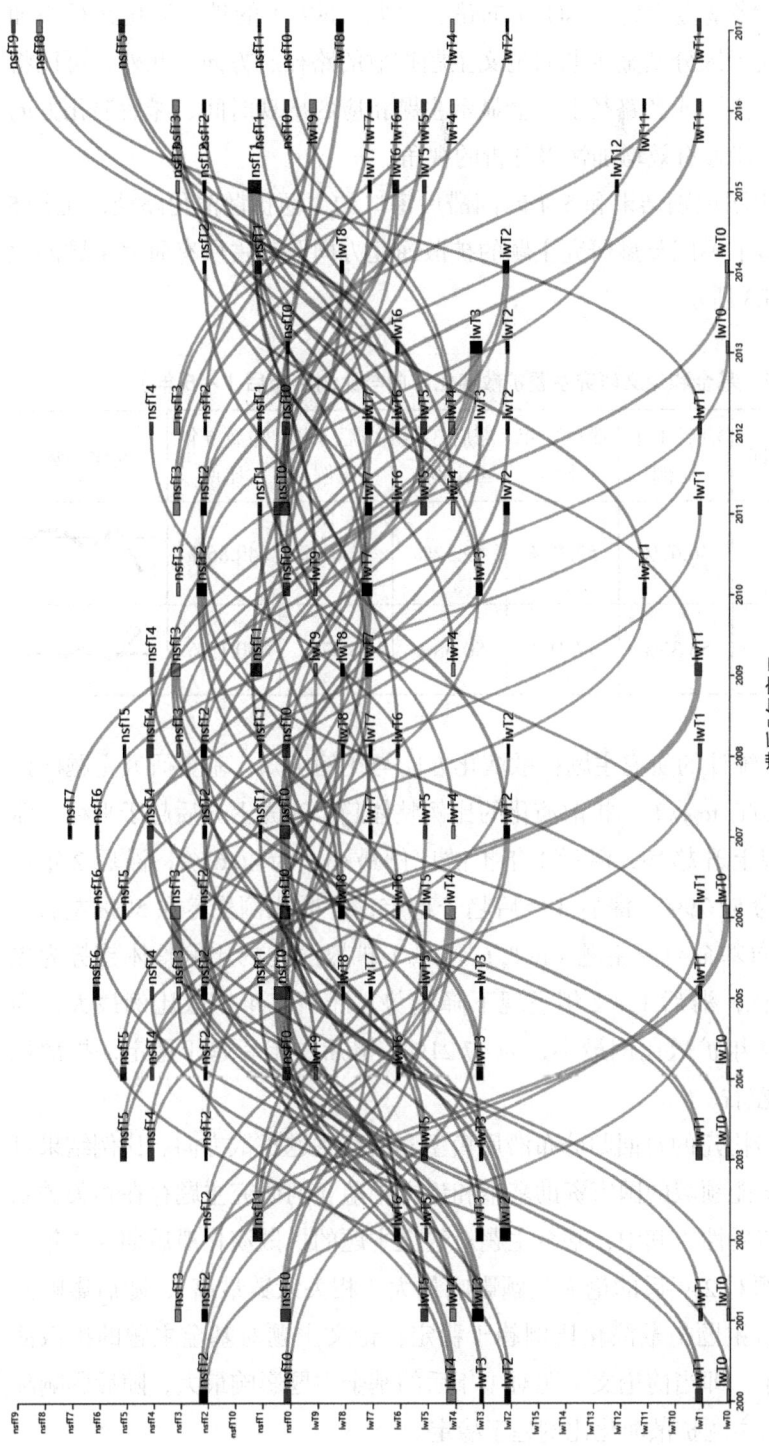

e　滞后5年窗口

图 4.6　基金和论文主题扩散演化路径（见书末彩插）

图 4.6 中，将基金主题（$nsfT_n$）向论文主题（lwT_n）的扩散演化路径添加了黄色标记，便于区分基金主题向论文主题扩散的路径、方向。此外，可以将鼠标悬停在某一主题或者路径上，会显示主题相应的出现时间、滞后演化方向和相似度值等，能够有效增加情报分析的视角。

结合研究主题识别结果和 5 个时间滞后窗口的主题扩散演化路径，统计 5 个时间滞后窗口下不同类型研究主题的扩散演化方向及其占所有研究主题的比例，结果如表 4.3 所示。

表 4.3 基金和论文研究主题扩散演化方向与比例（滞后 1~5 年）

研究主题扩散方向	滞后1年比例	滞后2年比例	滞后3年比例	滞后4年比例	滞后5年比例	变化趋势
$nsfT_n$ to lwT_n	46.67%	52.79%	49.32%	51.03%	49.85%	
lwT_n to $nsfT_n$	53.33%	47.21%	50.68%	48.97%	50.15%	

根据表 4.3 统计的研究主题扩散演化方向与比例可知，基金研究主题向论文研究主题（$nsfT_n$ to lwT_n）扩散演化的比例整体趋势为先上升后趋于平稳，滞后 1~2 年呈现上升趋势，滞后 1 年扩散比例最小，为 46.67%，滞后 2 年扩散比例最大，为 52.79%，滞后 3 年后趋于稳定，扩散比例稳定在 50% 左右；论文研究主题向基金研究主题（lwT_n to $nsfT_n$）扩散演化的比例整体趋势为先下降后趋于平稳，滞后 1~2 年呈现下降趋势，滞后 1 年扩散比例最大，为 53.33%，滞后 2 年扩散比例最小，为 47.21%，滞后 3 年后趋于稳定，扩散比例稳定在 50% 左右。

综合上一步构建的自回归分布滞后模型和研究主题扩散方向、比例结果可知：美国人工智能领域的国家资助基金和论文中蕴含的研究主题存在相关关系且具有明显的滞后性，其中，基金主题对论文主题的扩散演化滞后期为 2 年，即当前基金主题对 2 年后的论文主题影响最大（相关系数最高），随后影响降低，滞后 3 年后主题扩散演化比例趋于稳定；论文主题对基金主题的扩散演化滞后期为 1 年，即当前论文主题对 1 年后的基金主题影响最大，随后影响降低，滞后 3 年后主题扩散演化比例趋于稳定。

4.4 结论与讨论

本书以美国人工智能领域为例,基于自然语言处理、数理统计和可视化等技术方法,研究了基金和论文中研究主题的扩散演化滞后现象,研究结论主要有以下方面。

① 在进行多种科技文献数据源融合的研究前沿主题识别研究时,应该考虑不同数据源之间的研究主题扩散演化时滞问题,而不是简单地将数据按照时间窗口进行叠加、统一处理。

② 国家资助基金和论文的外部数量特征存在相关关系且具有明显的滞后性,其中,基金对论文显著影响的滞后期为 2 年(滞后相关系数 2.028),当滞后期超过 3 年,基金对论文的影响逐渐减小,即基金显著影响论文的扩散时间需要 2 年,此时相关关系最为显著,当滞后时间超过 3 年后,基金和论文的相关关系开始降低。

③ 国家资助基金和论文的内部主题特征存在相关关系且具有明显的滞后性,其中,国家资助基金研究主题对论文研究主题的扩散演化滞后期为 2 年,即当前基金研究主题对 2 年后的论文研究主题影响最大(扩散比例 52.79%),随后影响降低,滞后 3 年后研究主题扩散演化比例趋于稳定(50% 左右);论文研究主题对基金研究主题的扩散演化滞后期为 1 年,即当前论文研究主题对 1 年后的基金研究主题影响最大(扩散比例 53.33%),随后影响降低,滞后 3 年后研究主题扩散演化比例趋于稳定(50% 左右)。

④ 基金和论文中蕴含的研究主题存在一定的关联关系,研究主题的出现存在时间先后顺序(滞后性),在一定程度上可以根据基金的研究主题预测未来 2 年论文的研究主题,根据论文的研究主题预测未来 1 年基金的研究主题。

⑤ 虽然美国人工智能领域的基金和论文外部数量特征统计与内部主题特征分析的时间滞后一致,但不同的领域可能会出现外部数量特征统计与内部主题特征分析时间滞后不一致的情况,如果出现,为了进行研究主题发展趋势预测,应该以内部主题特征的时间滞后分析结果为主要依据。

4.5 本章小结

本章利用上一章提出的基金与论文关联的主题扩散演化路径识别及其可视化方法，以美国人工智能领域的基金和论文为研究数据，研究基金、论文两种不同科技文献之间研究主题的扩散演化滞后现象，探索归纳其基本机制与规律，并设计了详细的分析思路与流程。首先，识别出不同时间窗口下基金和论文的研究主题，并基于余弦相似度构建主题之间的关联关系；其次，从外部数量特征和内部主题特征两个层面分析基金和论文主题的扩散演化滞后效应。研究发现，美国人工智能领域的基金和论文中蕴含的研究主题存在一定关联关系，研究主题的出现存在时间先后顺序（滞后性），可以根据基金的研究主题预测未来 2 年论文的研究主题，根据论文的研究主题预测未来 1 年基金的研究主题。本章的研究结论也为后续基于主题扩散演化滞后的研究前沿识别及其预测分析方法研究奠定理论与实践基础。

第 5 章　基于主题扩散演化滞后的研究前沿识别及其预测方法

在第 3 章、第 4 章研究结果的基础上可知,特定学科领域的基金和论文中蕴含的研究主题存在扩散演化滞后现象,并且通过外部数量特征和内部主题特征能够得到规律性结论,在进行多种科技文献数据融合的研究前沿主题识别研究时,应该考虑不同数据之间的研究主题扩散演化的时滞问题,而不是简单地将数据按照时间窗口进行叠加、统一处理。

目前,研究前沿识别主要以论文为单独的研究数据,未体现出基金与论文交叉融合、互相转化、协同发展反映的前瞻性研究前沿。所以,本章拟提出一套系统的基于主题扩散演化滞后的研究前沿识别及其预测分析方法,旨在通过综合基金和论文数据识别研究前沿主题,根据主题扩散演化滞后效应测度结果来预测未来一定时间内可能会形成的研究前沿主题,以期改进现有研究前沿识别方法的前瞻性不足等问题。一方面,能够通过(基金或论文)主题扩散演化滞后效应结果来预测未来几年可能的(论文或基金)研究前沿,提高研究前沿主题识别结果的"前瞻价值";另一方面,可以通过对比研究前沿主题的可能发展方向来拓展研究前沿主题识别结果的分析粒度,即可以根据 ARIMA 模型和 Word2Vec 模型从主题强度和内容两个层面分析研究前沿识别结果的可能发展趋势与方向,使研究前沿识别结果更加清晰、有效。

5.1 研究前沿识别影响因素

5.1.1 影响因素分析

欧洲研究理事会（European Research Council，ERC）认为，"研究前沿"具有创新性、风险性和基础性3个特征。与欧洲研究理事会的观点相似的是欧盟"地平线2020"计划（欧盟科研框架计划）在2016—2017年投入5.7亿欧元资助的"未来新兴技术项目"（Future and Emerging Technologies，FET）。该项目旨在大力资助国际前沿和竞争性研究以推动欧盟地区科技发展，在审核是否资助某些基金申请时，会重点考虑该项目是否属于"研究前沿"，具体考虑的因素主要有基础性（Foundational）、创新性（Novelty）、风险性（High-Risk）、学科交叉性（Interdisciplinary）、科学和技术导向（S&T Targeted）、前瞻性（Long-Term Vision）等，如图5.1所示。

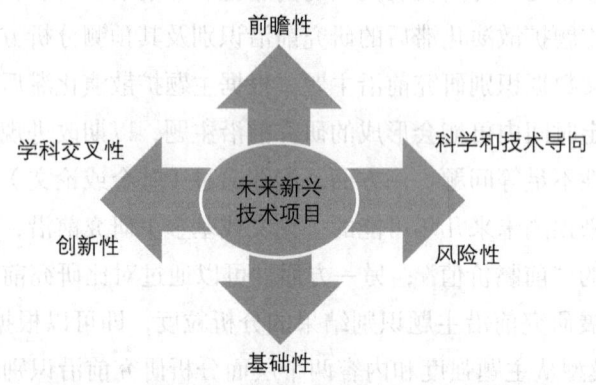

图 5.1　未来新兴技术项目研究前沿因素 [137, 203]

根据欧洲研究理事会和未来新兴技术项目定义的研究前沿影响因素，本书总结归纳了4个主要影响因素及其关键属性、文献计量学指标和实现方法，如表5.1所示。

表 5.1 研究前沿影响因素

影响因素	关键属性	文献计量学指标	实现方法
研究前沿应该是创造新知识的研究领域	创新性	时效（Timeliness）、与当前研究领域的相似性（Similarity）	通过文献的参考文献或项目申请时间来计算；通过自然语言处理技术计算科技文献与领域研究方向之间的相似度
研究前沿领域本质上是有风险的，研究者应该了解并能有效控制该风险	研究者往往开展与当前学科独立的研究	风险性（Risk）	通过自然语言处理技术计算当前研究主题是否前期有研究基础，评估该研究与前期研究的原始创新能力
研究前沿不仅关注新的知识，更应该注重潜在有用知识的产生，既要考虑基础研究，也要考虑应用研究	该研究的可用性或者全新开辟一个研究领域	可用性（Applicability）	该研究的可用性
应该考虑跨学科、跨领域性，组织不同学科背景的研究者，运用不同的研究方法达到各自不同的研究目的	学科的交叉性	学科的交叉性（Interdiscip Linarity）	不同学科的交叉性

在上述分析的基础上，结合第 2 章国内外研究进展中本书梳理的情报学领域研究前沿基本概念可知，"研究前沿"通常被定义为一组高被引文献、一组施引文献、一组突现主题等，这些概念所反映出的研究前沿影响因素主要有一定的关注度、新颖性（创新性）和发展趋势良好（有一定基础并呈现增长趋势）等。

5.1.2 基金和论文数据特征分析

在实际研究前沿识别研究与实践工作中，如何根据上述影响因素与具体数据特征进行关联映射（部分因素无法定量测度），即如何通过基金、论文等数据特征来定量表示、测度上述研究前沿识别影响因素是进行研究前沿识别的基础工作。因此，本书首先对基金和论文数据特征进行分析，为后续研究前沿判别指标的确定奠定基础。

一般来说，基金数据主要由各个基金资助部门在其官网进行公布，如中国国家自然科学基金委员会（National Natural Science Foundation of China，NSFC）和美国国家科学基金会（National Science Foundation，NSF）。以 NSF 基金数据为例，其数据特征字段主要有题名、摘要、资助时间和资助金额等，下面对其在研究前沿识别中的作用进行总结分析，如表 5.2 所示。

表 5.2 基金数据特征及作用

关键特征字段	内容	研究前沿识别作用
题名（Title）	基金名称	综合和利用自然语言处理、文献计量和数理统计等方法分析文本内容，揭示研究的创新性、基础性影响因素
摘要（Abstract）	介绍研究的目的、意义、方法流程、结论、局限及不足等	
资助时间（Start Date）	介绍基金的批准日期	利用资助开始日期分析其新颖性，以揭示其创新性
资助金额（Awarded Amount）	介绍基金的资助金额	利用资助金额分析其资助强度，以揭示资助机构对该研究的重视程度

论文数据和基金数据在文本结构、数据特征上既有联系，又有区别，如题名、作者（项目主持人）、摘要等都是两者共有的字段，但是关键词、参考文献等字段是论文数据所特有的。以 Web of Science 数据库收录的论文数据为例，对论文数据的特征及其在研究前沿识别中的作用进行总结分析，结果如表 5.3 所示。

表 5.3　论文数据特征及作用

关键特征字段	内容	研究前沿识别作用
题名（TI）	论文名称	综合和利用自然语言处理、文献计量和数理统计等方法分析文本内容，揭示研究的创新性、基础性影响因素
摘要（AB）	介绍研究的目的、意义、方法流程、结论、局限及不足等	
关键词（KWs）	概括论文主要内容的关键词	
发表时间（PY）	论文发表时间	一般需要结合文本内容或者参考文献字段发挥作用，主要分析研究的新颖性、发展趋势等
参考文献（RF）	论文的参考文献	利用引文共被引、耦合和直接引用分析等方法揭示参考文献所反映的近期研究的聚集情况及其发展趋势，从而识别研究前沿

依据上述分析，结合第 3 章、第 4 章的研究成果，本章提出一套系统的基于主题扩散演化滞后的研究前沿识别及其预测方法，下面对其主要方法框架进行介绍。

5.2　方法框架

本章提出的基于主题扩散演化滞后的研究前沿识别及其预测方法框架如图 5.2 所示，下面对其主要步骤进行论述。其中，基金与论文主题识别与关联、主题扩散演化滞后效应测度等步骤已经在第 3 章、第 4 章中进行了介绍，在此不再赘述，下面重点分析研究前沿主题判别指标、研究前沿主题判别和基于主题扩散演化滞后的研究前沿预测等步骤。

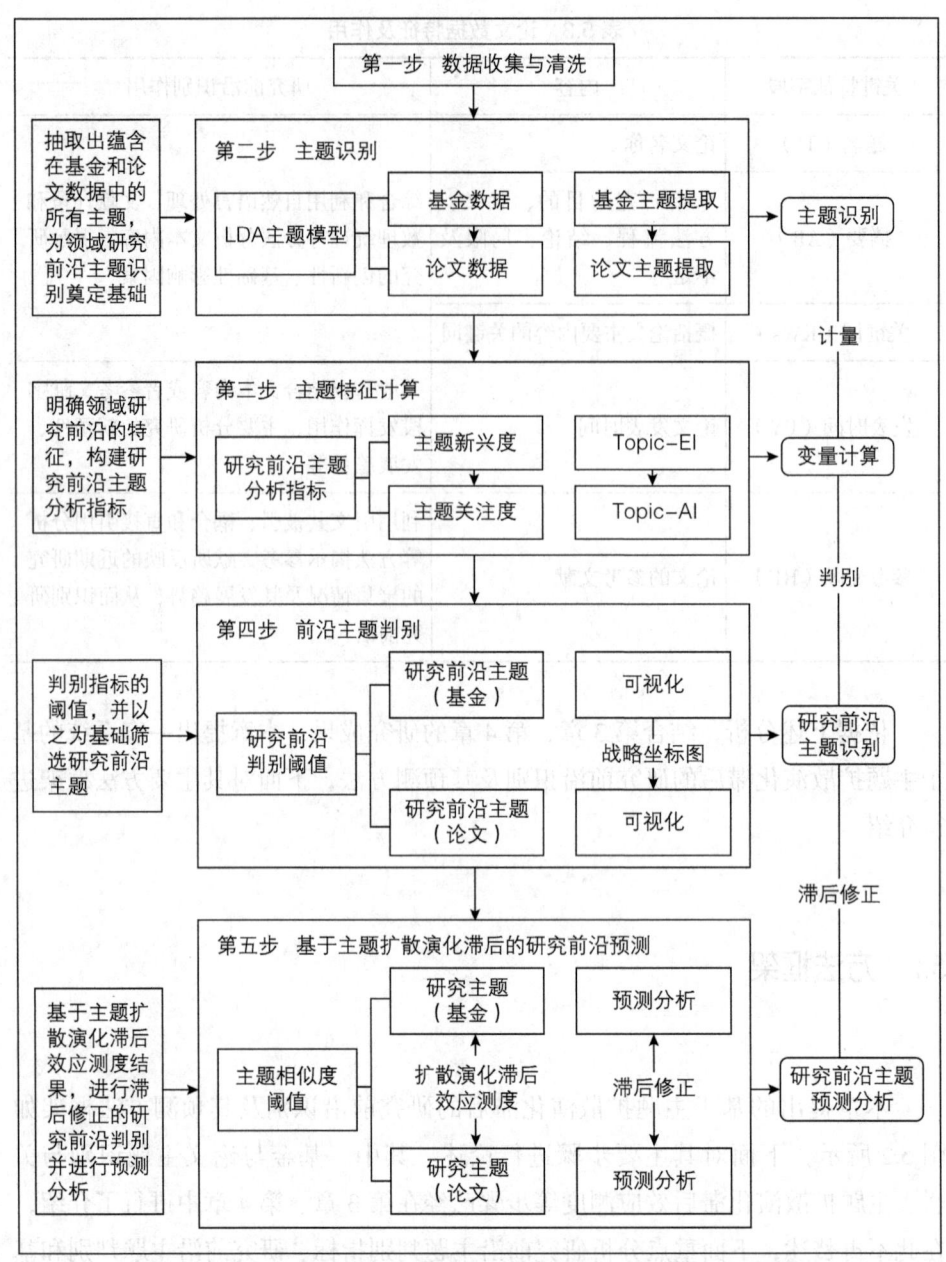

图 5.2 基于主题扩散演化滞后的研究前沿识别及其预测方法框架

该方法步骤的基本原理、思想为：基金数据中蕴含着正在布局的研究前沿，而论文数据中蕴含着当前的研究前沿，在一定程度上，基金数据中蕴含的研究前沿具有更高的"前瞻价值"。此外，基金、论文作为科学知识的主要载体，其中蕴含的研究主题、研究前沿等作为科学知识系统内容的核心要素，存在一定的显性、隐性联系，并通过主题转移、扩散和演化等时序变化过程表现出来。本章提出的方法旨在基于基金和论文主题之间隐含的相互联系（主题扩散演化滞后）来识别、预测论文或基金中蕴含的研究前沿。

5.2.1 研究前沿主题判别指标

本书在前期研究成果的基础上，借鉴目前针对论文的前沿判断指标[122]，通过分析、总结基金和论文的叙述结构、文本形式结构、外在属性等特征，构建两者共同适用的混合式研究前沿主题判别指标[142, 191]，包括主题新兴度指标（Emerging Index，EI）和关注度指标（Amount Index，AI）。

（1）主题新兴度指标

主题新兴度指标（EI）：通过主题（年龄）时间特征来测度主题新兴度，如式（5.1）所示[191]：

$$EI_t = \frac{1}{FY-t(z)+1} 。 \quad (5.1)$$

其中，FY（First Year）表示数据集中的时间上限，$t(z)$ 表示主题 z 的时间标签（$t \leqslant FY$），随着时间的推移，主题新兴度逐渐降低（$0 < EI \leqslant 1$）。

（2）主题关注度指标

主题关注度指标（AI）：通过主题相关文档数量占总文档数量的比例来测度主题的关注度，如式（5.2）所示[142]：

$$AI_t = \frac{DA_t(z)}{SumDA_t} 。 \quad (5.2)$$

其中，$DA_t(z)$ 为 t 时间段内主题 z 的相关文档数量（Document Amount）；$SumDA_t$ 表示 t 时间段内的文档总数。

5.2.2 基于战略坐标图的研究前沿主题判别

主题新兴度和主题关注度既有联系，又有区别，通过主题新兴度指标可以发现（时间维度）新生主题，通过主题关注度指标可以发现研究者关注的研究主题，两者的组合可以描述4种连续的研究主题变化状态：新兴主题、前沿主题、热点主题和衰退主题，涵盖研究主题生命周期的整个过程。计算主题新兴度、关注度指标后，为了辅助进行研究前沿主题判别，利用新兴度、关注度构建战略坐标图，将这4种主题状态映射到二维空间中，其中 x 轴代表主题新兴度，y 轴代表主题关注度，坐标轴交点表示研究前沿主题判别阈值，如图5.3所示。

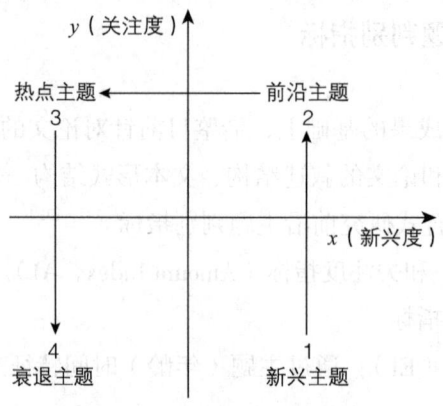

图 5.3 研究前沿主题判别

右下象限（新兴主题）：主题新兴度较高，关注度低，说明该主题年龄较小，研究处于初始阶段，相应的主题发文量（关注度）较低。

右上象限（前沿主题）：主题新兴度高，关注度高，说明该主题年龄小，研究处于成长阶段，受到研究者关注，主题发文量（关注度）较新兴主题有所增长。

左上象限（热点主题）：主题新兴度低，关注度较高，说明该主题年龄大，研究处于成熟阶段，相应的主题发文量（关注度）较高。

左下象限（衰退主题）：主题新兴度较低，关注度较低，说明该主题年龄较大，研究处于衰退阶段，研究者较少，主题发文量（关注度）较低。

5.2.3 基于主题扩散演化滞后的研究前沿主题识别

本章在上一步骤研究前沿主题判别结果的基础上，探索如何有效利用特定学科领域的基金与论文研究主题滞后时差 T_{Lag}（T_{Lag} 表示基金主题向论文主题扩散演化滞后 T 年或者论文主题向基金主题扩散演化滞后 T 年）进行研究前沿主题判别及其预测，回应最初提出的需要解决的问题，即如何在时间窗数据融合时将所发现的时差规律纳入"融合"研究前沿识别方法中。

根据第 4 章的基金和论文研究主题扩散演化滞后效应测度方法，可以通过具体实验得到特定学科领域的基金与论文研究主题滞后时差 T_{Lag}，不同学科领域的 T_{Lag} 可能不同，需要具体实验测度得到。利用特定学科领域的基金与论文研究主题滞后时差 T_{Lag} 可以在一定程度上解决研究前沿主题发展趋势预测问题，从而提高研究前沿识别结果的前瞻价值，如在一定程度上可以根据基金的研究主题来预测未来 n 年论文的研究主题，依据论文的研究主题可以预测未来 m 年基金的研究主题。

基于主题扩散演化滞后的研究前沿预测分析思路是：假定任意一对具有主题扩散演化关联的基金研究前沿主题 $nsfT_{front}$ 和论文研究前沿主题 lwT_{front}，并且基金研究前沿主题向论文研究前沿主题扩散演化滞后时差为 T_{Lag}（图 5.4）。

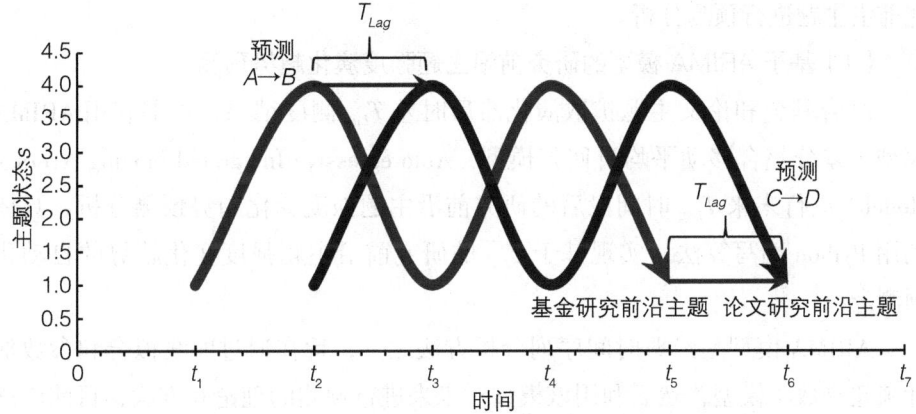

图 5.4　基于主题扩散演化滞后的研究前沿预测示例

图 5.4 中，假如当 t_2 时刻基金研究前沿主题 $nsfT_{front}$ 的主题状态（主题强度、主题内容等）为 A，那么可以预测 $t_2+T_{Lag}=t_3$ 时刻论文研究前沿主题 lwT_{front} 的主题状态 B（$B=A$）；同理，可以通过 t_5 时刻 $nsfT_{front}$ 的主题状态（主题强度、主题内容等）C 预测 $t_5+T_{Lag}=t_6$ 时刻 lwT_{front} 的主题状态 D（$D=C$）。（图 5.4 是为了说明思路所设计的理想状态，实际上两者不会完全同步，但是也存在一定的协同、相关性，因此，从理论上讲也可以通过滞后时差在一定程度上预测相应的基金或论文主题状态，辅助研究前沿发展趋势预测分析）

5.2.4 基于主题扩散演化滞后的研究前沿预测解读

在实际科技情报分析工作中,仅识别出研究前沿主题难以满足用户的情报需求,往往需要对研究前沿主题的发展趋势进行一定的预测分析,因此,为了提高本章提出的基于主题扩散演化滞后的研究前沿识别方法的实用价值,在基于主题扩散演化滞后的研究前沿主题识别结果的基础上,设计了研究前沿主题趋势预测分析的新方法。

虽然根据基金和论文主题扩散演化滞后时差 T_{Lag} 能够预测未来 T 年基金或论文可能形成的研究前沿主题,但是,这些研究前沿主题的变化趋势是怎样的?具体研究内容是什么?还需要进一步分析,因此,本书根据基金和论文主题扩散演化滞后时差 T_{Lag} 结果,从研究主题强度和研究主题内容两个维度对研究前沿主题进行预测分析。

(1)基于 ARIMA 模型的研究前沿主题强度演化趋势预测

结合基金和论文主题扩散演化滞后时差 T_{Lag} 测度结果,本书利用 ARIMA 模型(差分整合移动平均自回归模型,Autoregressive Integrated Moving Average Model)进行未来 T_{Lag} 时间段后的研究前沿主题强度变化趋势预测分析,具体利用 Python 编写算法,实现基于 T_{Lag} 的研究前沿主题强度变化趋势的自动化预测。

ARIMA 模型是经典时间序列分析方法之一,旨在通过曲线拟合和参数估计来建立数学模型,然后利用该模型对未来进行预测的理论和方法,目前广泛应用于经济金融[204]、生态学[205]和植物学[206]等领域。

概括来说,时间序列数据可以分为非平稳时间序列(往往表现出在不同时间段具有不同的值,如波动性的上升或下降)和平稳时间序列(往往表现出围绕其均值不断波动),如图 5.5 所示。

具体研究中,应该根据各种时间序列数据类型的特点使用不同的时间序列模型进行建模,其中,建立平稳时间序列模型可使用 AR 模型、MA 模型和 ARMA 模型,建立非平稳时间序列模型可使用 ARIMA 模型。

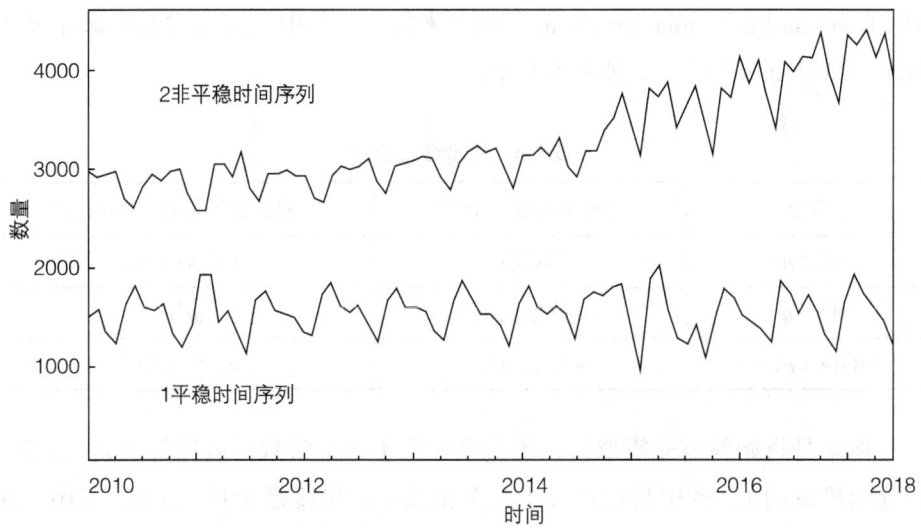

图 5.5 平稳时间序列与非平稳时间序列示意

由常识可知，研究前沿主题强度变化时间序列必然为非平稳时间序列（往往表现出在不同时间段具有不同的值），因此，本书研究中选择 ARIMA 模型进行趋势预测。根据前面步骤中的主题关联构建方法，将相邻时间窗口最大相似度的研究主题作为研究前沿主题的上一时刻状态（也反映出研究前沿主题的知识基础与延续性），然后依次构建关联，从而得到研究前沿主题近 5 年的主题强度变化时间序列，为预测分析奠定基础。

ARIMA 模型的标准格式为 ARIMA（p，d，q），p、d、q 为模型基本参数：p 为自回归项，d 为时间序列成为平稳时所做的差分次数，q 为移动平均项数，如式（5.3）所示[207]：

$$y_t = \alpha \sum_{i=1}^{p} \gamma_i y_{t-i} + \beta \sum_{i=1}^{q} \theta_i \varepsilon_{t-i} + \varepsilon_t + \mu \text{。} \quad (5.3)$$

其中，y_t 是当前值，γ_i 是自相关系数，θ_i 是移动平均系数，ε_t 是误差，u 是常数项，α 和 β 为系数。基于 ARIMA 模型的研究前沿主题强度趋势测度，具体可以概括为 3 个子步骤，依次是模型定阶、参数估计和模型检验与预测，关键步骤是模型参数的确定，其中，差分的阶数 d 主要通过计算时间序列图是否平稳来确定，当差分 1 阶时，时间序列变得平稳，确定 $d=1$，以此类推，d 取值 1 阶或 2 阶即可。

p 和 q 阶数的确定相对复杂，需要通过自相关函数（Autocorrelation Function，ACF）、偏自相关函数（Partial Autocorrelation Function，PACF）和贝叶斯信息准

则（Bayesian Information Criterion，BIC）来判定，其中，p、q 阶数的确定基于 ACF、PACF 的规则[208]，如表 5.4 所示。

表 5.4 模型参数确定

模型	自相关函数（ACF）	偏自相关函数（PACF）
AR（p）	拖尾	p 阶后截尾
MA（q）	q 阶后截尾	拖尾
ARMA（p, q）	q 阶后拖尾	p 阶后拖尾

拖尾是指始终有非零取值，不会在 k 大于某个常数后就恒等于 0（或在 0 附近随机波动）；截尾是指在大于某个常数 k 后快速趋于 0，为 k 阶截尾。在 ACF、PACF 初步判定的基础上，遍历所有可能的参数计算模型 BIC 值（计量经济学工具包 Statsmodels 提供相应的计算函数），其中最小值为最优参数，从而可确定最后的模型参数。

然后，基于 ARIMA 模型检验函数对所确定的模型进行 4 步检验（具体可以分为残差序列检验、残差分布检验、残差 QQ 图检验和 Ljung–Box 检验 4 个子步骤），如果通过检验即可用于时序预测分析。在模型构建的基础上，通过统计建模和计量经济学工具包 Statsmodels 中集成的 *get_prediction*( )、*conf_int*( ) 函数获得主题趋势预测值和相关的置信区间。

（2）基于 Word2Vec 模型的研究前沿主题内容演化趋势预测

结合基金和论文主题扩散演化滞后时差 T_{Lag} 测度结果，本书利用 Word2Vec 模型进行未来 T_{Lag} 时间段后的研究前沿主题内容变化趋势预测分析。具体利用 Python 编写算法，实现基于 T_{Lag} 的研究前沿主题内容变化趋势的自动化预测。

Word2Vec 模型是目前词表示学习的主要模型之一，自然语言处理任务中单个词的表示学习是最基础的工作之一，One Hot Representation 等经典方法会导致词向量维度过高（一词一维）、过于稀疏（如任意一个词的向量表示 information [0, 0, 0, 0, 0, 0, 0, 1, 0, …, 0, 0, 0, 0, 0, 0]）等问题[209]，而且难以表示出不同词之间的语义关系。

为解决上述问题，2013 年，T. Mikolov 等[210] 提出了 Word2Vec 模型，它是一个简单化的神经网络（基于神经网络的词分布表示又称为词向量或者词嵌入,Word Embedding),通过一个三层神经网络(输入层—隐藏层—输出层)把每个词映射成 K 维实数向量,将网络中任意两个节点的相关关系转换为对应两个向量的相关关系,将词语的不同句法和语义特征分布到它的每一个维度去表示,从而可以解决数据稀疏性和维度灾难的问题。Word2Vec 中训练神经网络模型具体分为 CBOW 模型(Continuous Bag-of-Word Model)和 Skip-Gram模型,基本原理如图 5.6 所示。

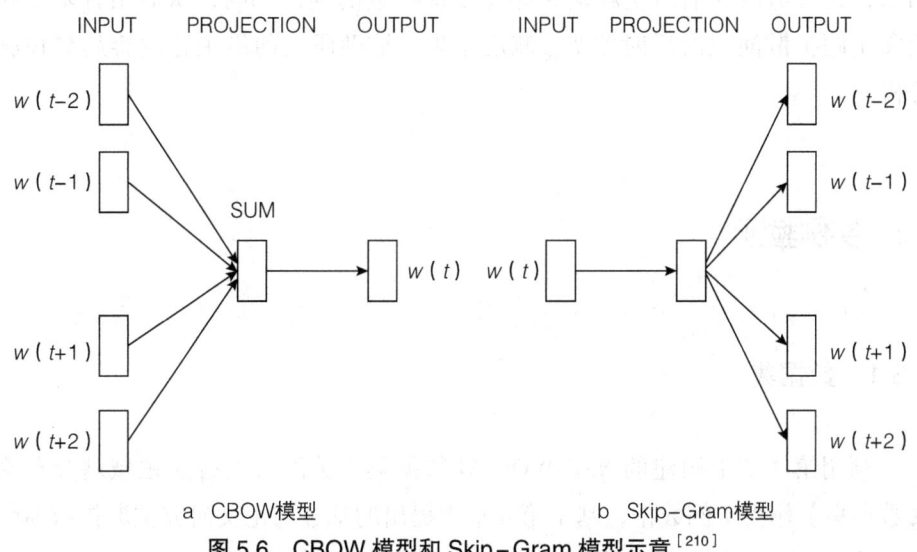

图 5.6　CBOW 模型和 Skip-Gram 模型示意[210]

其中,CBOW 模型又称连续词袋模型,是一个 3 层神经网络,如图 5.6 a 所示,该模型的特点是输入已知上下文,输出对当前单词的预测;而 Skip-Gram 模型的顺序和 CBOW 模型相反,即已知当前词语,预测上下文,如图 5.6 b 所示。

从长期来看,随着时间的推移,科学技术的内容也会发生变化,但是,短时间内(1~3 年)科学技术研究内容变化较小,表示研究内容的词汇不会突然产生、消失,大部分研究创新是一个渐进的过程。从文本词汇层面来看,很多创新研究论文中的词汇是该研究主题内部词汇的重新排列组合,所以,根据词向量和语义距离计算的方法对主题内容可能的趋势进行短期预测(后续 1~3 年)具有一定的可行性。Word2Vec 模型作为生成词向量的经典模型之一,受到众多学者的认可,并且集成在 Python 中用户众多的 Gensim 工具包中(在一定程度上也说明了 Word2Vec 模型的有效性),使用方式简洁、高效,便于集成在多种项目中,是实践工作中生成词向量比较好的模型方法之一。

在具体研究中,根据前面得到的研究前沿主题的下位主题词,通过训练 Word2Vec 模型(基于近 3 年的数据训练 Word2Vec 模型,以保证预测词汇内容的时效性、新颖性,具体选择 CBOW 模型),从而输出下位主题词的预测。具体细分为两个小步骤:①选取近 3 年的数据,利用 Word2Vec 模型训练词向量;②将研究前沿主题的下位主题词作为词典,遍历上一步训练的词向量结果,查找与研究前沿主题语义相似度最接近的词汇 Top_n,从而结合基金和论文主题扩散演化滞后时差 T_{Lag} 测度结果,辅助研究前沿主题内容趋势预测分析。

5.3 实例验证

5.3.1 数据集

利用第 3 章中构建的 NSF_WOS_AI 数据集(美国人工智能领域基金和论文数据集)作为实例数据,基于第 4 章中提出的基金与论文研究主题扩散演化滞后效应测度方法进行实验,以验证方法的可行性、有效性。

5.3.2 主题识别

分别利用 LDA 模型处理基金和论文文本数据,得到研究主题,该步骤已在本书的第 3 章、第 4 章完成。

5.3.3 研究前沿主题指标计算

在主题识别和关联的基础上,利用本书设计的研究前沿主题判别指标,包括主题新兴度指标(Emerging Index,EI)、主题关注度指标(Amount Index,AI),统计所有基金和论文研究主题的时间、主题相关文档数量等特征,得到各个基金和论文研究主题的新兴度、关注度值,部分结果如表 5.5 所示。

表 5.5 研究前沿主题判别指标计算结果（部分）

基金主题	新兴度 EI	关注度 AI	论文主题	新兴度 EI	关注度 AI
$nsfT_{10}$	1.0000	31.6968	lwT_5	1.0000	24.7032
$nsfT_{11}$	1.0000	24.1753	lwT_6	1.0000	16.9313
$nsfT_{12}$	1.0000	12.0264	lwT_7	1.0000	15.5360
$nsfT_{13}$	1.0000	11.9643	lwT_8	1.0000	15.1571
$nsfT_{14}$	1.0000	19.8988	lwT_9	1.0000	13.7201
$nsfT_{15}$	1.0000	18.2249	lwT_{10}	1.0000	13.1624
$nsfT_{16}$	1.0000	28.6389	lwT_{11}	1.0000	11.8070
$nsfT_{17}$	1.0000	10.8487	lwT_{12}	1.0000	11.3640
$nsfT_{18}$	1.0000	15.9930	lwT_{13}	1.0000	11.2240
$nsfT_{19}$	1.0000	27.7914	lwT_{14}	1.0000	11.2075
$nsfT_{20}$	1.0000	24.3615	lwT_{15}	1.0000	10.6955
$nsfT_4$	0.5000	41.5152	lwT_{16}	1.0000	9.6850
$nsfT_5$	0.5000	43.4545	lwT_{17}	1.0000	9.3576
$nsfT_6$	0.5000	27.5152	lwT_{18}	1.0000	9.2886
$nsfT_7$	0.5000	31.3333	lwT_{19}	1.0000	8.8523
$nsfT_8$	0.5000	17.5758	lwT_{20}	1.0000	7.0432
$nsfT_9$	0.5000	38.6061	lwT_1	0.5000	9.6877
$nsfT_1$	0.3333	24.7022	lwT_2	0.5000	9.5647
$nsfT_2$	0.3333	28.2806	lwT_3	0.5000	9.4153
$nsfT_3$	0.3333	29.9036	lwT_4	0.5000	7.6267
……	……	……	……	……	……

5.3.4 研究前沿主题判别

在上一步研究前沿主题判别指标计算结果的基础上，得到各个主题的新兴度、关注度值，然后根据方法框架所述研究步骤构建战略坐标图，进行基金和论文的研究前沿主题判别，绘制的研究前沿主题判别战略坐标图如图5.7所示。

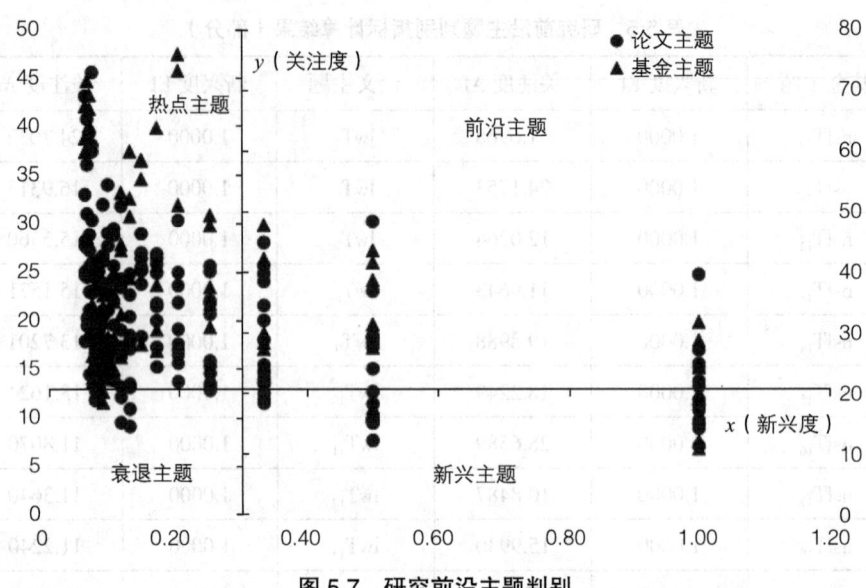

图 5.7 研究前沿主题判别

图 5.7 中，横坐标 x 表示主题新兴度，纵坐标 y 表示主题关注度，左边 y 轴值为基金主题的关注度，右边 y 轴值为论文主题的关注度。其中，主题新兴度阈值为 0.3，主题关注度阈值：基金主题关注度阈值为 13、论文主题关注度阈值为 21（为了可视化效果，防止散点分布过于密集，将所有主题关注度指标结果乘以 100）。阈值根据二八定律来确定，将所有主题的新兴度和关注度分别排序，选择位于前 20% 的值为阈值。由图 5.7 可知，美国人工智能领域基金和论文的研究主题分布相似，其中，论文主题的关注度普遍高于基金主题。结合阈值进行研究前沿主题判别，得到初始研究前沿主题识别结果，基金主题中识别出 15 个前沿主题，论文主题中识别出 24 个前沿主题。

5.3.5 基金与论文主题扩散演化滞后效应测度

根据方法框架所述步骤，构建基金和论文扩散滞后模型，分析两者外部数量特征的扩散滞后效应，然后进行主题扩散演化可视化分析、统计，从具体内容维度分析基金和论文研究主题的扩散演化滞后效应，该步骤已在本书的第 4 章完成。

通过研究发现，美国人工智能领域的基金主题对论文主题的扩散演化滞后期为 2 年，论文主题对基金主题的扩散演化滞后期为 1 年。在美国人工智能领域，在一定程度上可以根据基金的研究主题预测未来 2 年论文的研究主题，根据论文的研究主题预测未来 1 年基金的研究主题。

5.3.6 基于主题扩散演化滞后的研究前沿识别

根据上一步结果可知，美国人工智能领域基金主题对论文主题的扩散演化滞后期为 2 年，由此确定重要参数（基金主题→论文主题）$T_{Lag}=2$，根据方法步骤所述原理，将时间窗口按照滞后时差平移两个时间窗口，得到滞后修正的论文研究前沿判别战略坐标图，辅助进行论文研究前沿主题判别，如图 5.8 所示。

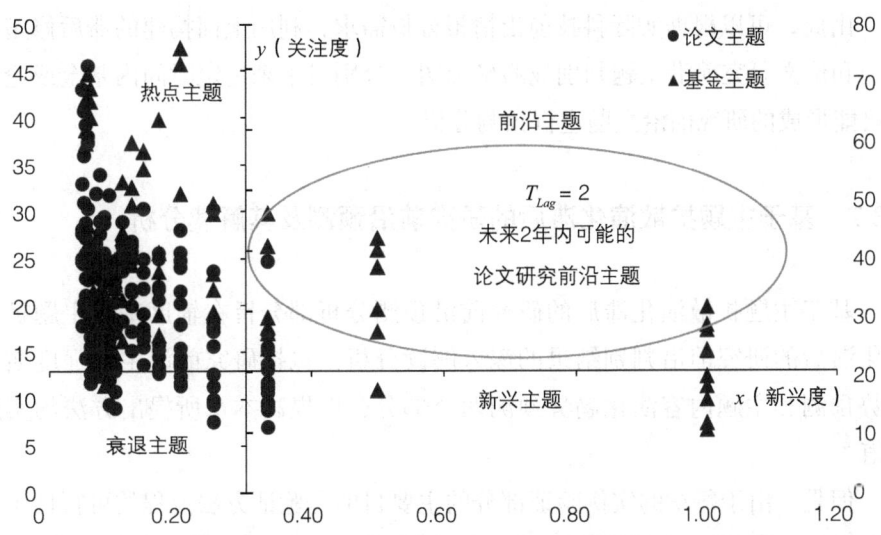

图 5.8　滞后修正的论文研究前沿判别（基金向论文主题扩散演化滞后 $T_{Lag}=2$）

根据上一步结果可知，美国人工智能领域论文主题对基金主题的扩散演化滞后期为 1 年。由此确定重要参数（论文主题→基金主题）$T_{Lag}=1$，根据方法步骤所述原理，将时间窗口按照滞后时差平移一个时间窗口，得到滞后修正的基金研究前沿判别战略坐标图，辅助进行基金研究前沿主题判别，如图 5.9 所示。

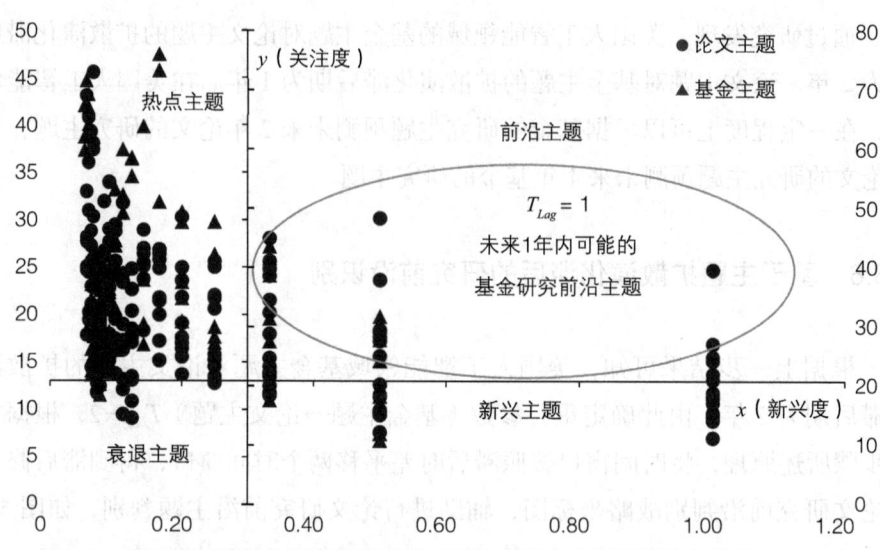

图 5.9 滞后修正的基金研究前沿判别（论文向基金主题扩散演化滞后 $T_{Lag}=1$）

由此，可以根据实际科技前沿情报分析需求，利用上面构建的滞后修正的基金和论文研究前沿主题判别战略坐标图，分别对未来一定时间内基金或论文中可能形成的研究前沿主题进行预测分析。

5.3.7 基于主题扩散演化滞后的研究前沿预测及其解读分析

基于主题扩散演化滞后的研究前沿预测分析部分旨在辅助基于主题扩散演化滞后的研究前沿判别结果的深入解读分析，包括研究前沿主题强度演化趋势预测和主题内容演化趋势预测两个部分，以提高本章所提出方法的实用价值。

但是，由于每章的实例验证部分的主要目的是验证方法流程的可行性（方法是否行之有效，能否根据方法处理相关数据得到相关结果），限于篇幅及避免与第 6 章重复过多，该部分美国人工智能领域具体内容的解读分析不再展开，相关预测方法将在下一章实证研究中结合具体实际工作进行具体展开，从而进行充分验证。

本书将在第 6 章进行实证研究，通过具体实际工作系统验证本书提出的所有方法、算法，验证其可行性、有效性。

5.4　讨论

在实践中，本章所提出的基于主题扩散演化滞后的研究前沿识别方法需要满足一定的使用条件，需要特定学科领域具有权威、公认的基金数据库，如中国国家自然科学基金数据库、美国国家科学基金会数据库等。此外，与通过论文主题来预测基金主题相比，由于论文的发表往往在基金立项之后，通过基金主题来预测论文主题在逻辑上更加合理，相对来说，依据论文主题来预测基金主题的实践价值弱于通过基金主题来预测论文主题。

5.5　本章小结

本章首先梳理、分析了研究前沿识别影响因素，然后分析了基金和论文数据可以用来进行研究前沿识别的关键特征；在此基础上，提出了基于主题扩散演化滞后的研究前沿识别方法，旨在通过综合基金和论文数据识别研究前沿主题，根据主题扩散演化滞后效应测度结果来预测未来一定时间内可能会形成的研究前沿主题，以期改现有研究前沿识别方法前瞻性不足的问题。与目前研究前沿识别方法相比，本章研究提出的基于主题扩散演化滞后的研究前沿识别方法，一方面提高了研究前沿识别结果的前瞻价值；另一方面可以通过对比研究前沿主题的可能发展方向来拓展研究前沿主题识别结果的分析粒度。该方法可以为不同科技文献中知识扩散、演化和传递机制有关研究提供借鉴，还可以为科学与技术关联（基金、论文和专利数据）的科技互动模式研究提供一定的参考。

第6章 实证研究

本书在第3章、第4章研究的基础上，于第5章提出了一套系统的基于主题扩散演化滞后的研究前沿识别及其预测方法，旨在科学、准确地利用基金和论文数据识别出更加前瞻的研究前沿主题并预测其发展趋势。虽然前面各个章节都有实例验证部分，但是不够系统，难以全面、有效地验证研究方法的有效性。

因此，本章在上述研究的基础上，进行系统的实证研究，以期在具体实践中考查该方法的可行性和适用性。具体以美国纳米农业领域为研究对象，对本书提出的基于主题扩散演化滞后的研究前沿识别及其预测分析方法进行实证研究，同时揭示美国纳米农业领域研究前沿及其发展趋势，从而为我国相关领域的科技创新、决策提供参考、借鉴。

6.1 实证领域说明

纳米农业是指研究、探索将纳米技术、纳米新材料运用于传统农业领域的科学[211]。农业领域一直是各个国家关注的重点领域之一，随着人口增长、化肥农药滥用和水资源短缺等问题日益严重，农业领域面临着巨大挑战，农业领域的可持续发展对于国家应对粮食安全、资源短缺等问题具有重要意义。

21世纪以来，随着科学技术与经济的发展、医疗卫生条件的提高等原因，世界人口数量不断增长，在此背景下，农业领域对于社会的繁荣稳定具有不可替代的作用，因此，世界各个国家十分重视、支持利用新兴技术来推动传统农业领域的发展进步。其中，比较具有代表性的是纳米技术与传统农业的交叉融合所形成的纳米农业领域。纳米农业作为传统农业领域的一个重要分支,具有许多优势,如使用纳米杀虫剂和纳米肥料提高农作物生产率,使用纳米材料提高土壤质量,使用纳米材料刺激植物生长和使用纳米传感器进行农业智能监控等,如图 6.1 所示。

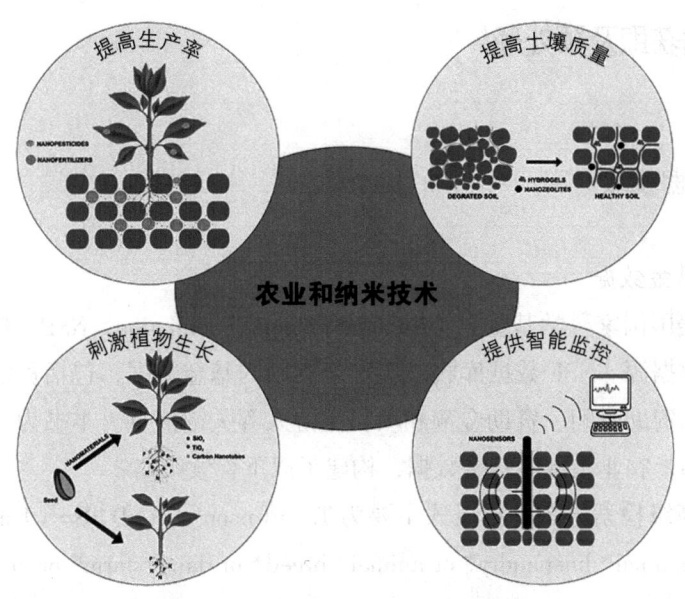

图 6.1　纳米技术在农业中的作用[212]

近年来,中、美等农业大国向纳米农业领域投入了大量人力、物力,相继开展纳米农业研究并将其作为重点发展领域。21 世纪初,美国提出纳米科学与工程的农业和食品系统项目(Nanoscale Science and Engineering for Agriculture and Food Systems);我国在《国家纳米科技发展纲要(2001—2010)》和"十二五"科技发展规划中指出要大力发展纳米农业领域[213];此外,联合国粮农组织(Food and Agriculture Organization of the United Nations,FAO)及世界卫生组织(World Health Organization,WHO)等国际组织也多次召开纳米农业相关会议,以期推动纳米农业领域的进一步发展。目前,美国在纳米农业领域处于世界领先地位,值得其他国家关注、学习。

概括来说,目前纳米农业领域相关理论、方法与技术在学术界、企业界和国家间受到了广泛关注(产生了大量科技文献数据,数据可获取),此外,采用纳米技术与新材料等前沿科技推动农业科技原始创新,有利于实现农业可持续发展,对于我国未来的加速发展有着重大的战略意义。因此,本书选取美国纳米农业领域作为研究前沿识别的实证领域是可行的,并且具有一定的实际意义。

6.2 数据获取及预处理

6.2.1 数据获取

(1)基金数据

选择美国国家科学基金会(National Science Foundation,NSF)数据库作为基金检索数据源。NSF数据库收录历年来资助的基金数据,包括资助基金的题名、摘要、资助时间、资助金额和项目主持人等关键信息。本书为准确、全面获取美国纳米农业领域的基金数据,构建了以下检索策略:

采用高级检索方式,检索式主要为 TS =(nano*)AND TS=(Farm* or husbandry* or animal* husbandry* or animal* breed* or dairy* farm* or crop product* or market garden* or planting industry* or arboricult* or silvicultur* or livestock* or horticultur* or livestock or agricultur* product* or farm* product* or foodstuff* or dairy* produc* or dairy product*)and(SU= AGRICULTURE or TS= AGRICULTURE)。

时间范围:资助时间(EffDate)2000年1月1日至2019年12月31日;检索日期:2020年1月11日;导出格式:全记录,XML格式。

(2)论文数据

选择Web of Science(WOS)数据库作为论文检索数据源。WOS数据库收录自然科学、工程技术等诸多领域的近万种学术期刊,包括题名、作者、关键词、摘要和参考文献等关键信息,是目前进行研究前沿识别研究的主要数据源。本书为准确、全面获取美国纳米农业领域的论文数据,构建了以下检索策略:

采用高级检索方式,检索式主要为 TS =(nano*)AND TS=(Farm* or husbandry* or animal* husbandry* or animal* breed* or dairy* farm* or crop product* or market garden* or planting industry* or arboricult* or silvicultur* or livestock* or horticultur* or livestock* or agricultur* product* or farm* product* or foodstuff* or dairy* produc* or dairy product*) and (SU = AGRICULTURE or TS = AGRICULTURE)。

国家限定：USA；文献类型：Article；时间范围：出版年份（Publication Year）2000 年 1 月 1 日至 2019 年 12 月 31 日；检索日期：2020 年 1 月 11 日；导出格式：全记录，TXT 格式。

根据上述检索策略对美国纳米农业领域的基金和论文数据进行检索、获取，共得到基金数据 1074 条，论文数据 5068 条。按照年度时间窗口进行统计，得到基金和论文数据的时间分布、比例及其增长趋势情况，如图 6.2 所示。

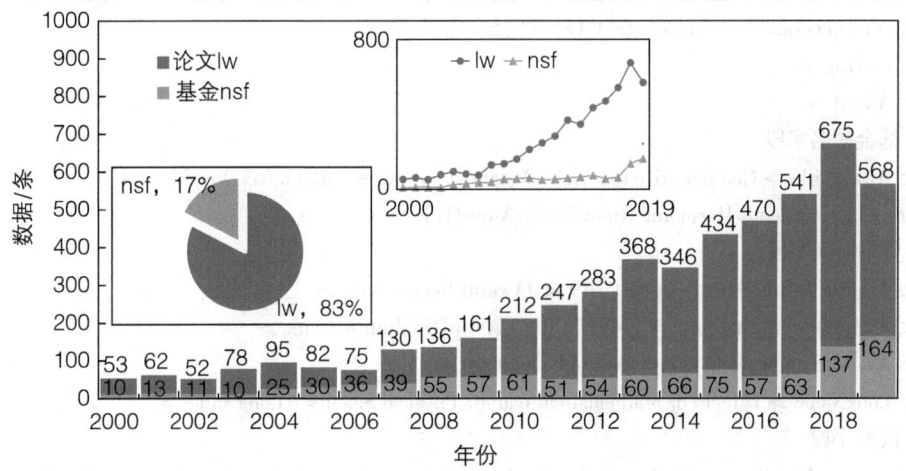

图 6.2　美国纳米农业领域基金和论文数据情况

由图 6.2 中分析可知，美国纳米农业领域的基金和论文数量总体呈稳定增长趋势，虽然论文数据在 2019 年略有回落，但整体仍呈现上升态势，说明美国纳米农业研究领域受到美国政府和研究人员的重视，并且正处于快速发展阶段。

6.2.2　数据预处理

（1）关键字段抽取

上一步在 NSF 和 WOS 数据库中检索获得的美国纳米农业领域的基金和论文数据分别为 XML 和 TXT 格式，目前现有分析工具难以直接利用数据库检索得到的科技文献数据，需要利用特定软件工具进行关键字段抽取。其中，由于近年来学者主要利用论文数据进行各种研究与实践工作，因此，产生了众多可以抽取 WOS 数据库中论文数据关键字段的软件工具，如 TDA、SATI 和 CiteSpace 等，能够方便、快捷地对检索得到的论文数据进行字段抽取等工作。

相较于论文数据，NSF 数据库检索得到的 XML 格式基金数据暂无软件工具可以抽取特定字段，因此，利用 Python 编写代码进行基金数据关键字段的自动化、高效抽取，任意基金数据基本格式如下。

NSF 基金数据基本格式

<? xml version="1.0" encoding="UTF－8" ?>
< rootTag >
< Award >
// 基金题名字段
< AwardTitle > Collaborative research: Weighted Estimates with Matrix Weights and Non－Homogeneous Harmonic Analysis < /AwardTitle >
// 资助时间字段
< AwardEffectiveDate > 06/01/2019 < /AwardEffectiveDate >
< AwardTotalIntnAmount > 194964.00 < /AwardTotalIntnAmount >
< AwardAmount > 43474 < /AwardAmount >
< LongName > Direct For Mathematical & Physical Scien < /LongName >
// 摘要字段
< AbstractNarration > Calderon－Zygmund operators are objects that are largely responsible for our understanding of a number of physical phenomena, from heat transfer to turbulence. Recently, these operators have found application in big data analysis... < /AbstractNarration >
< AwardID > 1900008 < /AwardID >
< Name > Kent State University < /Name >
< CityName > KENT < /CityName >
< ZipCode > 442420001 < /ZipCode >
< PhoneNumber > 3306722070 < /PhoneNumber >
……
< /Award >
< /rootTag >

在分析 NSF 基金数据基本格式的基础上，确定需要抽取的字段，如本书拟抽取的字段主要是基金题名< AwardTitle >、基金资助时间< AwardEffectiveDate >、基金摘要字段< AbstractNarration >和基金 ID < AwardID >（每个基金的身份

ID 号，唯一标识）等关键字段，通过分析其基本数据结构，利用 Python 编写相应的关键字段抽取代码，从而实现将关键字段抽取保存至 CSV 格式的表格中，以备后续主题识别步骤中使用，部分代码如下。

NSF 基金关键字段抽取代码（部分）

```
// 载入工具包
from lxml import etree
import lxml
import os
from os.path import join, getsize
from xml.etree.ElementTree import ElementTree
import csv
from csv import DictWriter
// 创建 list 列表以存储关键字段
grantrows = []
for root, dirs, files in os.walk('NSF data/'):
    for filename in files:
        if filename.endswith('.xml'):
            fullpath = os.path.join(root, filename)
            try:
                f = open(fullpath)
                #print fullpath
                doc = etree.parse(f)
                title = doc.xpath('//AwardTitle')
                effdate = doc.xpath('//AwardEffectiveDate')
                abstract = doc.xpath('//AbstractNarration')
                awardid = doc.xpath('//AwardID')
                ……
// 存储基金题名、摘要等关键字段
grantheaders = ['Title', 'EffDate', 'ExpirDate', 'Abstract', 'AwardID']
// 创建 csv 文件，文件为 grants.csv
with open('grants.csv', 'w') as f:
    f_csv = csv.DictWriter(f, grantheaders)
    f_csv.writeheader()
    f_csv.writerows(grantrows)
print "finished!"
```

经过字段抽取步骤，将基金和论文数据的题名、摘要和时间等关键字段导入到表格中并保存至本地，以便于后续字段清洗、主题识别等步骤的读取、处理。

（2）数据清洗

数据清洗的目的是对后续主题识别所需的题名、摘要等文本字段进行清洗与规范，在该步骤中，具体利用功能强大的数据挖掘平台工具 KNIME 进行数据清洗，从而有效保证数据清洗的效果质量，保证后续数据处理步骤的顺利进行。

美国纳米农业领域基金和论文的数据清洗工作主要包括以下步骤：首先是数据清洗，对获取到的基金和论文初始数据（可能存在数据不完整、数据重复、数据值为空等）进行清洗，进行删除包含空值的记录、格式变换、去重、去杂和精简日期信息只保留年份等操作后，得到所需的基金和论文数据集。然后进行文本预处理，主要步骤包括将获取的基金和论文文本进行去除标点符号、数字剔除、过滤停用词、词干提取、构建词袋等步骤。通过数据预处理提高基金和论文数据的质量，为下一步主题识别奠定数据基础。

6.3 美国纳米农业领域基金和论文主题识别

美国纳米农业领域基金和论文主题识别旨在识别蕴含在基金和论文中的主要研究主题，从而为研究前沿主题判别奠定基础。

首先将上一步数据预处理得到的美国纳米农业领域待分析数据集按照年份划分到 20 个时间窗口下，然后基于 LDA 模型分别对不同年份美国纳米农业领域的基金和论文数据进行主题识别，在这里具体利用 Python 的 Gensim 工具包进行 LDA 主题识别。LDA 主题识别结果的准确性和主题个数息息相关，目前确定 LDA 主题最优个数的方法主要有困惑度（log_perplexity）、最大似然值（log_likelihood）和一致性分数（Coherence Score），其中，Gensim 工具包自带困惑度和一致性分数计算功能，但是 *log_perplexity*（）函数由于没有对主题数目做归一化，因此，不同的 Topic 数目不应该直接比较（实际结果并不准确）。

本书选择 Gensim 自带的一致性模型 *CoherenceModel*（）函数计算主题最优个数，并结合人工判读确定最终主题个数，具体操作中要根据基金和论文数据的数量进行主题个数预估。例如，2010 年之前基金文本数量较少（60 条数据以内），在预估主题个数时考虑到主题较少这一情况，本书将主题个数上限预估为 10 个，关键算法参数设置为 compute_coherence_values（dictionary = id2word，corpus = corpus，texts = data_lemmatized，start = 0，step = 2，limit = 10），即实验主题数上限 limit = 10，起始主题个数 start = 0，步进 step = 2，然后使用 matplotlib 工具包绘制主题个数与一致性分数对应关系折线图，以辅助主题个数确定，可视化结果如图 6.3 所示。

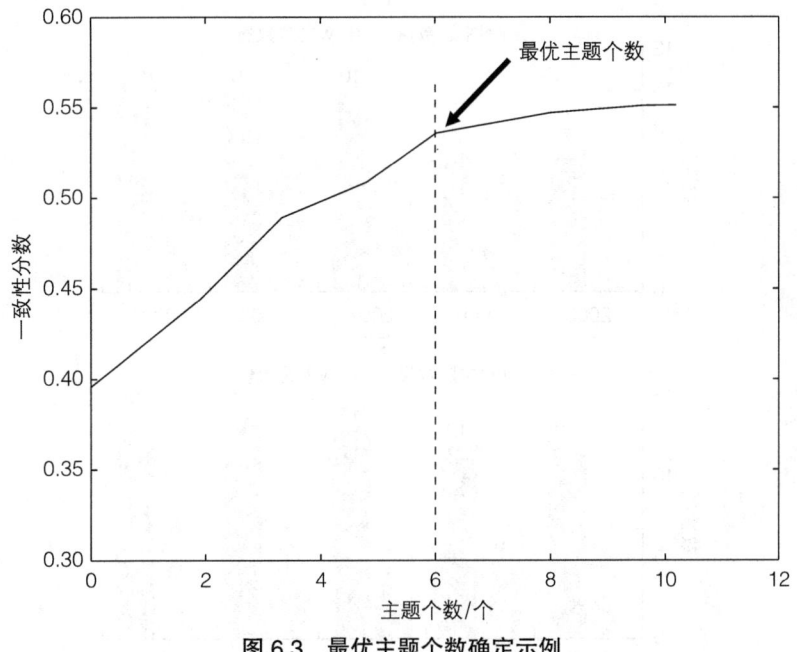

图 6.3　最优主题个数确定示例

由图 6.3 可知，当主题个数为 6 个时，一致性分数变化发生明显转折，并且在之后趋于稳定，即当主题个数超过 6 个之后，随着主题个数的增多，一致性分数只增加了 0.03，所以，本书最终确定主题个数为 6 个，根据选定的最优主题个数进行 LDA 主题识别。

按照上述方法，利用一致性模型 *CoherenceModel*（）函数计算主题最优个数，并结合人工判读确定最终主题个数，分别确定各个时间窗口下的基金和论文主题数量。然后基于 LDA 模型对美国纳米农业领域的基金和论文文本进行主题识别，得到 20 个时间窗口下（2000—2019 年）基金和论文的主题识别结果数量分布情况，如图 6.4 所示。

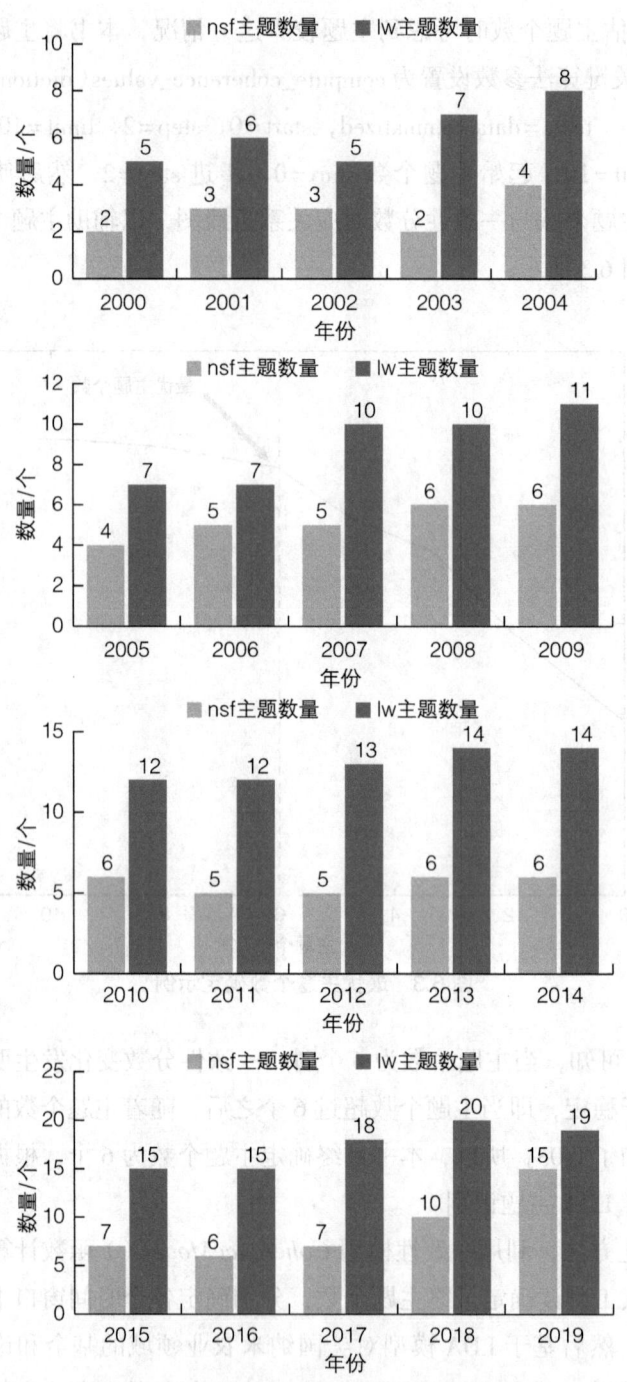

图 6.4 基金和论文主题数量时间分布

由图 6.4 分析可知，经过 LDA 模型处理 20 个时间窗口下的美国纳米农业领域基金和论文文本，得到基金主题 131 个，论文主题 228 个。其中，2019 年部分论文主题及其下位主题词识别结果如表 6.1 所示，限于篇幅，其他基金和论文主题及其下位主题词在这里不再一一展示。

表 6.1 美国纳米农业领域论文主题及其下位主题词判别结果（2019 年部分）

主题序号	主题词
lwT_0	nanometer| project| protein| mechanism| function| genes| identify| microbial| molecular| complex| division| genetic| brbrthis| understand| student| synthetic| cellular| evaluation| provide| study| pathway| criterial| signale| dynamic|
lwT_1	plant| specy| drought| forest| evolutionary| trait| growth| evolution| tropical| symbiosis| anatomy| trees| predict| domestication| researcher| project| wildflower| carbon| phloem| relatives| transport| effect| leaves| determine|
lwT_2	agricultural| project| research| agriculture| impact| understand| acros| farmer| environmental| study| change| changes| system| brbrthis| production| award| local| provide| reflect| ecological| merit| global| intellectual| criterial| support|
lwT_3	technology| digital| phase| measure| analysis| traditional| genetic| image| phenotypes| metric| development| robustnes| method| phenotype| startup| agriculturalist| industry| aquaculture| high-throughput| insect| computer|
lwT_4	plant| specy| research| fellow| trait| fellowship| trainee| collection| university| threatene| endangere| genomic| diversity| maize| community| understand| ecosystem| variation| tolerance| process| improve| project| generate|
lwT_5	plasma| leaflet| lipid| membrane| interaction| project| blood| composition| invasive| nanoparticles| outer| invasion| study| nanotechnology| oxide| sugar| disease| transporter| specy| secretory| nanomaterial| engineer| provide|
lwT_6	water| system| urban| production| energy| model| agricultural| chain| resources| irrigation| fertilizer| demand| labor| global| measure| challenges| hydroponic| traffick| trade| china| sustainable| grant| plann| world| agriculture|
lwT_7	polymer, material, molecular, interaction, hydration, chirality, property, surface| particles| nanoscale| molecules| undergraduate| dynamic| nanoparticles| experimental| simulation| assemble| water| pollen| competitive| surfaces| chiral| brush| hydrogen| theoretical| nanomaterial| matter| structures|
……	……

6.4 美国纳米农业领域基金和论文研究前沿主题初始判别

本小节旨在利用基金和论文主题识别结果，结合新兴度和关注度指标进行主题前沿特征计算，从而进行研究前沿主题的初步判别。

6.4.1 基金和论文主题前沿特征计算

在美国纳米农业领域基金和论文主题识别结果的基础上，利用第 5 章中提出的新兴度指标（Emerging Index，EI）、关注度指标（Amount Index，AI），统计所有基金和论文研究主题的时间、主题相关文档数量等特征，进而得到美国纳米农业领域基金和论文研究主题的新兴度、关注度值，前沿特征计算部分结果如表 6.2 所示。

表 6.2 美国纳米农业领域主题前沿特征计算结果（部分）

基金主题	EI	AI	论文主题	EI	AI
$nsfT_0$	1.0000	10.3659	lwT_0	1.0000	4.0493
$nsfT_1$	1.0000	6.0976	lwT_1	1.0000	7.0423
$nsfT_2$	1.0000	10.3659	lwT_2	1.0000	2.1127
$nsfT_3$	1.0000	14.0244	lwT_3	1.0000	6.6901
$nsfT_4$	1.0000	3.6585	lwT_4	1.0000	8.2746
$nsfT_5$	1.0000	6.0976	lwT_5	1.0000	4.0493
$nsfT_6$	1.0000	3.0488	lwT_6	1.0000	11.2676
$nsfT_7$	1.0000	12.1951	lwT_7	1.0000	3.3451
$nsfT_8$	1.0000	3.6585	lwT_8	1.0000	2.2887
$nsfT_9$	1.0000	4.8780	lwT_9	1.0000	6.3380
$nsfT_{10}$	1.0000	3.0488	lwT_{10}	1.0000	3.5211
$nsfT_{11}$	1.0000	6.0976	lwT_{11}	1.0000	2.4648
$nsfT_{12}$	1.0000	4.8780	lwT_{12}	1.0000	4.0493

续表

基金主题	EI	AI	论文主题	EI	AI
$nsfT_{13}$	1.0000	4.8780	lwT_{13}	1.0000	3.8732
$nsfT_{14}$	1.0000	6.7073	lwT_{14}	1.0000	2.4648
$nsfT_0$	0.5000	8.0292	lwT_{15}	1.0000	5.8099
$nsfT_1$	0.5000	5.8394	lwT_{16}	1.0000	2.9930
$nsfT_2$	0.5000	15.3285	lwT_{17}	1.0000	5.9859
$nsfT_3$	0.5000	6.5693	lwT_{18}	1.0000	7.5704
$nsfT_4$	0.5000	10.2190	lwT_0	0.5000	3.8519
……	……	……	……	……	……

6.4.2 基金和论文研究前沿主题初始判别

在上一步研究前沿主题特征计算结果的基础上，得到美国纳米农业领域基金和论文各个主题的新兴度、关注度值，为了直观、有效地进行研究前沿判别，按照方法框架所述研究步骤将所有基金和论文主题映射到二维空间中，构建战略坐标图，从而辅助基金和论文研究前沿主题判别，如图6.5所示。

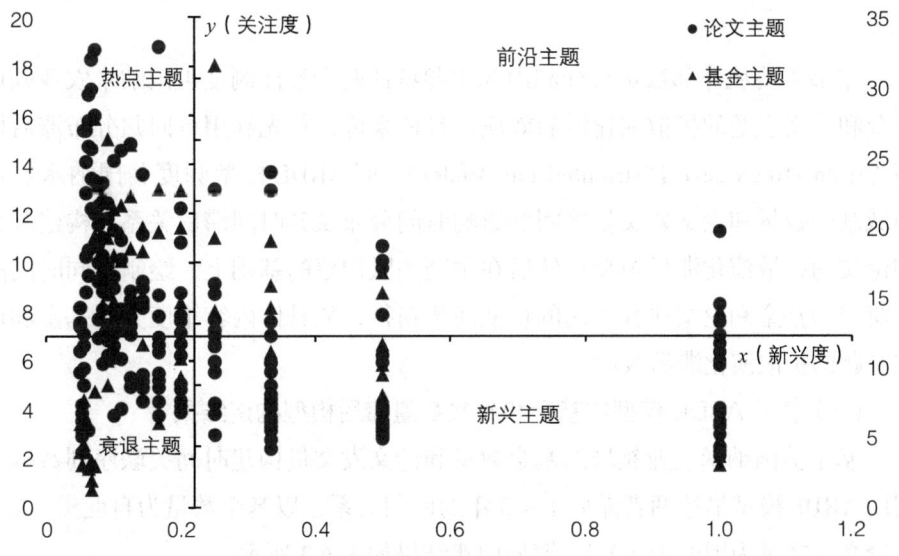

图 6.5　美国纳米农业领域基金和论文研究前沿主题初始判别

图 6.5 中，横坐标 x 表示主题新兴度，纵坐标 y 表示主题关注度，左边 y 轴值为基金主题的关注度，右边 y 轴值为论文主题的关注度。其中，主题新兴度阈值为 0.2，主题关注度阈值：基金主题关注度阈值为 7、论文主题关注度阈值为 12（为了可视化效果，防止散点分布过于密集，将所有的主题关注度指标结果乘以 100）。

新兴度和关注度指标阈值的确定是将所有主题的新兴度和关注度分别排序，选择位于前 10% 的值为阈值。结合阈值进行研究前沿主题判别，得到美国纳米农业领域研究前沿主题：基金主题中识别出 12 个前沿主题，论文主题中识别出 16 个前沿主题。

经过上述步骤得到美国纳米农业领域的初始研究前沿主题识别结果，然后根据基金和论文主题扩散演化滞后效应结果来预测未来一定时间内可能会形成的研究前沿主题，以期改进现有研究前沿识别方法前瞻性不足的问题，从而识别出美国纳米农业领域更加前瞻的研究前沿主题，并预测其发展趋势。

6.5 基于主题扩散演化滞后的研究前沿主题识别

6.5.1 美国纳米农业领域基金和论文主题扩散演化滞后效应测度

本书主要从外部数量特征和内部主题特征两个层面测度美国纳米农业领域基金和论文主题的扩散演化滞后效应，具体来说，首先利用自回归分布滞后模型（Auto-Regressive Distributed Lag Model），即 ARDL 模型测度美国纳米农业领域基金数量和论文发文量之间的影响时间分布及其时间滞后关系，构建基金和论文的扩散演化滞后模型；然后在主题关联构建的基础上，绘制不同时间滞后窗口的基金和论文研究主题的扩散演化路径，从具体内容维度分析基金和论文主题的扩散演化滞后效应。

（1）基于 ARDL 模型的基金和论文数量滞后模型构建结果

基于美国纳米农业领域的基金数量和论文发文量构建时间关联序列数据，利用 ARDL 模型描述两者滞后 1~5 年的回归关系，以基金数量为自变量（X_t），以论文发文量为因变量（Y_t），模型构建结果如表 6.3 所示。

表 6.3 美国纳米农业领域基金和论文自回归分布滞后模型

Dependent Variable：XT
Method：ARDL（Auto-Regressive Distributed Lag model，ARDL）
Date：03/10/20　Time：15：08
Sample（adjusted）：2004 2019
Included observations：16 after adjustments
Maximum dependent lags：5（Automatic selection）
Model selection method：Akaike info criterion（AIC）
Dynamic regressors（5 lags，automatic）：YT
Fixed regressors：C

Variable	Coefficient	Std. Error	t-Statistic	Prob.*
YT（-1）	-0.068 848	0.183 465	-0.375 264	0.0018
YT（-2）	2.650 551	0.135 455	3.663 143	0.0082
YT（-3）	0.696 192	0.181 118	3.591 856	0.0188
YT（-4）	1.038 086	1.666 678	-0.862 846	0.0479
YT（-5）	-0.871 002	3.590 829	-2.748 948	0.0110
XT	0.561 973	0.244 583	2.297 680	0.0552
XT（-1）	-1.259 398	0.345 306	-3.647 197	0.0082
XT（-2）	-0.399 011	0.602 804	-0.661 926	0.0529
XT（-3）	3.722 768	0.664 072	5.605 966	0.0008
XT（-4）	0.773 204	0.769 831	-1.004 381	0.0348
XT（-5）	-1.955 891	0.847 849	-2.306 887	0.0147
C	-6.178 225	10.459 42	-0.590 685	0.0373
R-squared	0.997 932	Adjusted R-squared	0.975 568	
F-statistic	12.211 95	Prob（F-statistic）	0.017 811	

由表 6.3 分析可知，包括常数项在内的各解释变量在显著性水平 0.05 下都显著（Prob.* 指标为显著性水平，Prob.* 值 ≤ 0.05 为显著），模型的 R^2 为 0.997 932，模型整体的显著性 F 检验显示构建的自回归分布滞后模型显著。然后，对构建的自回归分布滞后模型进行模型诊断，对拟合模型后的残差序列进行检验，具体利用残差序列关系图（图 6.6）和模型残差的相关图（图 6.7）进行模型诊断。

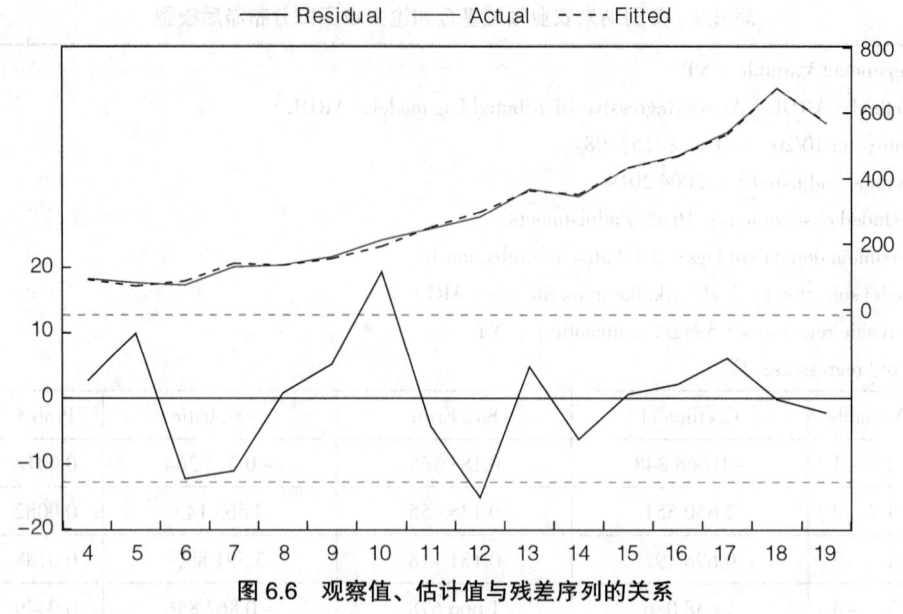

图6.6 观察值、估计值与残差序列的关系

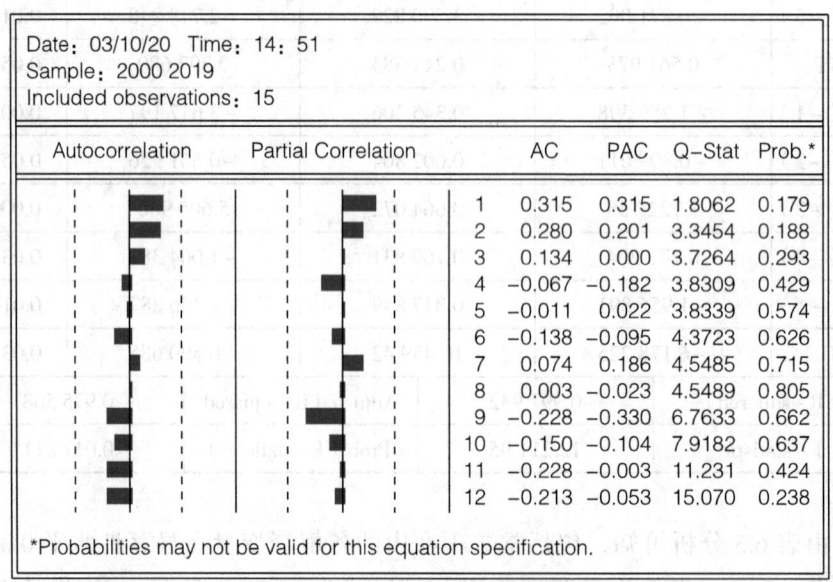

图6.7 模型残差相关序列

由图6.6和图6.7分析可知，模型的实际观察值和估计值拟合程度较高，而且残差为白噪声序列（残差为零均值、常方差的稳定随机序列，计量模型中的随机误差项必须是白噪声，模型才有意义），总体说明模型拟合很好，可以

作为反映美国纳米农业领域基金数量和论文数量关系的自回归分布滞后模型。

因此，根据构建的自回归分布滞后模型分析可知：美国纳米农业领域基金和论文从外部数量特征来看具有相关关系，并且具有明显的滞后性，其中，XT（-3）时 Coefficient 值最大，为 3.722 768，说明基金对论文显著影响的滞后期为 3 年；YT（-2）时 Coefficient 值最大，为 2.650 551，说明论文对基金显著影响的滞后期为 2 年。

（2）基金和论文主题扩散演化滞后分析结果

在美国纳米农业领域基金和论文主题识别结果的基础上，利用余弦相似度算法进行主题关联构建。具体过程是：首先将各个时间窗口下的主题表示成短文本，然后利用余弦相似度算法两两计算主题文本的相似度（取值为 $0 \leqslant Sim \leqslant 1$），得到初始主题相似度结果后，去除相似度为 0 的主题对。由于本小节主要分析基金和论文主题之间的扩散演化滞后关系，因此筛选出基金—论文主题对，且将主题关联的时间间隔设定为 5 年，即基金和论文主题的时间差异 $\leqslant 5$ 年。最后，选择合适的主题相似度阈值（防止基金与论文主题关联过多，掩盖真实、有效的演化关联），最终确定相似度阈值 γ 为 0.39，即基金主题和论文主题相似度大于 0.39，则判定为同一主题在基金和论文之间发生扩散演化关联，最终得到 1735 个基金和论文主题关联构建结果，部分结果如表 6.4 所示。

表 6.4　基金与论文主题关联构建结果（部分）

Sim	nsf-time	nsfT	lw-time	lwT	滞后时间
0.39	2000	lwT_2	2002	$nsfT_2$	滞后 2 年窗口
0.39	2000	$nsfT_1$	2002	lwT_1	滞后 2 年窗口
0.39	2000	$nsfT_1$	2002	lwT_2	滞后 2 年窗口
0.42	2001	$nsfT_1$	2002	lwT_2	滞后 1 年窗口
0.42	2001	$nsfT_1$	2002	lwT_4	滞后 1 年窗口
0.42	2000	lwT_0	2002	$nsfT_0$	滞后 2 年窗口
0.49	2002	$nsfT_0$	2004	lwT_7	滞后 2 年窗口
0.49	2000	lwT_4	2004	$nsfT_3$	滞后 4 年窗口
0.56	2001	$nsfT_1$	2004	lwT_2	滞后 3 年窗口
0.39	2004	lwT_4	2005	$nsfT_1$	滞后 1 年窗口

续表

Sim	nsf-time	nsfT	lw-time	lwT	滞后时间
0.39	2004	lwT_4	2005	$nsfT_2$	滞后1年窗口
0.39	2004	lwT_6	2005	$nsfT_1$	滞后1年窗口
0.39	2004	lwT_6	2005	$nsfT_2$	滞后1年窗口
0.49	2001	$nsfT_1$	2005	lwT_5	滞后4年窗口
0.49	2000	lwT_4	2005	$nsfT_0$	滞后5年窗口
0.52	2003	$nsfT_1$	2005	lwT_0	滞后2年窗口
0.52	2001	$nsfT_1$	2005	lwT_0	滞后4年窗口
0.56	2002	$nsfT_0$	2005	lwT_1	滞后3年窗口
0.59	2017	$nsfT_0$	2019	lwT_1	滞后2年窗口
0.59	2016	$nsfT_2$	2019	lwT_1	滞后3年窗口
0.62	2014	lwT_5	2019	$nsfT_0$	滞后5年窗口
0.62	2014	$nsfT_2$	2019	lwT_1	滞后5年窗口
0.66	2016	$nsfT_5$	2019	lwT_1	滞后3年窗口
……	……	……	……	……	……

表6.4中，Sim表示基金和论文主题相似度结果（保留小数点后两位），nsf-time和nsfT分别表示基金主题的时间标签和主题标号，同理，lw-time和lwT分别表示论文主题的时间标签和主题标号，滞后时间表示基金和论文主题扩散演化的时间间隔。

然后，本书利用上述美国纳米农业领域基金和论文主题关联构建结果进行主题扩散演化滞后可视化分析。具体利用第3章中设计的基金和论文主题扩散演化可视化方案，加载美国纳米农业领域基金和论文主题关联构建结果，进行可交互的主题扩散演化可视化图谱绘制（可在线访问），以辅助具体内容维度的基金和论文主题扩散演化滞后效应，具体可以细分为5个滞后窗口（滞后1~5年窗口），如图6.8所示，图中基金主题（$nsfT_n$）向论文主题（lwT_n）的扩散演化路径添加了黄色标记，可交互版本已上传自建网站https://www.informationscience.top/agriculture/nsflw.html。

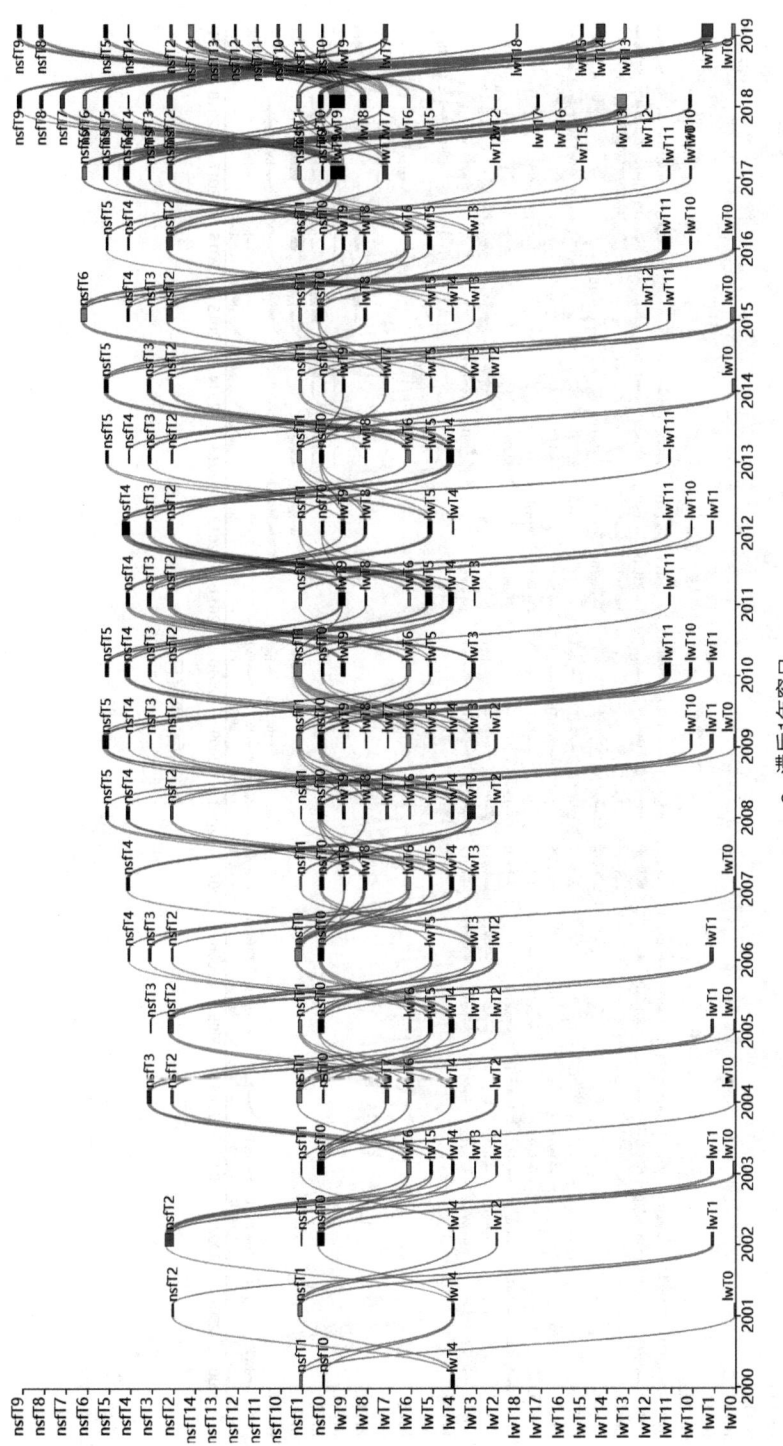

a 滞后1年窗口

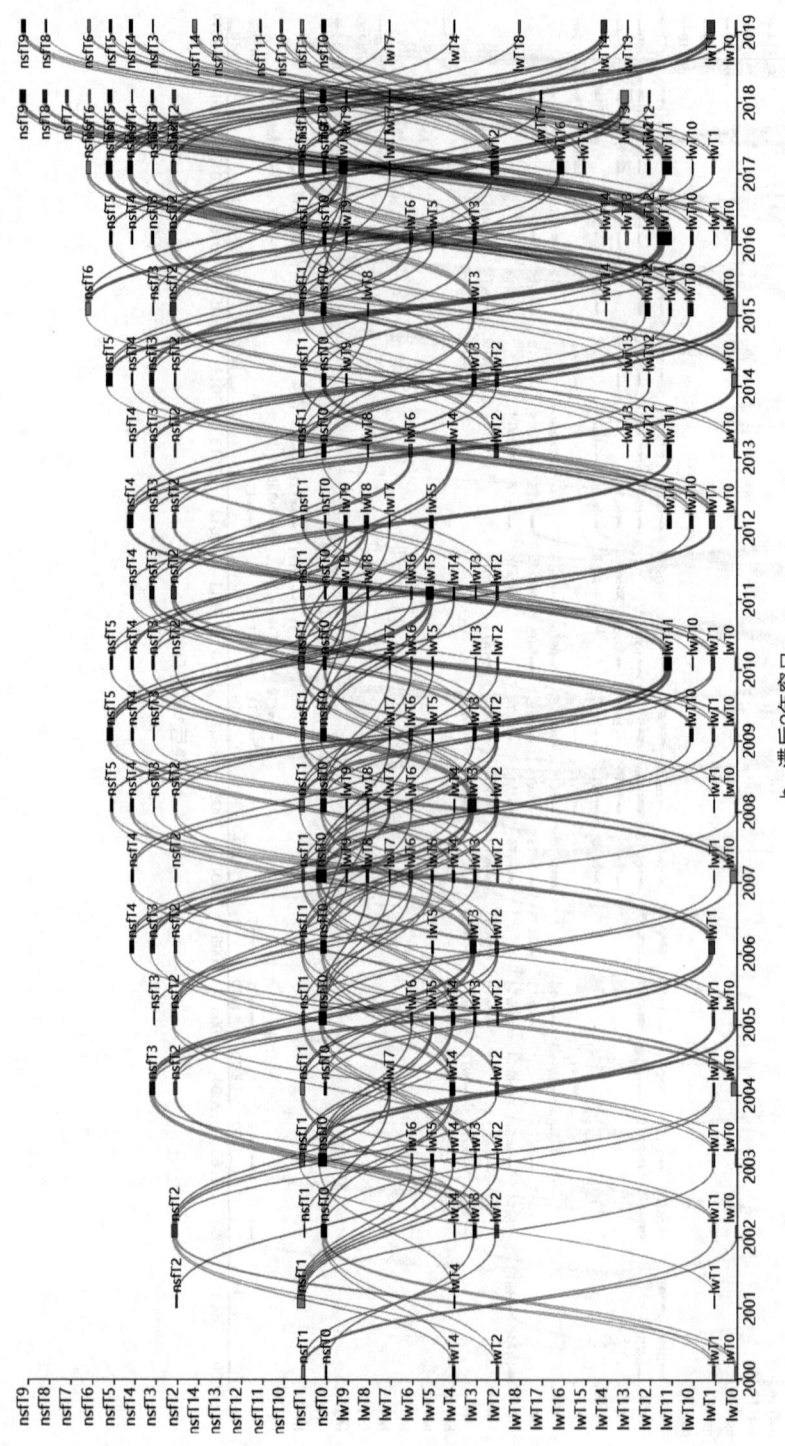

b 滞后2年窗口

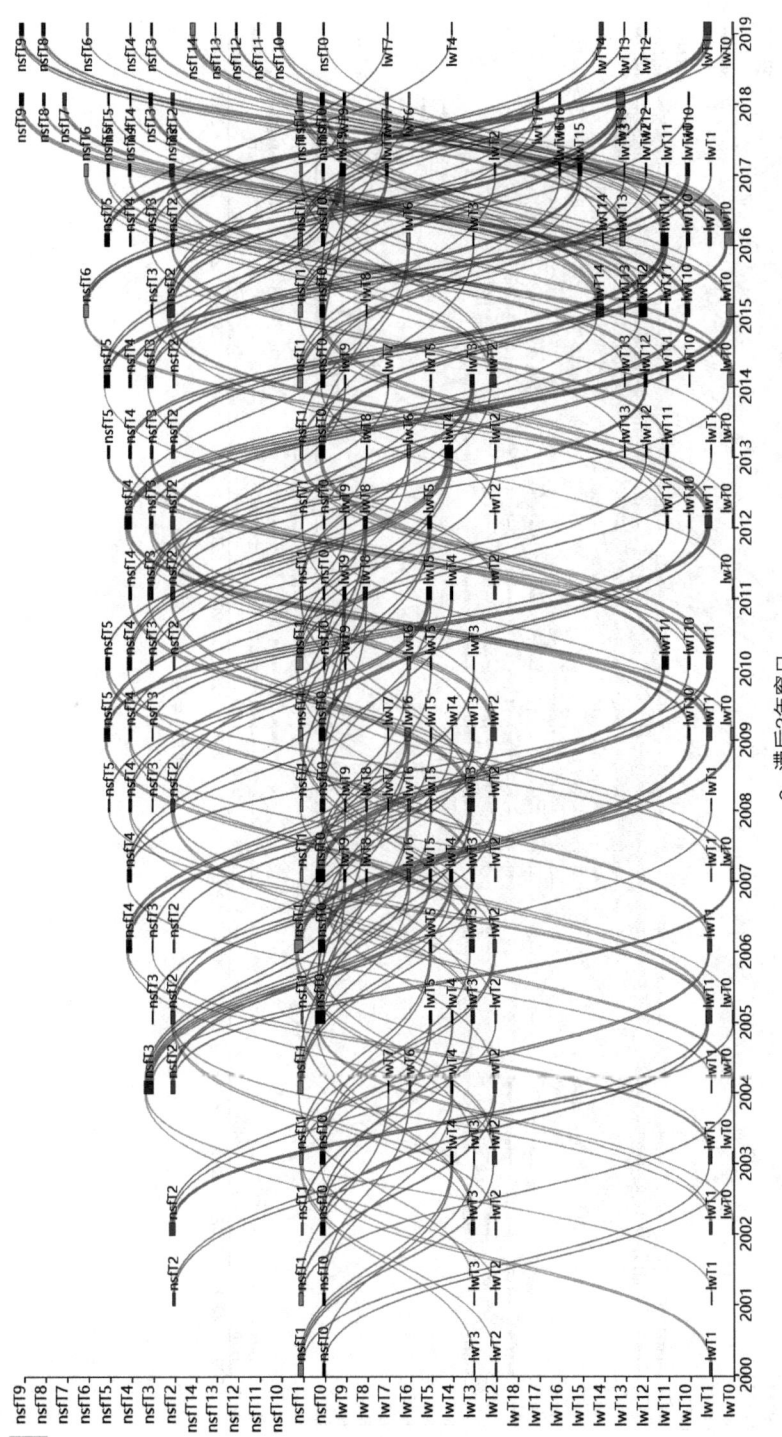

c 滞后3年窗口

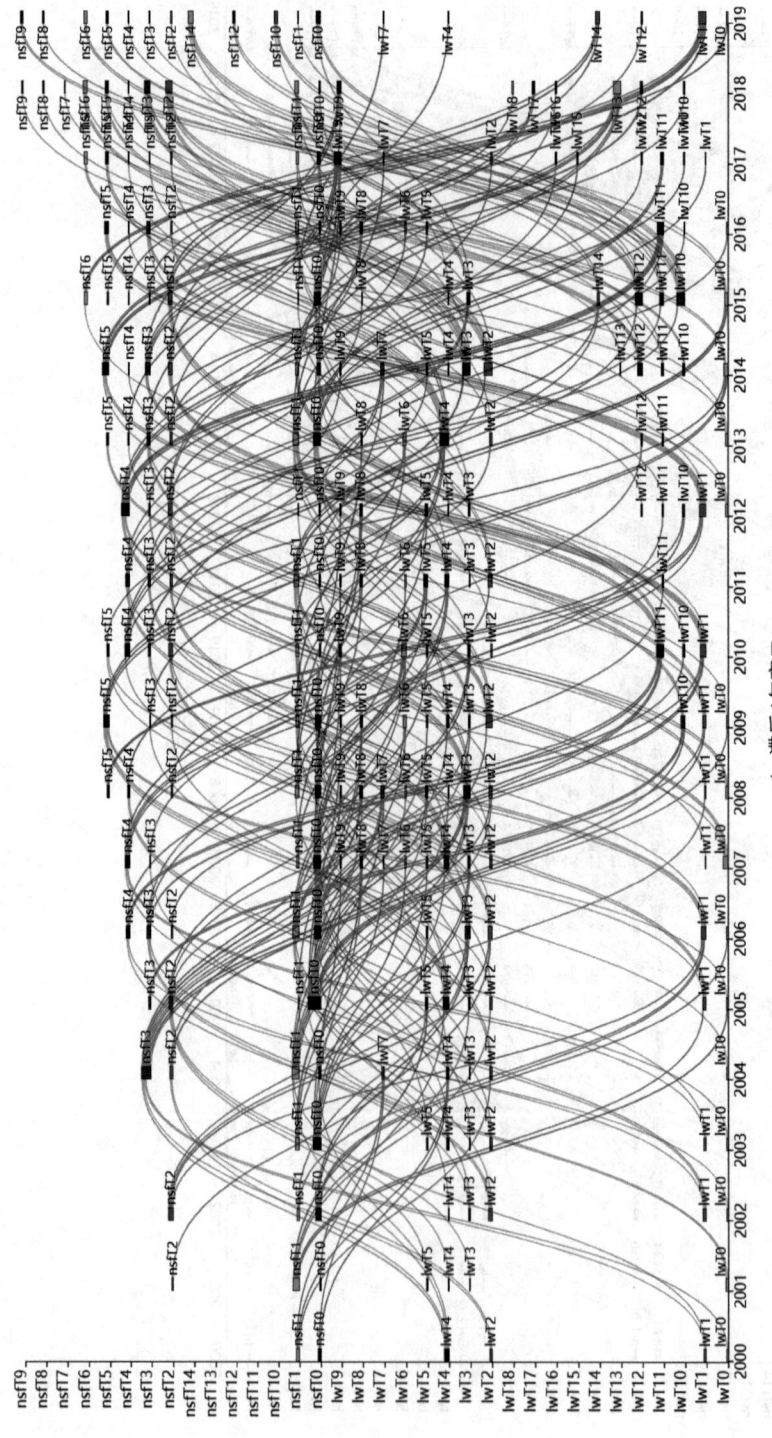

d 滞后4年窗口

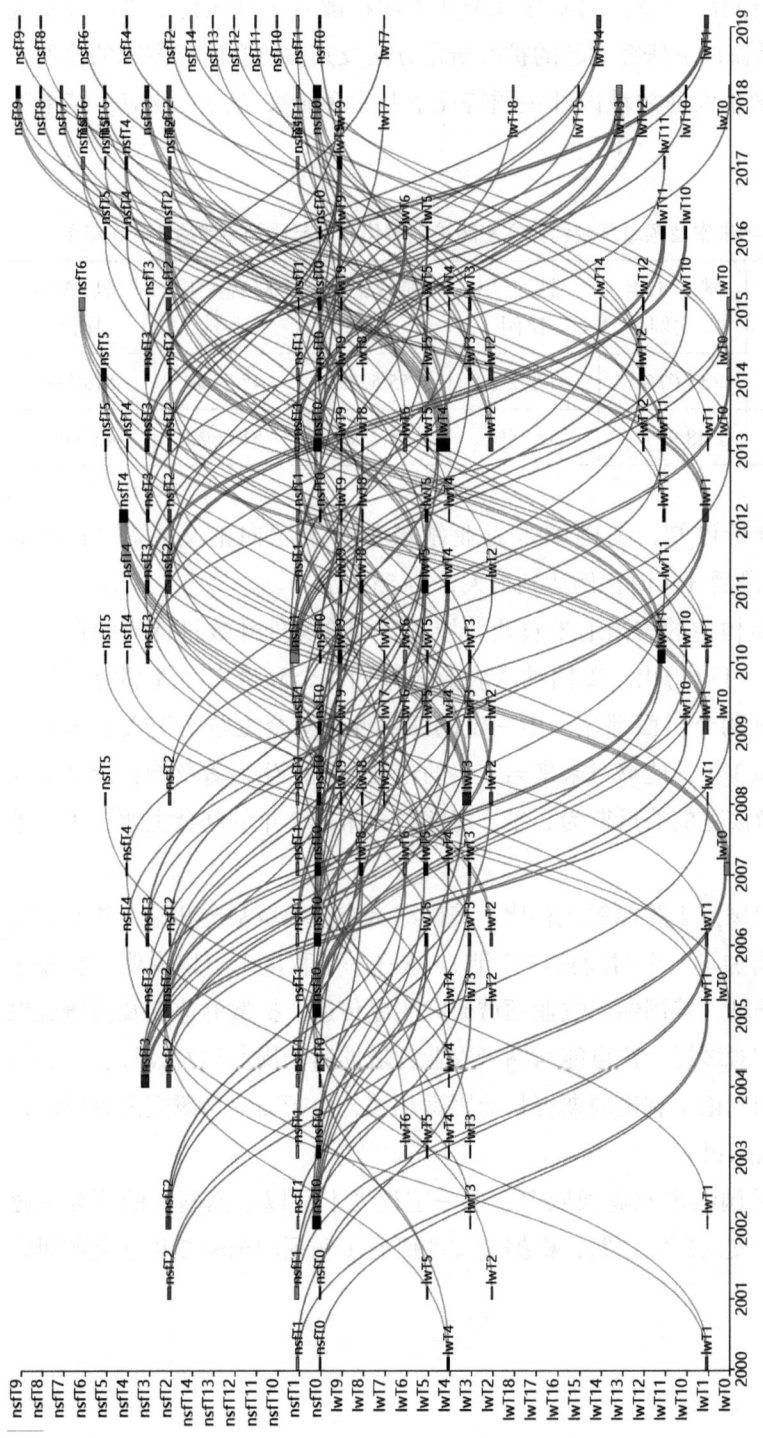

e 滞后5年窗口

图6.8 美国纳米农业领域基金和论文主题扩散演化路径（见书末彩插）

结合5个时间滞后窗口的基金和论文主题扩散演化可视化结果,分别统计5个时间滞后窗口下研究主题的扩散演化方向及其占所有研究主题的比例,从而分析美国纳米农业领域内部主题特征下基金和论文的滞后效应,结果如表6.5所示。

表6.5 美国纳米农业领域基金和论文主题扩散演化方向与比例(滞后1~5年)

研究主题扩散方向	滞后1年比例	滞后2年比例	滞后3年比例	滞后4年比例	滞后5年比例
$nsfT_n$ to lwT_n	51.07%	47.72%	55.52%	48.94%	51.48%
lwT_n to $nsfT_n$	48.93%	52.28%	44.48%	51.06%	48.52%

由表6.5分析可知,美国纳米农业领域基金主题向论文主题($nsfT_n$ to lwT_n)扩散演化滞后3年时比例达到最大,为55.52%。

结合上一步构建的美国纳米农业领域基金和论文外部数量特征的自回归分布滞后模型,可以得出:美国纳米农业领域的基金和论文在外部数量特征和内部主题特征两个层面都显示出一定的滞后性,基金主题向论文主题扩散演化的滞后期为3年,能够对未来第3年的论文主题产生显著影响;论文主题向基金主题扩散演化的滞后期为2年,能够对未来第2年的基金主题产生显著影响。

与第4章美国人工智能领域相比,美国纳米农业领域基金和论文相互影响的滞后时差都增加了一个时间窗口(年),这在一定程度上可以说明,相较于美国人工智能领域,美国纳米农业领域研究主题传递、扩散的速度及科研成果产出的速度都相对缓慢,这可能与纳米农业领域的实验周期相对较长、更加侧重农业实践、期刊论文刊出周期更长等因素相关,由于篇幅与研究内容所限,在这里不再深入探讨。

因此,在美国纳米农业领域中,在一定程度上可以根据基金的研究主题预测未来3年论文的研究主题,根据论文的研究主题预测未来2年基金的研究主题。

6.5.2 滞后修正的研究前沿主题判别

本章首先根据主题扩散演化滞后效应测度结果进行滞后修正的论文研究前沿主题判别，根据上一步结果可知，美国纳米农业领域的基金主题对论文主题的扩散演化滞后期为 3 年，由此确定重要参数（基金主题→论文主题）$T_{Lag}=3$，根据第 5 章中方法步骤所述原理，将时间窗口按照滞后时差平移 3 个时间窗口，得到美国纳米农业领域滞后修正的论文研究前沿主题判别战略坐标图，如图 6.9 所示。

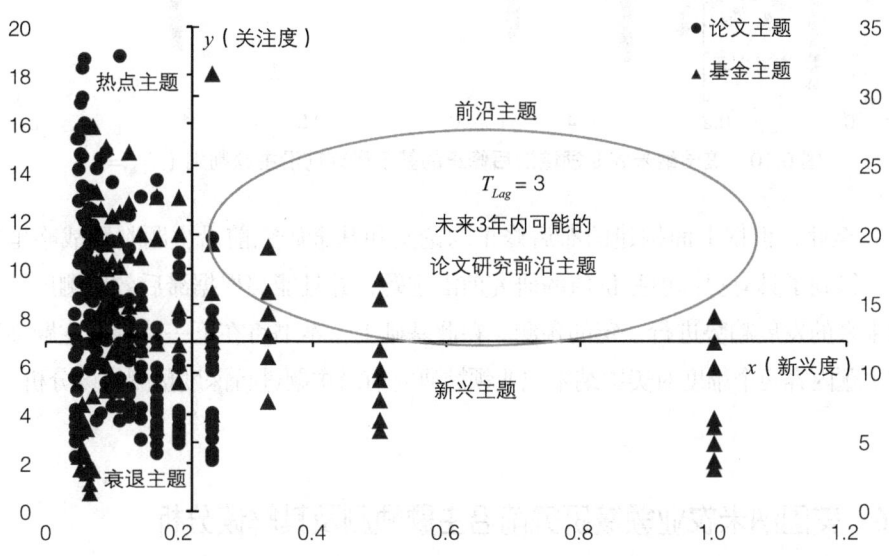

图 6.9　美国纳米农业领域滞后修正的论文研究前沿主题判别（$T_{Lag}=3$）

此外，部分用户关注基金的研究前沿主题，如研究者进行基金申请时会关注近年来相应基金资助的研究前沿主题。根据上一步结果可知，美国纳米农业领域的论文主题对基金主题的扩散演化滞后期为 2 年，由此确定重要参数（论文主题→基金主题）$T_{Lag}=2$，根据方法步骤所述原理，将时间窗口按照滞后时差平移 2 个时间窗口，得到美国纳米农业领域滞后修正的基金研究前沿判别战略坐标图，辅助进行基金研究前沿主题判别，如图 6.10 所示。

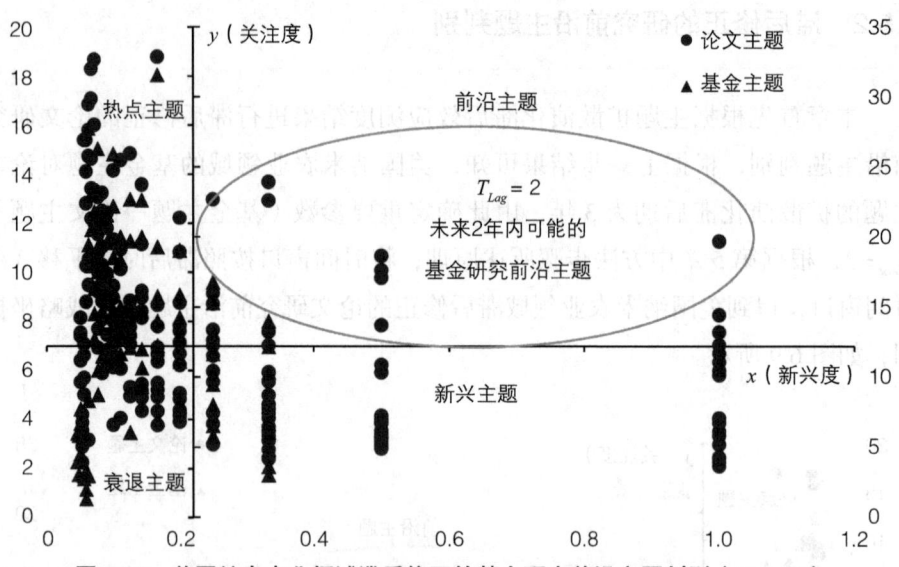

图 6.10 美国纳米农业领域滞后修正的基金研究前沿主题判别（$T_{Lag}=2$）

至此，根据上面构建的滞后修正的论文和基金研究前沿主题判别战略坐标图，得到了具有更高前瞻价值的研究前沿主题，并且能够根据滞后效应测度结果对未来的发展趋势进行一定的预测。在此基础上，本书将在下一节中从主题强度和主题内容两个维度对美国纳米农业领域研究前沿主题进行深度预测解读分析。

6.6 美国纳米农业领域研究前沿主题预测及其解读分析

考虑到实际工作中的需求（研究者、管理者和政策制定者等主要关注纳米农业领域论文中的研究前沿），因此，以美国纳米农业领域滞后修正的论文研究前沿主题判别结果为例，进行美国纳米农业领域研究前沿主题预测及其解读分析。

根据图 6.9 美国纳米农业领域滞后修正的论文研究前沿主题判别（$T_{Lag}=3$），并结合人工判读（过滤第一象限中新兴度相对较低，但关注度高的研究前沿主题，此类主题处于前沿主题和成熟主题过渡阶段，前沿价值相对较低），共得到 7 个在未来 3 年论文中的研究前沿主题，如表 6.6 所示。

表 6.6　未来 3 年论文中的研究前沿主题

主题序号	研究前沿主题
Front Topic$_1$	纳米颗粒在农作物代谢过程中诱导应激机制
Front Topic$_2$	用于绿色和可持续环境及农业应用的纳米气泡技术
Front Topic$_3$	农作物吸收不同剂量下纳米材料的反应与机制
Front Topic$_4$	基于纳米颗粒—植物—叶相互作用的农药研发
Front Topic$_5$	纳米颗粒在农作物—土壤生态系统中的积累与转化机制
Front Topic$_6$	基于纳米技术的农作物基因组编辑与工程
Front Topic$_7$	纳米生物传感器在农业中的应用

按照第 5 章中提出的预测方法，下面将从主题强度和主题内容两个维度对美国纳米农业领域论文中未来 3 年内可能形成的七大研究前沿主题进行深入预测及其解读分析。

6.6.1　基于 ARIMA 模型的研究前沿主题强度趋势预测分析

研究前沿主题强度趋势预测旨在通过分析研究前沿主题关注度的时序变化来预测未来特定时期（滞后时差 T_{Lag}）的发展趋势。首先需要构建研究前沿主题强度变化时间序列，通过第 5 章中研究前沿识别影响因素分析部分可知，一定的知识基础、良好的发展趋势都是研究前沿主题的必备要素，因此，根据纳米农业领域基金和论文主题关联构建结果，选择相邻时间窗口相似度最高的主题作为研究前沿主题的前驱、后继，结合相应主题的关注度（主题强度），从而得到美国纳米农业领域七大研究前沿主题强度变化的时间序列，如图 6.11 所示。

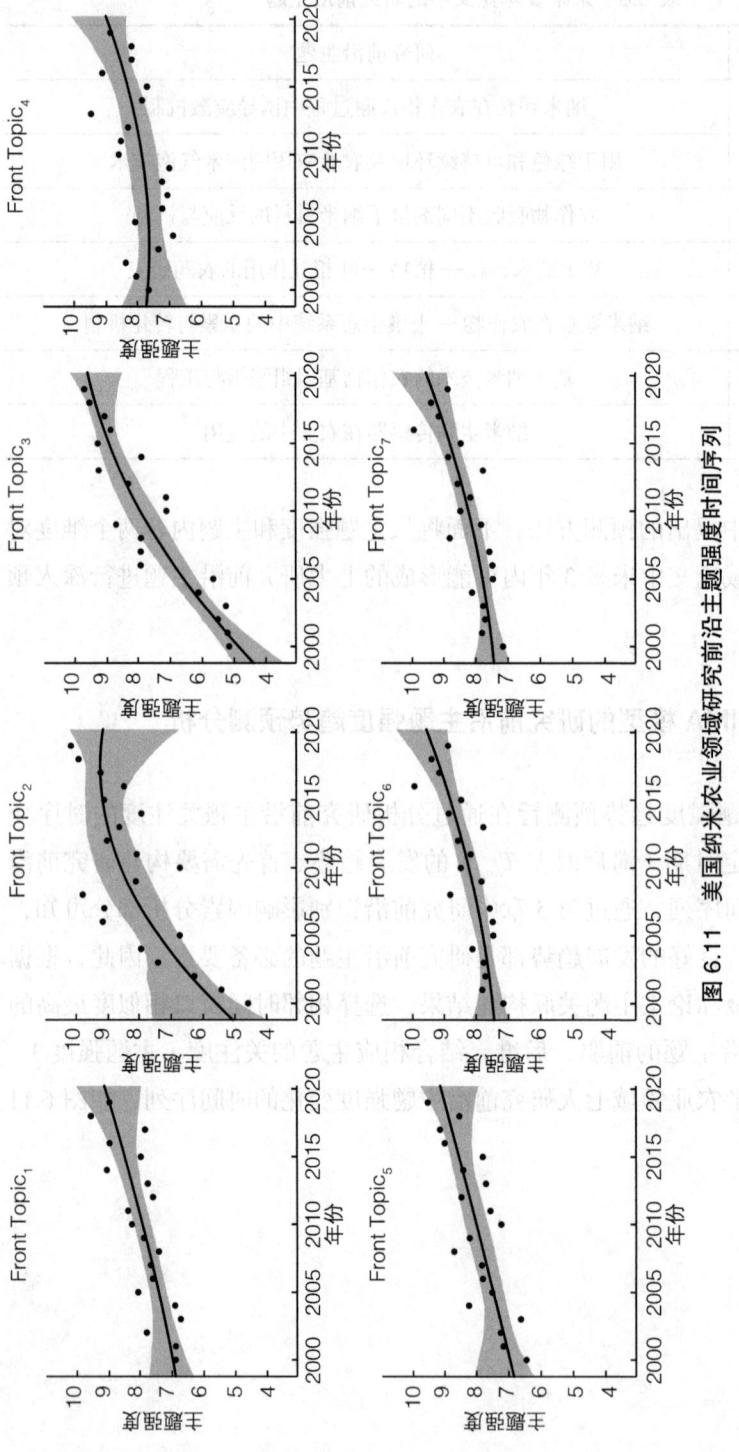

图 6.11 美国纳米农业领域研究前沿主题强度时间序列

然后，利用 ARIMA 模型分别对各个研究前沿主题强度的变化进行建模预测，主要步骤可以分为模型参数确定、模型检验和模型构建 3 个步骤，其中，根据 BIC 准则确定模型参数（BIC 值越小，参数越准确）。Front Topic$_1$ 纳米颗粒在农作物代谢过程中诱导应激机制主题的 BIC 准则遍历结果如表 6.7 所示。

表 6.7　BIC 准则遍历结果

ARIMA(p, d, q)	BIC	ARIMA(p, d, q)	BIC
ARIMA$(0, 0, 0)$	135.839 685 141	ARIMA$(1, 1, 1)$	40.089 318 715 7
ARIMA$(0, 0, 1)$	111.501 350 223	ARIMA$(1, 1, 2)$	36.766 202 857 7
ARIMA$(0, 0, 2)$	95.353 022 732 9	ARIMA$(1, 2, 0)$	52.952 206 816 8
ARIMA$(0, 1, 0)$	48.423 946 061	ARIMA$(1, 2, 1)$	40.998 099 943 9
ARIMA$(0, 1, 1)$	39.217 483 888 5	ARIMA$(1, 2, 2)$	34.289 260 003 6
ARIMA$(0, 1, 2)$	34.326 828 085 7	ARIMA$(2, 0, 0)$	43.586 695 096 4
ARIMA$(0, 2, 0)$	66.290 754 421	ARIMA$(2, 0, 1)$	35.710 622 100 6
ARIMA$(0, 2, 1)$	46.882 017 187	ARIMA$(2, 0, 2)$	32.628 440 807 4
ARIMA$(0, 2, 2)$	35.216 317 092 7	ARIMA$(2, 1, 0)$	40.692 666 062 6
ARIMA$(1, 0, 0)$	52.803 833 145 4	ARIMA$(2, 1, 1)$	43.119 566 564 9
ARIMA$(1, 0, 1)$	37.532 793 757 4	ARIMA$(2, 1, 2)$	38.774 346 528 1
ARIMA$(1, 0, 2)$	30.556 210 398 2	ARIMA$(2, 2, 0)$	49.314 143 198 5
ARIMA$(1, 1, 0)$	42.405 822 577	ARIMA$(2, 2, 1)$	42.919 700 489 5

由表 6.7 分析可知，BIC 最小值为 30.556 210 398 2，可以确定 Front Topic$_1$ 纳米颗粒在农作物代谢过程中诱导应激机制主题最优参数为 ARIMA$(1, 0, 2)$，然后进行 ARIMA 模型构建，模型检验结果如图 6.12 所示。

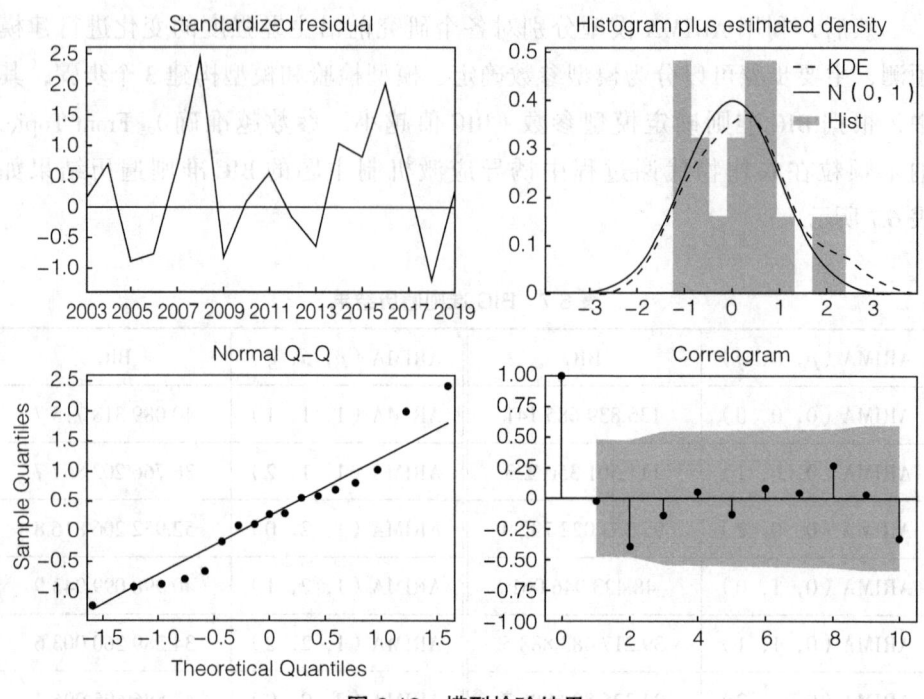

图 6.12　模型检验结果

由图 6.12 分析可知，所构建的 ARIMA 模型通过四步检验，可以用于 Front Topic$_1$ 纳米颗粒在农作物代谢过程中诱导应激机制主题强度变化趋势的预测分析。

美国纳米农业领域其他各个研究前沿主题都按照上述步骤进行处理，过程数据不再一一展示，各个主题的参数确定等步骤详细数据见附录。结合基金向论文主题扩散演化的滞后时差 $T_{Lag}=3$，预测七大研究前沿主题强度变化趋势（未来 3 年），结果如图 6.13 所示。图中左边部分是 ARIMA 模型对原始数据的拟合（2010—2019 年），以验证模型的准确性、有效性；图中右边部分是 ARIMA 模型对未来 3 年（$T_{Lag}=3$，2020—2022 年）趋势的预测。

由图 6.13 分析可知，美国纳米农业领域的七大研究前沿主题强度变化并不都是呈上升趋势，就预测结果来看，研究前沿主题强度未来 3 年的变化趋势可以分为 3 类：快速上升趋势、波动上升趋势和下降趋势，其中，Front Topic$_1$ 纳米颗粒在农作物代谢过程中诱导应激机制、Front Topic$_3$ 农作物吸收不同剂量下纳米材料的反应与机制、Front Topic$_4$ 基于纳米颗粒—植物—叶相互作用的

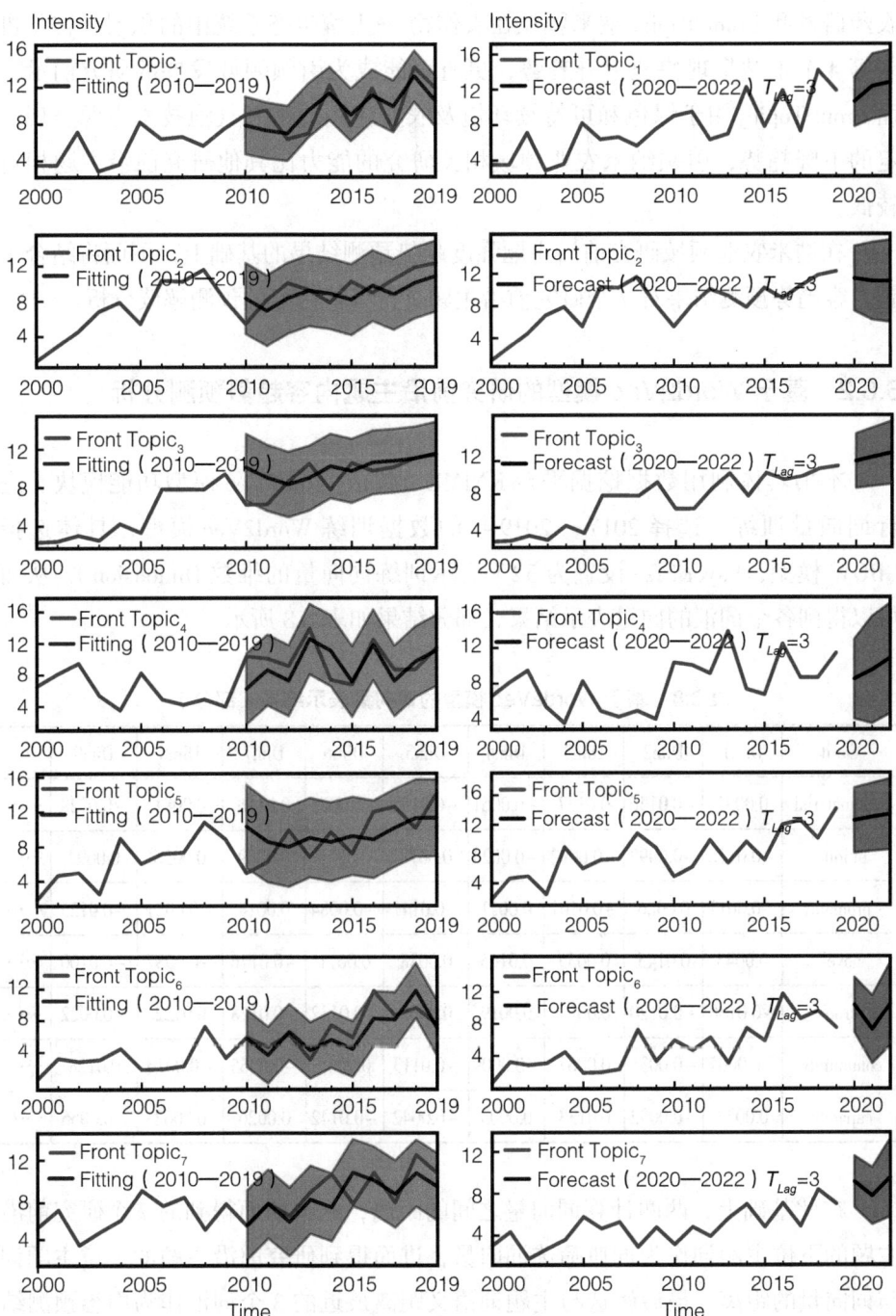

图 6.13　研究前沿主题强度变化趋势预测结果（见书末彩插）

农药研发和 Front Topic$_5$ 纳米颗粒在农作物——土壤生态系统中的积累与转化机制等 4 个主题呈现快速上升趋势，更有可能成为引领领域发展的研究前沿；而 Front Topic$_2$ 用于绿色和可持续环境及农业应用的纳米气泡技术主题呈现一定的下降趋势，引领纳米农业领域相关研究的能力比其他研究前沿主题相对较低。

在纳米农业领域研究前沿主题强度趋势预测结果的基础上，下面将结合主题内容趋势预测结果对 7 个研究前沿主题进行具体内容的预测解读分析。

6.6.2 基于 Word2Vec 模型的研究前沿主题内容趋势预测分析

本书具体利用数据挖掘平台 KNIME（集成 Word2Vec 模型功能模块）进行词向量训练，选择 2017—2019 年的数据训练 Word2Vec 模型，具体选择 CBOW 模型，Layer Size 设置为 32（表示训练词向量的维数 Dimension），从而可以得到各个词汇的向量表示结果，部分结果如表 6.8 所示。

表 6.8 基于 Word2Vec 模型的词向量表示结果（部分）

Word	Dim1	Dim2	Dim3	Dim4	Dim5	Dim6	Dim7	Dim8	Dim9	……
nanomaterial	0.0031	-0.0146	0.0137	-0.0061	-0.0152	-0.0075	0.0116	0.0081	-0.0128	……
unique	-0.0116	-0.0092	-0.0092	-0.0024	0.0078	0.0036	0.0089	0.0026	0.0092	……
promote	-0.0017	0.0086	-0.0101	0.0021	-0.0141	-0.0084	0.0014	-0.0021	-0.0125	……
novel	0.0045	0.0145	0.0035	0.0165	0.0088	0.0011	-0.0146	-0.0087	-0.0100	……
crop	-0.0138	-0.0120	0.0053	0.0019	0.0062	-0.0132	-0.0128	0.0122	-0.0022	……
community	-0.0067	-0.0035	0.0067	-0.0009	-0.0113	0.0066	-0.0065	-0.0016	0.0128	……
capacity	0.0073	-0.0092	0.0133	0.0003	-0.0042	-0.0142	0.0026	0.0062	-0.0055	……

在此基础上，两两计算词向量之间的距离，根据前面得到的 7 个研究前沿主题的下位主题词作为词典筛选词向量，进而得到研究前沿主题的下位主题词与词向量的距离，最后筛选与主题词语义距离最近的 3 个词汇作为内容预测结果，结果如图 6.14 所示。

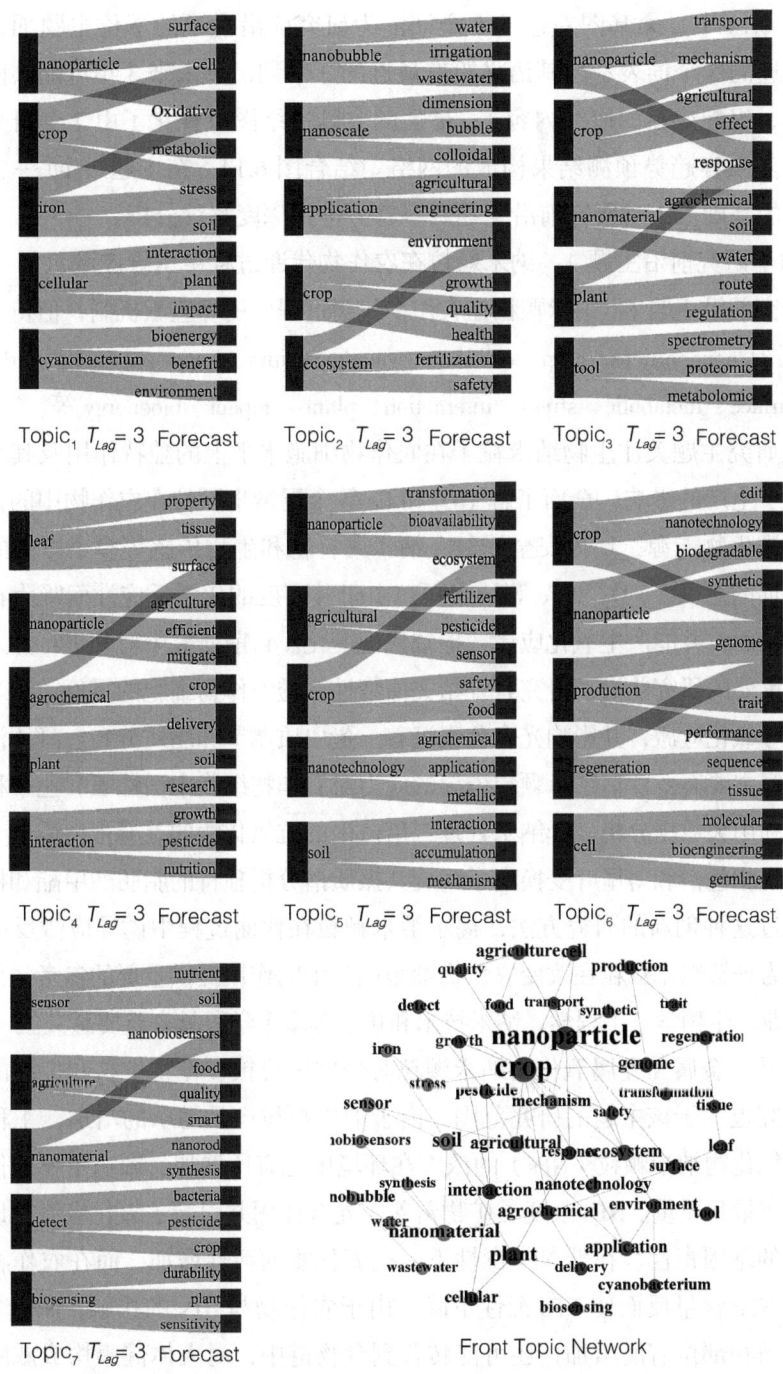

图 6.14 美国纳米农业领域研究前沿主题内容趋势预测结果

图 6.14 中，桑基图左边的 5 个词汇为研究前沿主题的下位主题词，右边与之相连的 3 个词表示与其语义距离最近的 3 个词汇（未来 3 年可能共同出现的词汇，组配成新的研究内容）；最后的主题网络图可视化了由 7 个研究前沿主题及其内容趋势预测结果构成的网络。结合图 6.14，在主题—词—文档分布结果的基础上，对研究前沿主题内容趋势进行深度解读分析。

（1）研究前沿主题 1：纳米颗粒在农作物代谢过程中诱导应激机制

研究前沿主题 1：纳米颗粒在农作物代谢过程中诱导应激机制，值得关注的主题词有 nanoparticle、crop、cellular、cyanobacterium、iron、polymer、oxidative、cell、surface、metabolic、stress、interaction、plant、impact、bioenergy 等。

该研究主题关注生物纳米粒子在农作物细胞水平上的独特作用及其对工业有机分子生产的影响，全面了解 TiO_2 和 Fe 等金属纳米颗粒在农作物中的作用，将对推进生物能源、环境安全修复、纳米聚合物和生物传感等多个方向的发展具有深远的意义。TiO_2 和 Fe 等纳米颗粒由于其高度的化学反应性而吸附在农作物细胞表面，并能产生氧化应激，导致代谢变化。目前研究中对其进行深入研究是一个重要的研究前沿，研究者开始关注惰性穿透农作物细胞的零价铁纳米颗粒如何诱导氧化应激，并影响光合色素沉着、蛋白质调节和脂质分布。具体涉及的研究内容主要有：评估纳米颗粒诱导的应力对农作物细胞中活性氧和色素积累的影响；利用大数据分析破译纳米处理二倍体中的抗氧化酶的差异蛋白质调节；综合二维气相色谱和傅里叶变换离子回旋共振质谱分析独特的脂肪酸甲酯和极性脂质。通过这种创新的研究方法，揭示纳米颗粒在代谢过程中诱导应激反应的机制，将为理解纳米颗粒在改变农作物细胞成分中的作用提供重要的参考、借鉴，对于农业、生物学、工程学、纳米技术和化学等多个学科具有重要意义。

此外，金属和金属氧化物纳米颗粒对全球重要粮食作物生长和生理的影响有关研究也属于该主题的研究范围。由于纳米颗粒产品需求的增加，工程金属和金属氧化物纳米颗粒（NPs）的浓度在环境中也有所增加，影响重要农作物的生长、产量和质量。NPs 改变了矿物营养、光合作用并引起了氧化应激，诱导了农作物的基因毒性。在低 NPs 毒性下，抗氧化酶的活性增加，而在农作物中，更高的 NPs 含量反而使 NPs 毒性下降。由于农作物与 NPs 的接触，NPs 浓度在不同的植物部位有所增加，还可能转移到食物链中，对人体健康构成威胁。大多数 NPs 对农作物的生理、形态、生化和分子水平都有正面或负面的影响。NPs 对农作物的影响随着农作物种类、生长阶段、生长条件、方法、剂量、NPs 暴露持续时间及其他因素的变化而变化，TiO_2 和 Fe 等纳米粒子被认为是优异的吸附剂和高效的光催化剂，能够降解农作物中蕴含的大量全有机氯及其毒性代谢产物。

（2）研究前沿主题 2：用于绿色和可持续环境及农业应用的纳米气泡技术

研究前沿主题 2：用于绿色和可持续环境及农业应用的纳米气泡技术，值得关注的主题词有 nanobubble、nanoscale、application、crop、ecosystem、wastewater、irrigation、dimension、bubble、colloidal、agricultural、environment、engineering、growth、health、quality、safety 和 fertilization 等。

该主题旨在促进创新纳米气泡技术在农业、环境和其他潜在工程应用中的开发和商业化。在环境应用中，反应性纳米气泡技术可影响水或废水处理行业、市政水处理厂、饮用水消毒、自然和景观水管理，以及受损水体的修复（如藻类、水华），能够提高水处理效率（如提高消毒效率），减少使用传统的危险化学品（如氯），以及减少水补救中的维护/操作成本。特别在农业应用中，用纳米气泡水灌溉可以显著提高水中溶解氧 100%~5000%，有效地将含氧水和氮等生长元素输送到农作物根系，可以有效改善农作物的生长、健康和质量。此外，纳米气泡水可以积极影响农作物发育，减少或避免化学肥料的施用，从而提高生态系统的安全性，减少对环境的负面影响。

该主题具体研究、探索纳米尺度下胶体气泡系统的基本工程原理。创新的科学方法利用反应性纳米气泡来控制和减轻水污染，并支持智能农业灌溉/施肥。具体来说，纳米气泡技术是在水或其他液体介质中产生直径小于 1 微米的超小气泡的过程。纳米气泡由于具有浮力低、抗聚结、抗崩塌或抗爆裂、抗体积气泡形成等特点，使其稳定性好，能够在水中停留更长的时间。此外，纳米气泡由于具有较高的比表面积，比一般的块状或大气泡具有更高的传质效率，这也有利于气液界面的物理吸附和化学反应。因此，纳米气泡技术在许多工业和工程应用中具有潜在的应用价值，如超声波成像、细胞内药物输送、制药、无洗涤剂表面清洗、采矿分离、水净化和废水处理等，其中，纳米气泡技术对水污染控制、缓解及农业灌溉方面的独特应用模式也是该主题的重要研究内容。

（3）研究前沿主题 3：农作物吸收不同剂量下纳米材料的反应与机制

研究前沿主题 3：农作物吸收不同剂量下纳米材料的反应与机制，值得关注的主题词有 nanoparticle、crop、nanomaterial、tool、plant、transport、mechanism、response、agricultural、effect、agrochemical、soil、water、spectrometry、proteomic、metabolomic、route 和 regulation 等。

该主题的主要研究内容是利用敏感的生物分析工具来研究农作物对不同剂量纳米材料的反应与机制，具体包括农作物对这些纳米材料的反应，如何吸收它们，以及在什么时候应用会产生不良影响等。由于纳米材料的独特性质，其具有绕过生物屏障的能力，纳米技术在农业应用中得到了广泛的关注。这些纳米新材料可能会引起有利或不利的反应，这取决于它们的组成、应用方法、剂量或作物品种的敏感性。该主题研究有助于设计更安全的纳米农用化学品，通过减少活性成分的使用及农用化学品在土壤和相关水体中的不良积累，提高其有效性，促进农业的可持续性。

具体来说，该主题主要研究采用敏感的生物分析方法来阐明作物吸收金属氧化物纳米粒子的机制，以及不同剂量下的农作物反应，包括高通量蛋白质组学和使用高级液相色谱—质谱的代谢组学等分析方法、工具。这些工具将用于通过叶面和土壤施用，探测暴露于金属氧化物纳米粒子（如氢氧化铜、氧化钼、氧化锰和氧化铈）的农作物中蛋白质和代谢物水平的相互作用。此外，该研究主题还重点关注质膜蛋白和凋亡蛋白，它们参与细胞与细胞外环境的通信、离子转运、蛋白质转运/整合和信号转导，根和叶中的这些蛋白质可能在样品池中选择性地富集，有助于阐明主要的运输途径。此外，亲水性和疏水性代谢物的分析也是该主题研究的重要内容，具体将候选蛋白质和代谢物在不同暴露时间和浓度下使用靶向方法进行验证和量化，然后进行元数据集成，以确定金属氧化物纳米粒子暴露的通用生物标记物。通过该主题研究可以全面地了解纳米粒子进入农作物的途径和定位，以及必需营养素和农作物代谢物的调节机制，为未来营养素或其他农用化学品的定向输送研究提供参考。

（4）研究前沿主题4：基于纳米颗粒—植物—叶相互作用的农药研发

研究前沿主题4：基于纳米颗粒—植物—叶相互作用的农药研发，值得关注的主题词有 leaf、nanoparticle、plant、agrochemical、interaction、surface、tissue、property、agriculture、efficient、mitigate、delivery、soil、research、crop、growth、pesticide 和 nutrition 等。

该主题的主要研究内容是探索纳米颗粒—植物—叶的相互作用关系，并以之为基础进行有效的农药研发，具体研究内容是如何调整纳米材料的特性，使其能够穿过叶表面进入叶组织，并与叶中选定的目标位置共同定位，以充分发挥农药的功用。与人类的药物输送类似，向农作物输送纳米农用化学品需要更好地了解纳米材料的特性如何影响叶片对农药的吸收，以及纳米颗粒在叶片和农作物中的运动,以合适的速率、位置和剂量将纳米材料输送到农作物中能够有效提高农作物免于病虫害的能力,提高农作物的产量。

工程化纳米材料能够影响农作物叶片纳米颗粒间的相互作用,促进纳米颗粒向农作物血管(韧皮部)和叶片光合细胞器的传递,使人们能够以超高的空间和时间分辨率将尺寸和表面化学性质可调的荧光金属掺杂碳点吸收到小麦和棉花等农作物的叶片中。此外,有关研究者利用高分辨率同步辐射 X 射线荧光显微镜和新的共焦荧光显微镜,阐明这些农药纳米材料与韧皮部和叶绿体的运输途径和联系。该主题还主要关注纳米颗粒如何进入叶片解剖结构中的叶绿体和韧皮部,以及纳米农药对单子叶和双子叶不同的影响;研究、构建新的农作物叶—纳米颗粒相互作用模型,分析纳米颗粒的结构和表面化学性质(包括电荷、大小、涂层疏水性和靶向肽序列),预测农作物叶对纳米农药的摄取和转运行为也是该主题的重要研究内容。

(5)研究前沿主题 5:纳米颗粒在农作物—土壤生态系统中的积累与转化机制

研究前沿主题 5:纳米颗粒在农作物—土壤生态系统中的积累与转化机制,值得关注的主题词有 nanoparticle、agricultural、crop、nanotechnology、soil、bioavailability、transformation、ecosystem、fertilizer、pesticide、sensor、food、safety、application、agrichemical、metallic、interaction、mechanism 和 accumulation 等。

该主题主要研究探索不同农业纳米颗粒(银纳米颗粒 Silver Nanoparticl、氧化锌纳米颗粒 ZnO Nanoparticles 等)、不同粮食作物(玉米、莴苣等)与土壤生态系统的相互作用。纳米技术是现代科学技术中最具创新性的进步之一,有望使包括农业在内的各种行业发生革命性的变化,用于农业应用的新型纳米肥料、农药、传感器和养分输送系统正在迅速增加,但是,目前研究中对于纳米技术在农业应用中的作用机制和风险了解不足。由于银和氧化锌纳米颗粒在农业应用中特别受欢迎,了解它们对环境的影响、与作物或微生物群落的相互作用机制,以及与农作物—土壤生态系统中共生纳米颗粒的协同/拮抗作用至关重要。

具体来说,该主题主要研究内容包括:建立和验证单粒子电感耦合等离子体质谱法在不同介质中检测和分析纳米颗粒的方法;阐明农作物吸收和积累所选纳米颗粒及其转化产物的机制;了解根际微生物群落在纳米颗粒相互作用中的功能;研究农作物、纳米颗粒和土壤系统的相互作用。主要研究的农作物有玉米和莴苣,这两种农作物被选为代表性农作物的原因是玉米是单子叶植物,莴苣是双子叶植物，由于两种农作物根的结构不同，对纳米颗粒的吸收机制有所差异，能够更加全面地了解纳米颗粒在农作物—土壤生态系统中的积累与转化机制。主要研究的纳米颗粒有银纳米颗粒、锌纳米颗粒，银纳米颗粒由于其抗菌性能已成为多种农用化学品的常用成分，而锌是农作物必需的微量营养元素，氧化锌纳米颗粒还具有一定的抗菌作用，被认为是一种改善农作物锌缺乏的新型肥料，两种纳米颗粒可以作用于农作物与土壤系统交互的整个过程，可以充分满足研究的目的需求。该主题研究内容能够有效阐明纳米技术在农作物—土壤生态系统中的作用和影响，从而有助于推动纳米技术在农业中的应用。

（6）研究前沿主题6：基于纳米技术的农作物基因组编辑与工程

研究前沿主题6：基于纳米技术的农作物基因组编辑与工程，值得关注的主题词有 crop、nanoparticle、production、cell、regeneration、genome、edit、nanotechnology、biodegradable、synthetic、trait、performance、molecular、bioengineering、germline、sequence 和 tissue 等。

该主题的主要研究内容是研究、探索提出新的基于纳米技术的农作物基因编辑方法体系用来改良农作物，研究各种方案、纳米材料实现农作物基因编辑，旨在利用超小型、可生物降解的合成颗粒（纳米粒子）对农作物进行基因工程/编辑。目前，世界各国十分重视农作物，以生产更多的粮食、饲料、纤维和生物能源相关产品，其中一个方向就是发展对非生物和生物胁迫耐受性更强、对环境影响更小的农作物，而基因组编辑和基因工程是研究和改良作物的重要工具。然而，目前的基因工程/编辑系统不能有效地工作，或者在某些情况下不能在几种作物品种中工作，无法对某些种类的农作物进行基因工程，阻碍了相关作物的进展。由于目前研究中的这些不足，形成了该研究前沿主题，这一主题能够推动农作物基因组学相关研究的发展，并且能够用来提高农作物的性状和性能，对于其他学科领域的基因组编辑应用也具有一定的参考、借鉴意义。

具体来说，该主题主要研究基于纳米技术的基因组工程/编辑系统（是推进农作物功能基因组学和表观基因组学研究，以及基于基因组学的作物改良工作的关键工具）。研究探索如何利用纳米技术克服传统基因编辑过程中基因型依赖、低效率和可变效率、无法实现无整合种系编辑等不足，提高农作物基因组编辑的效率和广度。还有部分研究将生物工程分子机制引入能够再生生殖系编辑农作物的目标细胞中，证明纳米颗粒介导的 Cas9/sgRNA 核糖蛋白（RNP）复合物以与基因型无关的方式进入靶细胞，成功编辑农作物细胞/组织中的靶

DNA 序列，以及基因组编辑农作物的再生。另外一个研究子方向是提出新的、可生物降解的纳米颗粒系统（纳米胶囊和多聚体），将核糖蛋白复合物传递到最佳的农作物细胞/组织靶点，以生成基因组编辑的农作物细胞和组织，从中可以恢复生殖系编辑的农作物，具体将进行显微镜、视觉和分子分析，以确定基因组编辑的成功、位置、频率和遗传。该主题所研究的高效的、与基因型无关的基于纳米颗粒的农作物基因编辑系统将对基于基因组工程的功能基因组学研究和作物改良工作产生重大的积极影响。

（7）研究前沿主题 7：纳米生物传感器在农业中的应用

研究前沿主题 7：纳米生物传感器在农业中的应用，值得关注的主题词有 sensor、agriculture、nanomaterial、detect、biosensing、nanobiosensors、nutrient、soil、food、quality、smart、synthesis、nanorod、pesticide、bacteria、crop、durability、sensitivity 和 plant 等。

该主题的主要研究内容是开发、设计用于食品和农业检测的纳米生物传感器，如检测食品或水中的受管制农药和/或病原菌，并且尝试开发可重复、简易和便利的纳米生物传感器，以确保技术的广泛可用性。此外，部分子方向探索融合基于手机的生物传感器基础科学和技术，以及生物模拟和分形数学等概念，以设计出更加优秀的可应用于农业的纳米生物传感器，该主题具有许多潜在的应用，包括储能、生物医学装置及太阳能电池等方面。该主题中比较新颖的方向是开发在生物传感中图案化微纳米结构的新工艺，如新的仿生熵图案化技术，可以提高信号转导和耐久性，特别是在具有挑战性的野外条件下依然可以准确检测农作物，能够提高阻抗和表面等离子体共振生物传感器的耐久性、灵敏度、检测限和准确性。还有的研究涉及测试电化学和等离子体传感器，建立了图案化纳米材料的熵与信号传导之间的关系，图形的熵通过二维模型进行调节，并利用激光刻划或纳米光刻等技术在传感器表面刻划纳米材料。具体研究中可以尝试建立一个多用途的感测平台，利用以移动电话为基础的采集系统来感测需求点，并应用于生态系统健康与食品安全的生物感测领域。

该研究主题另一个主要子方向是基于纳米生物传感器实时、连续地检测多种土壤养分。土壤养分在农作物生产中起着多重关键作用，营养物质影响农作物的质量和数量，以及它们对不同危险的抵抗力。因此，在不断扩大农业用地面积的情况下，对土壤养分的智能管理对于满足全球对优质食品、饲料和纤维日益增长的需求至关重要，具体包括纳米材料合成、传感器开发、土壤测量等广泛的研究。各种养分的现场检测对于精准农业和特定土壤管理至关重要，从而克服目前用于土壤测量的分析技术（包括拉曼光谱）面临的精度不足、可靠性低、灵敏度不足和样品制备费力等挑战。有的研究中利用氧化锌纳米棒优越的物理和光学特性来制造拉曼纳米探针，用作土壤养分传感器，特别是氧化锌纳米棒的亚波长波导和表面倏逝波导特性，以及一维纳米材料的高形状各向异性将得到有效应用，基于纳米棒的拉曼土壤传感器能够提供多重化学分析，其检测灵敏度足以通过土壤无荧光的方式量化宏观养分及测量微观养分，是该领域需要关注的研究内容。

6.7 结果验证

6.7.1 专家咨询验证

利用专家咨询方法对结果的合理性和有效性进行验证，就美国纳米农业领域的研究前沿识别结果咨询了中国农业科学院相关领域专家，专家通过对研究前沿识别结果的判读，认为本书的研究结果可以有效地揭示美国纳米农业领域的研究前沿主题，对纳米农业领域研究前沿主题未来的发展方向与趋势分析具有一定的参考、借鉴意义。此外，笔者读博期间参与了中国农业科学院农业信息研究所的"农业纳米新材料与功能产品制造领域前沿识别研究"项目，负责了其中微观研究前沿主题识别部分的方法设计、具体实验处理及前沿主题解读部分，从具体结果角度来看，利用传统研究前沿识别方法仅是对识别结果的对比分析，难以进行有效的解读，并且在具体内容上滞后于基金所反映出的研究前沿；从方法继承的角度来看，本书提出的基于主题扩散演化滞后的研究前沿识别方法是对前期方法的继承、拓展和创新，通过与中国农业科学院有关专家的咨询、讨论改进了前期方法中的不足，从侧面也可以验证本书研究结果的先进性、有效性。

6.7.2 基于共被引聚类和词分析的研究前沿识别验证

除了上述专家咨询外，为了进一步检验本方法的有效性和效果，这里特选择具有代表性的常用研究前沿识别方法"基于共被引聚类和词分析的研究前沿识别方法"进行对比。CiteSpace 软件中集成了基于共被引聚类和词分析的研究前沿识别方法，由于 CiteSpace 受到国内外众多学者的认可和检验，本书以 CiteSpace 软件集成的研究前沿识别方法与本书提出的方法进行对比验证。具体使用 CiteSpace 处理本章检索获取的论文数据进行研究前沿识别，首先进行共被引聚类（知识基础），然后根据聚类结果结合突发词（词分析）识别美国纳米农业领域的研究前沿，最终结果如图 6.15 所示。

Top 30 Keywords with the Strongest Citation Bursts

Keywords	Year	Strength	Begin	End
thin film	2000	6.3455	2007	2010
binding	2000	4.4131	2014	2017
nanotube	2000	4.3847	2012	2015
nanotechnology	2000	4.1738	2008	2011
silver nanoparticle	2000	4.1074	2016	2019
carbon nanotube	2000	4.0076	2006	2009
film	2000	3.9415	2004	2006
fluorescence	2000	3.8964	2005	2007
array	2000	3.8742	2005	2006
silicon	2000	3.8409	2012	2015
membrane	2000	3.828	2003	2012
behavior	2000	3.7379	2017	2019
size	2000	3.6399	2010	2013
resolution	2000	3.6351	2013	2016
light	2000	3.5961	2016	2017
gas sensor	2000	3.5653	2002	2009
mechanical property	2000	3.553	2015	2019
fiber	2000	3.5411	2011	2015
spectroscopy	2000	3.4079	2016	2017
metamaterial	2000	3.4076	2015	2016
microstructure	2000	3.3457	2011	2013
oxide	2000	3.3269	2008	2009
immunoassay	2000	3.3124	2011	2013
nanosensor	2000	3.3066	2014	2016
transport	2000	3.1854	2014	2016
electrodeposition	2000	3.1663	2010	2011
adsorption	2000	3.1429	2009	2013
particle	2000	3.1102	2009	2013
chemistry	2000	3.1058	2013	2015
polymer	2000	3.0463	2017	2019

图 6.15　基于 CiteSpace 的研究前沿识别结果

由图 6.15 分析可知，基于共被引聚类和词分析的研究前沿识别方法得到的结果存在大量"过去时"的研究前沿，并且以相对孤立的词汇来表示研究前沿，难以解读，如 thin film（薄膜）、binging（结合）、nanotube（纳米管）等结果；而像 silver nanoparticle（银纳米颗粒）、polymer（聚合物）等"新颖"的研究前沿，则与本书的研究前沿结果重合。与之相比，本书提出的方法不仅能够识别出更加"前瞻"的研究前沿，而且还可以进行研究前沿强度和内容趋势预测分析，因此，通过与代表性的常用方法对比分析，进一步体现了本书提出方法的优越性和创新之处。

6.7.3 报告数据验证

2020 年 2 月，美国农业部（United States Department of Agriculture，USDA）发布了《美国农业部科学蓝图：2020—2025 年科学路线图》报告，报告中指出了美国农业领域未来 5 年的重点发展方向，如利用遗传多样性和基因组技术来加快育种进程，降低对气候变化、病虫害和杂草的易感性，从而提高产量潜力；用于传感器、数据分析和精准农业的增强技术等重点发展方向。

与本书的研究前沿识别结果相比，上述重点发展方向可以对应本书识别出的 Front Topic$_6$ 基于纳米技术的农作物基因组编辑与工程、Front Topic$_7$ 纳米生物传感器在农业中的应用等研究前沿主题。通过解读美国农业部发布的权威报告，在一定程度上也可以验证本书研究前沿识别结果的准确性和有效性。

在上述结果验证的基础上，总结对比本书方法、专家咨询、传统代表性方法和报告解读方法各自的优缺点，具体如表 6.9 所示。

表 6.9 方法对比

方法	优点	缺点
本书方法	可识别出更前瞻的研究前沿；能够从主题强度和内容两个层面细粒度预测结果的可能发展趋势与方向	方法步骤相对复杂，未形成相应平台工具
专家咨询	可以充分发挥专家的作用，集思广益，准确性较高	周期性长，耗费大量人力、物力，结果过度依赖相关专家的经验、知识

续表

方法	优点	缺点
传统代表性方法	方法集成于平台工具，使用便捷，具有良好的可视化效果	研究前沿识别结果具有一定的滞后性，并且结果解读难度大
报告解读方法	研究前沿结果来源权威可信，解读难度相对较低	结果依赖报告撰写人员知识水平，主观性较强

6.8 本章小结

本章在前 5 章研究的基础上，将基于主题扩散演化滞后的研究前沿识别及其预测分析方法应用到美国纳米农业领域进行了实证研究。首先进行了实证领域背景介绍，说明了实证领域选取的依据和意义。然后按照前文所述方法步骤，在美国纳米农业领域基金和论文主题识别、前沿特征计算的基础上，结合战略坐标图进行了研究前沿主题初始判别。接着进行美国纳米农业领域基金和论文主题扩散演化滞后效应测度，研究发现美国纳米农业领域在一定程度上可以根据基金的研究主题预测未来 3 年论文的研究主题，根据论文的研究主题预测未来 2 年基金的研究主题；根据滞后效应测度结果进行了滞后修正的研究前沿主题识别，其中，预测了未来 3 年论文中的研究前沿主题，得到纳米颗粒在农作物代谢过程中诱导应激机制、用于绿色和可持续环境及农业应用的纳米气泡技术、农作物吸收不同剂量下纳米材料的反应与机制、基于纳米颗粒—植物—叶相互作用的农药研发、纳米颗粒在农作物—土壤生态系统中的积累与转化机制、基于纳米技术的农作物基因组编辑与工程和纳米生物传感器在农业中的应用等 7 个研究前沿主题。最后，基于 ARIMA 模型和 Word2Vec 模型从主题强度和主题内容两个维度对 7 个研究前沿主题进行深度预测解读分析。从美国纳米农业领域的研究前沿主题识别结果来看，本书提出的基于主题扩散演化滞后的研究前沿识别及其预测分析方法与传统研究前沿识别方法相比，不仅可以提高研究前沿识别结果的前瞻价值，还可以通过构建预测模型从主题强度和主题内容两个维度分析研究前沿主题的可能发展方向，拓展了研究前沿主题识别结果的分析深度与广度。

第 7 章 总结与展望

在国家科技竞争日益加剧的背景下,尽早发现、识别科技创新的研究前沿并评估其发展趋势以支撑相关科技创新一直是情报学研究的重点与基础之一。本书提出基于主题扩散演化滞后的研究前沿识别方法,从基金、论文研究主题之间的相互作用角度切入,探索基金、论文两种不同科技文献之间研究主题的扩散演化滞后现象,揭示主题间的内在关联与互动规律,在此基础上指导不同数据结合的研究前沿识别实践,以期提高研究前沿识别的前瞻性、科学性和有效性。本章将对主要研究工作及研究成果进行总结,并讨论本书的不足及对未来工作做出展望。

7.1 研究总结

本书的主要研究工作及研究成果如下。

① 梳理了研究前沿识别、主题演化和主题扩散等相关概念、理论与方法。重点对本书研究的关键概念"研究前沿""主题扩散演化"进行了界定,并从科学发展模式理论、生命周期理论和系统论等视角分析了本书研究的理论基础、依据。

② 提出了基金与论文关联的主题扩散演化路径识别及其可视化分析方法。首先梳理了科技规划、基金和论文等用来识别研究前沿的主要科技文献并分析了这些科技文献之间存在着直接或间接的关联关系,指出基金、论文作为科学知识的主要载体,其中蕴含的研究主题、研究前沿等作为科学知识系统内容的核心要素,存在一定的显性、隐性联系,并通过主题转移、扩散和演化等

时序变化过程表现出来；重点设计了基金与论文关联的主题扩散演化路径识别及其可视化方法框架，包括数据获取及预处理、基于 LDA 模型的研究主题识别、基金与论文主题关联构建和主题扩散演化路径可视化等部分。以美国人工智能领域为例进行了实例验证，根据前文设计的可视化方案绘制了可交互的基金与论文关联的主题扩散演化路径可视化图谱，验证了方法的可行性、有效性。

③ 面向研究前沿识别及其预测的情报分析任务场景，研究基金、论文两种不同数据之间研究主题的扩散演化滞后现象，探索归纳其基本机制与规律，并设计了详细的分析思路与流程。重点利用自回归分布滞后模型，基于外部数量特征研究美国人工智能领域的基金数量和论文发文量之间的影响时间分布及其时间滞后关系，构建基金和论文的扩散滞后模型。在此基础上，从具体内容维度基于主题扩散演化路径可视化方法分析了基金和论文研究主题的扩散演化滞后效应。研究发现，美国人工智能领域的基金和论文之间存在关联关系并且具有一定的滞后性，其基金主题对论文主题的扩散演化滞后期为 2 年，论文主题对基金主题的扩散演化滞后期为 1 年。

④ 构建了一套完整的基于主题扩散演化滞后的研究前沿识别方法和流程。在梳理、分析研究前沿识别影响因素的基础上，总结了基金和论文数据可以用来进行研究前沿识别的关键特征。此外，提出了基于主题扩散演化滞后的研究前沿识别方法，首先基于新兴度和关注度指标进行研究前沿初始判别，然后根据主题扩散演化滞后效应测度结果，进行滞后修正的研究前沿识别，最后从主题强度和主题内容两个方面对研究前沿主题进行预测分析。该方法旨在通过综合基金和论文数据识别研究前沿主题，根据（基金或论文）主题扩散演化滞后效应测度结果预测未来一定时间内可能会形成的（论文或基金）研究前沿主题，以期改进现有研究前沿识别方法前瞻性不足的问题。

⑤ 以美国纳米农业领域为例，对研究中提出的方法进行了系统验证。首先介绍了纳米农业领域的背景，说明了实证领域选取的依据和意义。然后在美国纳米农业领域基金和论文主题识别、前沿特征计算的基础上，结合战略坐标图进行了研究前沿主题初始判别。接着进行美国纳米农业领域基金和论文主题扩散演化滞后效应测度研究，研究发现美国纳米农业领域在一定程度上可以根据基金的研究主题预测未来 3 年论文的研究主题，根据论文的研究主题预测未来 2 年基金的研究主题；根据滞后效应测度结果进行了滞后修正的研究前沿主

题识别，并基于 ARIMA 模型和 Word2Vec 模型从主题强度和主题内容两个维度对识别出的研究前沿主题进行深度预测解读分析。最后，通过专家咨询、代表性的研究前沿识别方法和规划报告解读对本书提出方法的识别和预测结果进行了对比验证。

⑥ 本书从主题扩散演化滞后的角度探索了研究前沿识别问题，可以在一定程度上反映科学资助规章制度（基金资助科学研究的相关规章制度）、科学知识和学科领域主体之间的相互关联与相互作用，如基金资助制度、科学论文出版周期、知识扩散速度等因素会对不同学科领域研究主体（研究主题、科学共同体等组成）的发展产生推动作用（基金和论文研究主题的相互滞后推动）。通过本书研究，有助于准确把握科学知识发展过程中研究前沿在不同科学文献载体中的活动机制，可以在一定程度上揭示科学知识的发展规律，对于研究探索情报学、科学学和科学社会学之间的联系与区别具有一定的理论意义。

7.2　研究的不足与未来工作

由于知识水平和时间所限，本书还存在一些不足和未来应该改进的地方，主要有以下几个方面。

① 主题识别结果可解读性有待提高。本书基于 LDA 模型进行基金和论文主题识别，得到的主要结果是主题—主题词矩阵、主题—文档矩阵，其中主题词是由单个词汇构成的，在解读过程中单个词汇可能引起歧义，并且存在噪声词汇（如 research、tool 等宽泛、不具有单独实际意义的词汇），造成解读困难。因此，如何提高主题识别结果的可解读性有待进一步解决。

在未来研究中，将尝试结合语义分析技术来提高主题识别结果的可读性，如利用语义角色标注（Semantic Role Labeling，SRL）、语义组块抽取（Semantic Chunking）技术对研究前沿主题识别结果进行标注，将单个主题词表示为短语、短句的形式，从而有效提高基金和论文主题识别结果的可解读性。

② 部分基金和论文主题关联关系丢失。本书利用余弦相似度算法进行基金和论文主题的关联构建，虽然文本相似度是进行主题关联构建最直接、有效的方法，但是由于通过内容的重复、相似度来构建关联难免会丢失语义层面的

关联，会对研究结果产生一定的影响。在后续研究中如何更加准确地识别基金和论文主题之间的关联关系也是一个重要问题。

在未来研究中，将尝试拓展关联构建标准，即除了文本余弦相似度这一直接关联外，探索结合神经网络技术（Long Short-Term Memory，LSTM）从语义层面结合上下文信息揭示主题之间隐含的关联关系。此外，综合利用基金—论文资助关系、引用关系和作者共现关系等多元关系融合的主题关联构建方法也是解决这一问题的有效思路。

③ 研究前沿主题判别的效率问题。本书构建了新兴度、关注度指标进行研究前沿主题判别，在对主题进行新兴度、关注度指标计算的基础上，还需要结合战略坐标图谱、主题扩散演化图谱等进行研究前沿主题的判别，虽然能够提高研究前沿主题判别的准确性、可调节性，但是相应地需要付出更多的人力成本，如何平衡研究前沿主题判别的效率与准确性方面还需要进一步通过实验确定。

在未来研究中，将尝试在本书的基础上，根据新兴度和关注度指标利用 Python 编写研究前沿主题判别算法，并利用 Django、Flask 等 Web 框架开发在线研究前沿识别平台，集成相应算法，并结合交互式可视化技术自动绘制战略坐标图、主题扩散演化图等知识图谱，实现定量化、自动化和可视化判别研究前沿主题，从而进一步有效地提高方法的可用性和实用性。

附　录

附录A　基金与论文关联的主题扩散演化路径可视化程序代码

< meta charset="utf-8" > <!-- also save this file as unicode-8 ! -->
< head >
< link rel="stylesheet" type="text/css" href="1.css" >
加载工具包
<!--script src="../../../lib/d3_v4_2_1/d3.js" >< /script-->
< script src="2.js" >< /script >
< script src="3.js" >< /script >
< script src="4.js" >< /script >
< style >
基金主题向论文主题扩散添加黄色标记
path.lsx2000.lsynsfT0.ltx2001.ltylwT4,
path.lsx2002.lsynsfT0.ltx2003.ltylwT1,
path.lsx2002.lsynsfT0.ltx2003.ltylwT3,
path.lsx2002.lsynsfT0.ltx2003.ltylwT4,
path.lsx2003.lsynsfT0.ltx2004.ltylwT2,
path.lsx2003.lsynsfT0.ltx2004.ltylwT4,
path.lsx2004.lsynsfT0.ltx2005.ltylwT4,
path.lsx2006.lsynsfT0.ltx2007.ltylwT6,
path.lsx2002.lsynsfT0.ltx2003.ltylwT6,
path.lsx2005.lsynsfT0.ltx2006.ltylwT1,

```
path.lsx2005.lsynsfT0.ltx2006.ltylwT2,
path.lsx2006.lsynsfT0.ltx2007.ltylwT3,
path.lsx2006.lsynsfT0.ltx2007.ltylwT8,
path.lsx2006.lsynsfT0.ltx2007.ltylwT9,
path.lsx2008.lsynsfT0.ltx2009.ltylwT0,
path.lsx2008.lsynsfT0.ltx2009.ltylwT1,
path.lsx2009.lsynsfT0.ltx2010.ltylwT1,
path.lsx2009.lsynsfT0.ltx2010.ltylwT10,
path.lsx2010.lsynsfT0.ltx2011.ltylwT4,
path.lsx2015.lsynsfT0.ltx2016.ltylwT0,
path.lsx2015.lsynsfT0.ltx2016.ltylwT3,
path.lsx2015.lsynsfT0.ltx2016.ltylwT6,
path.lsx2005.lsynsfT0.ltx2007.ltylwT5,
path.lsx2005.lsynsfT0.ltx2007.ltylwT7{
        stroke: orange;
#设置颜色透明度
        stroke-opacity: .99;
    }
  </style>
  </head>

  <body>
  <script>
  // no parameter when data is embedded in <pre id="data"> tag, otherwise
sequenceExplorerChart(file);
  // var myChart = sequenceExplorerChart();
  #加载本地数据
  var myChart = sequenceExplorerChart("nsf4.csv")
      .sequenceName("时间")
      .categoryName("主题")
      .valueName("相似度")
```

```
# 图谱尺寸设置
    .size([1700, 950]);
  d3.select("body")
    .append("div")
    .attr("class", "chart")
    .call(myChart);
  </script>
</body>
```

附录 B 基于 LDA 模型的主题识别程序代码

```python
# 加载工具包
import numpy as np
import pandas as pd
import string
import random
import re
import pprint
import math
from time import time
# 设置 SimHei 字体以显示汉字，size 设置全局字体大小，包括坐标轴字体大小
import matplotlib.pyplot as plt
plt.rc('font', family='SimHei', size=9)
import nltk
nltk.download('stopwords')
nltk.download('wordnet')
from nltk.corpus import stopwords
from nltk.tokenize import RegexpTokenizer
from nltk.stem import WordNetLemmatizer
```

```python
from sklearn.feature_extraction.text import CountVectorizer, TfidfVectorizer
from sklearn.decomposition import NMF, LatentDirichletAllocation
from gensim import corpora, models
from gensim.models.coherencemodel import CoherenceModel

# 读取 csv 文件
papers_df = pd.read_csv("nsf.csv")
# 查看文件数量与格式
print("Number of papers to analyze: " + str(papers_df.shape[0]))
papers_df.head(n=10)
papers_filtered=papers_df
title_lc=[title.lower() for title in papers_filtered.title]
paper_text_lc=[paper_text.lower() for paper_text in papers_filtered.paper_text]
years=[years for years in papers_filtered.years]
# 预处理功能定义,包括去除停用词、数字等数据清洗功能
def num_and_short_word_preprocessor(tokens):
    no_numbers = re.sub('(\d) +', '', tokens.lower())
    no_short_words = re.sub(r'\b\w{1, 2}\b', '', no_numbers)
    return no_short_words

def create_stop_words():
    stops = set(stopwords.words("english")) s
    all_letters_numbers = string.digits + string.ascii_letters
    stops = stops.union(list(all_letters_numbers))
    return stops

def custom_tokenizer(doc):
    word_tokenizer = RegexpTokenizer(r'\w+')
    tokens = word_tokenizer.tokenize(doc)
    wnl = WordNetLemmatizer()
    singular_tokens = [wnl.lemmatize(i) for i in tokens]
    return singular_tokens
```

```python
def preprocess_corpora(corpora):
    no_num_short_word_corpora = [num_and_short_word_preprocessor(sentence) for sentence in corpora]
    stemmed_corpora = [custom_tokenizer(doc) for doc in no_num_short_word_corpora]
    processed_corpora = []
    for doc in stemmed_corpora:
        processed_corpora.append([word for word in doc if not word in stop_words])
    return processed_corpora

# 定义基于一致性分数的主题个数确定功能
def test_lda_parameters(dictionary, corpus, texts, limit, start=5, step=5):
    coherence_values = []
    model_list = []
    for num_topics in range(start, limit, step):
        model = models.ldamodel.LdaModel(corpus, num_topics=num_topics, id2word = dictionary, passes=100, alpha=50.0/1.0*np.ones((num_topics)), eta=0.1, random_state=9999)
        model_list.append(model)
        coherencemodel = CoherenceModel(model=model, texts=texts, dictionary=dictionary, coherence='c_v')
        coherence_values.append(coherencemodel.get_coherence())
    return model_list, coherence_values

# 基于 LDA 模型进行主题识别
processed_corpora = preprocess_corpora(paper_text_lc)
dictionary = corpora.Dictionary(processed_corpora)
corpus = [dictionary.doc2bow(doc) for doc in processed_corpora]
t0 = time()
lda = models.ldamodel.LdaModel(corpus, num_topics=num_topics, id2word = dictionary, passes=100, alpha=20.0/1.0*np.ones((num_topics)), eta=0.1, random_state=9999)
print("done in %0.3fs." % (time() - t0))
```

```python
# 浏览主题识别结果
from pprint import *
pprint(lda.show_topics(formatted=False))

# 将主题识别结果保存至本地
numpy.savetxt('topic.csv', topic_df, delimiter = ',')
```

附录 C 基于 ARIMA 模型的主题强度趋势预测程序代码

```python
# 加载工具包
import itertools
import pandas as pd
import numpy as np
import statsmodels.api as sm
import matplotlib.pyplot as plt
plt.style.use('seaborn-ticks')

# 读取主题强度时间序列数据
data = pd.read_csv('1.csv', parse_dates=['year'], index_col='year')
print(data.head())
data.plot(figsize=(12, 6))
axes = plt.gca()
axes.set_xlim([30, 50])
plt.show()

# 由 p、d、q 阶数, 确定三者范围 0-2
p = d = q = range(0, 3)
# 列举所有可能结果
pdq = list(itertools.product(p, d, q))
print(pdq)
```

```
#BIC 网格搜索,确定最优参数
import warnings
warnings.filterwarnings("ignore")
for param in pdq:
        try:
                model = sm.tsa.statespace.SARIMAX(data, order=param, enforce_stationarity=False, enforce_invertibility=False)
                results = model.fit()
                print('ARIMA{} - BIC: {}'.format(param, results.bic))
        except:
                Continue
#ARIMA 模型结果,四步检验
model = sm.tsa.statespace.SARIMAX(data, order=(1, 0, 2), enforce_stationarity=False, enforce_invertibility=False)
results = model.fit()
print(results.summary().tables[1])
results.plot_diagnostics(figsize=(12, 8))
plt.savefig('jianyan.png', bbox_inches = 'tight', dpi = 400)
plt.show()

# 绘制 ARIMA 模型拟合图(2010—2019)
pred = results.get_prediction(start=pd.to_datetime('2010'), dynamic=False)
pred_ci = pred.conf_int()
ax = data['2000':].plot(label='Observed', figsize=(6, 2))
pred.predicted_mean.plot(ax=ax, label='Fitting (2010-2019)', alpha=.7)
ax.set_xlabel('year')
ax.set_ylabel('')
plt.legend()
plt.savefig('yuce.pdf', bbox_inches = 'tight', dpi = 300)
plt.show()
```

# 绘制 ARIMA 模型预测图（2020—2022）
pred_uc = results.get_forecast（steps=3）
pred_ci = pred_uc.conf_int（）
ax = data.plot（label='Observed', figsize=（6, 2））
pred_uc.predicted_mean.plot（ax=ax, label='Forecast（2019–2022）'）
ax.set_xlabel（'year'）
ax.set_ylabel（''）
plt.legend（）
plt.savefig（'yuce1.pdf', bbox_inches = 'tight', dpi = 300）
plt.show（）

附录 D　美国纳米农业领域检索式

序号	检索式
1	SO =（（Fullerene* OR IEEE Transactions on Nano* OR Journal of Nano* OR Nano* OR Materials Science Engineering C* OR ACS Nano OR Current Nanoscience OR Digest Journal of Nanomaterials and Biostructures OR IEE Proceedings Nanobiotechnology OR IET Nanobiotechnology OR International Journal of Nanomedicine OR International Journal of Nanotechnology OR Journal of Biomedical Nanotechnology OR Journal of Computational and Theoretical Nanoscience OR Journal of Experimental Nanoscience OR Nature Nanotechnology OR Photonics and Nanostructures* OR Wiley Interdisciplinary Reviews Nano*）NOT nano*）AND TS=（Farm* or husbandry* or animal husbandry* or animal breed* or dairy farm* or crop product* or market garden* or plant* industry* or arboricult* or silvicultur* or livestock* or horticultur* or livestock* or agricultur* product* or farm* product* or foodstuff* or dairy produc* or dairy product*）AND AD=USA
2	SO =（（Fullerene* OR IEEE Transactions on Nano* OR Journal of Nano* OR Nano* OR Materials Science Engineering C* OR ACS Nano OR Current Nanoscience OR Digest Journal of Nanomaterials and Biostructures OR IEE Proceedings Nanobiotechnology OR IET Nanobiotechnology OR International Journal of Nanomedicine OR International Journal of Nanotechnology OR Journal of Biomedical Nanotechnology OR Journal of Computational and Theoretical Nanoscience OR Journal of Experimental Nanoscience OR Nature Nanotechnology OR Photonics and Nanostructures* OR Wiley Interdisciplinary Reviews Nano*）NOT nano*）AND SU=（Agriculture）AND AD=USA

续表

序号	检索式
3	SO = ((Fullerene* OR IEEE Transactions on Nano* OR Journal of Nano* OR Nano* OR Materials Science Engineering C* OR ACS Nano OR Current Nanoscience OR Digest Journal of Nanomaterials and Biostructures OR IEE Proceedings Nanobiotechnology OR IET Nanobiotechnology OR International Journal of Nanomedicine OR International Journal of Nanotechnology OR Journal of Biomedical Nanotechnology OR Journal of Computational and Theoretical Nanoscience OR Journal of Experimental Nanoscience OR Nature Nanotechnology OR Photonics and Nanostructures* OR Wiley Interdisciplinary Reviews Nano*) NOT nano*) AND TS= Agriculture AND AD=USA
4	TS = (nano*) AND TS= (Farm* or husbandry* or animal* husbandry* or animal* breed* or dairy* farm* or crop product* or market garden* or planting industry* or arboricult* or silvicultur* or livestock* or horticultur* or livestock* or agricultur* product* or farm* product* or foodstuff* or dairy* produc* or dairy product*) and (SU= AGRICULTURE or TS= AGRICULTURE) AND AD=USA
5	TS= ((((TEM or STM or EDX or AFM or HRTEM or SEM or EELS or SERS or MFM) OR "atom* force microscop*" OR "tunnel* microscop*" OR "scanning probe microscop*" OR "transmission electron microscop*" OR "scanning electron microscop*" OR "energy dispersive X–ray" OR "xray photoelectron*" OR "x–ray photoelectron" OR "electron energy loss spectroscop*" OR "enhanced raman–scattering" OR "surface enhanced raman scattering" OR "single molecule microscopy" OR "focused ion beam" OR "ellipsometry" OR "magnetic force microscopy") AND (monolayer* OR "mono–layer*" OR film* OR quantum* OR multilayer* OR "multi–layer*" OR array*)) NOT nano*) AND TS= (Farm* or husbandry* or animal husbandry* or animal breed* or dairy farm* or crop product* or market garden* or planting industry* or arboricult* or silvicultur* or livestock* or horticultur* or livestock* or agricultur* product* or farm product* or foodstuff* or dairy produc* or dairy product*) and (SU= AGRICULTURE or TS= AGRICULTURE) AND AD=USA
6	TS= (((NEMS OR Quasicrystal* OR "quasi–crystal*" OR "quantum size effect" OR "quantum device") AND (monolayer* OR "mono–layer*" OR film* OR quantum* OR multilayer* OR "multi–layer*" OR array* OR molecul* OR polymer* OR "co–polymer*" OR copolymer* OR mater* OR biolog* OR supramolecul*)) NOT nano*) AND TS= (Farm* or husbandry* or animal husbandry* or animal breed* or dairy farm* or crop product* or market garden* or planting industry* or arboricult* or silvicultur* or livestock* or horticultur* or livestock* or agricultur* product* or farm product* or foodstuff* or dairy produc* or dairy product*) and (SU= AGRICULTURE or TS= AGRICULTURE) AND AD=USA

序号	检索式
7	TS=(("quantum dot*" OR "quantum well*" OR "quantum wire*") NOT nano*) AND TS=(Farm*or husbandry*or animal husbandry*or animal breed*or dairy farm*or crop product*or market garden*or planting industry*or arboricult*or silvicultur*or livestock*or horticultur*or livestock*or agricultur*product*or farm product*or foodstuff*or dairy produc*or dairy product*) and (SU=AGRICULTURE or TS=AGRICULTURE) AND AD=USA
8	TS=(("self assembl*" OR "self organiz*" OR "directed assembl*") AND (monolayer*OR "mono-layer*" OR film*OR quantum*OR multilayer* OR "multi-layer*" OR array*OR molecul*OR polymer*OR "co-polymer*" OR copolymer*OR mater*OR biolog*OR supramolecul*)) AND TS=(Farm*or husbandry*or animal husbandry*or animal breed*or dairy farm*or crop product*or market garden*or planting industry*or arboricult*or silvicultur*or livestock*or horticultur*or livestock*or agricultur*product*or farm product*or foodstuff*or dairy produc*or dairy product*) and (SU=AGRICULTURE or TS=AGRICULTURE) AND AD=USA
9	TI=(("molecul*motor*" OR "molecul*ruler*" OR "molecul*wir*" OR "molecul*devic*" OR "molecular engineering" OR "molecular electronic*" OR "single molecul*" OR fullerene*OR buckyball OR buckminsterfullerene OR C60 OR "C-60" OR methanofullerene OR metallofullerene OR SWCNT OR MWCNT OR "coulomb blockad*" OR bionano*OR "langmuir-blodgett" OR Coulombstaircase*OR "PDMS stamp*" OR graphene OR "dye-sensitized solar cell" OR DSSC OR ferrofluid* OR "core-shell") NOT nano*) AND TS=(Farm*or husbandry*or animal husbandry*or animal breed*or dairy farm*or crop product*or market garden*or planting industry*or arboricult*or silvicultur*or livestock*or horticultur*or agricultur*product*or farm product*or foodstuff*or dairy produc*or dairy product*) and (SU=AGRICULTURE or TS=AGRICULTURE) AND AD=USA
10	TS=(((biosensor*OR NEMS OR ("sol gel*" OR solgel*) OR dendrimer*OR CNT OR "soft lithograph*" OR "electron beam lithography" OR "e-beam lithography" OR "molecular simul*" OR "molecular machin*" OR "molecular imprinting" OR "quantum effect*" OR "surface energy" OR "molecular sieve*" OR "mesoporous material*" OR "mesoporous silica" OR "porous silicon" OR "zeta potential" OR "epitax*") AND (monolayer*OR "mono-layer*" OR film*OR quantum*OR multilayer*OR "multi-layer*" OR array*)) NOT nano*) AND TS=(Farm*or husbandry*or animal husbandry*or animal breed*or dairy farm*or crop product*or market garden*or planting industry*or arboricult*or silvicultur*or livestock*or horticultur*or livestock*or agricultur*product*or farm product*or foodstuff*or dairy produc*or dairy product*) and (SU=AGRICULTURE or TS=AGRICULTURE) AND AD=USA

序号	检索式
11	TS=（（"quantum dot*" OR "quantum well*" OR "quantum wire*"）NOT nano*）AND TS=（breed*or dry farm*or irrigat*farm*or soil improv*or irrigat*ditch*or irrigat*channel or weed*or plough*or fallow*or harrow*or plant*or plantout*or seed*or sow*or graft*or harvest*or reap*or cut*or mow*or ensile）and（SU= AGRICULTURE or TS= AGRICULTURE）AND AD=USA
12	TS=（nano*）AND TS=（breed*or dry farm*or irrigat*farm*or soil improv*or irrigat*ditch*or irrigat*channel or weed*or plough*or fallow*or harrow*or plant*or plantout*or seed*or sow*or graft*or harvest*or reap*or cut*or mow*or ensile）and（SU= AGRICULTURE or TS= AGRICULTURE）AND AD=USA
13	TS=（（（NEMS OR Quasicrystal*OR "quasi–crystal*" OR "quantum size effect" OR "quantum device"）AND（monolayer*OR "mono–layer*" OR film*OR quantum*OR multilayer*OR "multi–layer*" OR array*OR molecul*OR polymer*OR "co–polymer*" OR copolymer*OR mater*OR biolog*OR supramolecul*））NOT nano*）AND TS=（breed*or dry farm*or irrigat*farm*or soil improv*or irrigat*ditch*or irrigat*channel or weed*or plough*or fallow*or harrow*or plant*or plantout*or seed*or sow*or graft*or harvest*or reap*or cut*or mow*or ensile）and（SU= AGRICULTURE or TS= AGRICULTURE）AND AD=USA
14	TS=（（（（TEM or STM or EDX or AFM or HRTEM or SEM or EELS or SERS or MFM）OR "atom*force microscop*" OR "tunnel*microscop*" OR "scanning probe microscop*" OR "transmission electron microscop*" OR "scanning electron microscop*" OR "energy dispersive X–ray" OR "xray photoelectron*" OR "x–ray photoelectron" OR "electron energy loss spectroscop*" OR "enhanced raman–scattering" OR "surface enhanced raman scattering" OR "single molecule microscopy" OR "focused ion beam" OR "ellipsometry" OR "magnetic force microscopy"）AND（monolayer*OR "mono–layer*" OR film*OR quantum*OR multilayer*OR "multi–layer*" OR array*））NOT nano*）AND TS=（breed*or dry farm*or irrigat*farm*or soil improv*or irrigat*ditch*or irrigat*channel or weed*or plough*or fallow*or harrow*or plant*or plantout*or seed*or sow*or graft*or harvest*or reap*or cut*or mow*or ensile）and（SU= AGRICULTURE or TS= AGRICULTURE）AND AD=USA
15	TS =（（"self assembl*" OR "self organiz*" OR "directed assembl*"）AND（monolayer*OR "mono–layer*" OR film*OR quantum*OR multilayer*OR "multi–layer*" OR array*OR molecul*OR polymer*OR "co–polymer*" OR copolymer*OR mater*OR biolog*OR supramolecul*））AND TS=（breed*or dry farm*or irrigat*farm*or soil improv*or irrigat*ditch*or irrigat*channel or weed*or plough*or fallow*or harrow*or plant*or plantout*or seed*or sow*or graft*or harvest*or reap*or cut*or mow*or ensile）and（SU= AGRICULTURE or TS= AGRICULTURE）AND AD=USA

续表

序号	检索式
16	TI = (("molecul*motor*" OR "molecul*ruler*" OR "molecul*wir*" OR "molecul*devic*" OR "molecular engineering" OR "molecular electronic*" OR "single molecul*" OR fullerene*OR buckyball OR buckminsterfullerene OR C60 OR "C-60" OR methanofullerene OR metallofullerene OR SWCNT OR MWCNT OR "coulomb blockad*" OR bionano*OR "langmuir-blodgett" OR Coulombstaircase*OR "PDMS stamp*" OR graphene OR "dye-sensitized solar cell" OR DSSC OR ferrofluid*OR "core-shell") NOT nano*) AND TS= (breed*or dry farm*or irrigat*farm*or soil improv*or irrigat*ditch*or irrigat*channel or weed*or plough*or fallow*or harrow*or plant*or plantout*or seed*or sow*or graft*or reap*or mow*or ensile) and TS= AGRICULTURE AND AD=USA
17	TS= (((biosensor*OR NEMS OR ("sol gel*" OR solgel*) OR dendrimer*OR CNT OR "soft lithograph*" OR "electron beam lithography" OR "e-beam lithography" OR "molecular simul*" OR "molecular machin*" OR "molecular imprinting" OR "quantum effect*" OR "surface energy" OR "molecular sieve*" OR "mesoporous material*" OR "mesoporous silica" OR "porous silicon" OR "zeta potential" OR "epitax*") AND (monolayer*OR "mono-layer*" OR film*OR quantum*OR multilayer*OR "multi-layer*" OR array*)) NOT nano*) AND TS= (breed*or dry farm*or irrigat*farm*or soil improv*or irrigat*ditch*or irrigat*channel or weed*or plough*or fallow*or harrow*or plant*or plantout*or seed*or sow*or graft*or harvest*or reap*or cut*or mow*or ensile) and (SU= AGRICULTURE or TS= AGRICULTURE) AND AD=USA
18	TS= (nano*) AND TS= (manure*or fertiliz*or fumigat*or insecticide*or pesticide*or weedkiller*or herbicide*or plantdisease*or plantpathogen*or parasit*or locust*or weed*or smut or mildew*or ergot*or phylloxera*) and (SU= AGRICULTURE or TS= AGRICULTURE) AND AD=USA
19	TS= (((NEMS OR Quasicrystal*OR "quasi-crystal*" OR "quantum size effect" OR "quantum device") AND (monolayer*OR "mono-layer*" OR film* OR quantum*OR multilayer*OR "multi-layer*" OR array*OR molecul*OR polymer* OR "co-polymer*" OR copolymer*OR mater*OR biolog*OR supramolecul*)) NOT nano*) AND TS= (manure*or fertiliz*or fumigat*or insecticide*or pesticide*or weedkiller*or herbicide*or plantdisease*or plantpathogen*or parasit*or locust*or weed*or smut or mildew*or ergot*or phylloxera*) and (SU= AGRICULTURE or TS= AGRICULTURE) AND AD=USA

续表

序号	检索式
20	TS=((((TEM or STM or EDX or AFM or HRTEM or SEM or EELS or SERS or MFM) OR "atom*force microscop*" OR "tunnel*microscop*" OR "scanning probe microscop*" OR "transmission electron microscop*" OR "scanning electron microscop*" OR "energy dispersive X-ray" OR "xray photoelectron*" OR "x-ray photoelectron" OR "electron energy loss spectroscop*" OR "enhanced raman-scattering" OR "surface enhanced raman scattering" OR "single molecule microscopy" OR "focused ion beam" OR "ellipsometry" OR "magnetic force microscopy") AND (monolayer*OR "mono-layer*" OR film*OR quantum*OR multilayer*OR "multi-layer*" OR array*)) NOT nano*) AND TS=(manure*or fertiliz*or fumigat*or insecticide*or pesticide*or weedkiller*or herbicide*or plantdisease*or plantpathogen*or parasit*or locust*or weed*or smut or mildew*or ergot*or phylloxera*) and (SU=AGRICULTURE or TS=AGRICULTURE) AND AD=USA
21	TS=(("self assembl*" OR "self organiz*" OR "directed assembl*") AND (monolayer*OR "mono-layer*" OR film*OR quantum*OR multilayer*OR "multi-layer*" OR array*OR molecul*OR polymer*OR "co-polymer*" OR copolymer*OR mater*OR biolog*OR supramolecul*)) AND TS=(manure*or fertiliz*or fumigat*or insecticide*or pesticide*or weedkiller*or herbicide*or plantdisease*or plantpathogen*or parasit*or locust*or weed*or smut or mildew*or ergot*or phylloxera*) and (SU=AGRICULTURE or TS=AGRICULTURE) AND AD=USA
22	TI=(("molecul*motor*" OR "molecul*ruler*" OR "molecul*wir*" OR "molecul*devic*" OR "molecular engineering" OR "molecular electronic*" OR "single molecul*" OR fullerene*OR buckyball OR buckminsterfullerene OR C60 OR "C-60" OR methanofullerene OR metallofullerene OR SWCNT OR MWCNT OR "coulomb blockad*" OR bionano*OR "langmuir-blodgett" OR Coulombstaircase*OR "PDMS stamp*" OR graphene OR "dye-sensitized solar cell" OR DSSC OR ferrofluid*OR "core-shell") NOT nano*) AND TS=(manure*or fertiliz*or fumigat*or insecticide*or pesticide*or weedkiller*or herbicide*or plantdisease*or plantpathogen*or parasit*or locust*or weed*or smut or mildew*or ergot*or phylloxera*) and TS=AGRICULTURE AND AD=USA

续表

序号	检索式
23	TS=(((biosensor*OR NEMS OR ("sol gel*" OR solgel*) OR dendrimer*OR CNT OR "soft lithograph*" OR "electron beam lithography" OR "e-beam lithography" OR "molecular simul*" OR "molecular machin*" OR "molecular imprinting" OR "quantum effect*" OR "surface energy" OR "molecular sieve*" OR "mesoporous material*" OR "mesoporous silica" OR "porous silicon" OR "zeta potential" OR "epitax*") AND (monolayer*OR "mono-layer*" OR film*OR quantum*OR multilayer*OR "multi-layer*" OR array*)) NOT nano*) AND TS=(manure*or fertiliz*or fumigat*or insecticide*or pesticide*or weedkiller*or herbicide*or plantdisease*or plantpathogen*or parasit*or locust*or weed*or smut or mildew*or ergot*or phylloxera*) and (SU=AGRICULTURE or TS=AGRICULTURE) AND AD=USA
24	TS=(("quantum dot*" OR "quantum well*" OR "quantum wire*") NOT nano*) AND TS=(manure*or fertiliz*or fumigat*or insecticide*or pesticide*or weedkiller*or herbicide*or plantdisease*or plantpathogen*or parasit*or locust*or weed*or smut or mildew*or ergot*or phylloxera*or drip irrigat*or stereo cultivat*or tissue cultur*or soilless cultivat*or plant grow*or veterinary drug*or vaccine or feed*or feed additiv*or feed convers*or feed crop*or plant diseas*or plantpathogen*or plant seed*or fruit grow*) and (SU=AGRICULTURE or TS=AGRICULTURE) AND AD=USA
25	TS=(nano*) AND TS=(drip irrigat*or stereo cultivat*or tissue cultur*or soilless cultivat*or plant grow*or veterinary drug*or vaccine or feed*or feed additiv*or feed convers*or feed crop*or plant diseas*or plantpathogen*or plant seed*or fruit grow*) and (SU=AGRICULTURE or TS=AGRICULTURE) AND AD=USA
26	TS=(((NEMS OR Quasicrystal*OR "quasi-crystal*" OR "quantum size effect" OR "quantum device") AND (monolayer*OR "mono-layer*" OR film*OR quantum*OR multilayer*OR "multi-layer*" OR array*OR molecul*OR polymer*OR "co-polymer*" OR copolymer*OR mater*OR biolog*OR supramolecul*)) NOT nano*) AND TS=(drip irrigat*or stereo cultivat*or tissue cultur*or soilless cultivat*or plant grow*or veterinary drug*or vaccine or feed*or feed additiv*or feed convers*or feed crop*or plant diseas*or plantpathogen*or plant seed*or fruit grow*) and (SU=AGRICULTURE or TS=AGRICULTURE) AND AD=USA

续表

序号	检索式
27	TS=((((TEM or STM or EDX or AFM or HRTEM or SEM or EELS or SERS or MFM) OR "atom*force microscop*" OR "tunnel*microscop*" OR "scanning probe microscop*" OR "transmission electron microscop*" OR "scanning electron microscop*" OR "energy dispersive X-ray" OR "xray photoelectron*" OR "x-ray photoelectron" OR "electron energy loss spectroscop*" OR "enhanced raman-scattering" OR "surface enhanced raman scattering" OR "single molecule microscopy" OR "focused ion beam" OR "ellipsometry" OR "magnetic force microscopy") AND (monolayer*OR "mono-layer*" OR film*OR quantum*OR multilayer*OR "multi-layer*" OR array*)) NOT nano*) AND TS=(drip irrigat*or stereo cultivat*or tissue cultur*or soilless cultivat*or plant grow*or veterinary drug*or vaccine or feed*or feed additiv*or feed convers*or feed crop*or plant diseas*or plantpathogen*or plant seed*or fruit grow*) and (SU= AGRICULTURE or TS= AGRICULTURE) AND AD=USA
28	TS =(("self assembl*" OR "self organiz*" OR "directed assembl*") AND (monolayer*OR "mono-layer*" OR film*OR quantum*OR multilayer*OR "multi-layer*" OR array*OR molecul*OR polymer*OR "co-polymer*" OR copolymer* OR mater*OR biolog*OR supramolecul*)) AND TS=(drip irrigat*or stereo cultivat*or tissue cultur*or soilless cultivat*or plant grow*or veterinary drug*or vaccine or feed*or feed additiv*or feed convers*or feed crop*or plant diseas*or plantpathogen*or plant seed*or fruit grow*) and (SU= AGRICULTURE or TS= AGRICULTURE) AND AD=USA
29	TI =(("molecul*motor*" OR "molecul*ruler*" OR "molecul*wir*" OR "molecul*devic*" OR "molecular engineering" OR "molecular electronic*" OR "single molecul*" OR fullerene*OR buckyball OR buckminsterfullerene OR C60 OR"C-60"OR methanofullerene OR metallofullerene OR SWCNT OR MWCNT OR "coulomb blockad*" OR bionano* OR "langmuir-blodgett" OR Coulombstaircase*OR "PDMS stamp*" OR graphene OR "dye-sensitized solar cell" OR DSSC OR ferrofluid*OR "core-shell") NOT nano*) AND TS=(drip irrigat*or tissue cultur*or soilless cultivat*or plant grow*or veterinary drug*or feed additiv*or feed convers*or feed crop*or plant diseas*or plantpathogen*or plant seed*or fruit grow*) and TS= AGRICULTURE AND AD=USA
综合	#29 OR #28 OR #27 OR #26 OR #25 OR #24 OR #23 OR #22 OR #21 OR #20 OR #19 OR #18 OR #17 OR #16 OR #15 OR #14 OR #13 OR #12 OR #11 OR #10 OR #9 OR #8 OR #7 OR #6 OR #5 OR #4 OR #3 OR #2 OR #1 精炼依据：文献类型：（ARTICLE） 数据库 = WOS 时间跨度 =2000—2019

附录 E 词向量语义距离计算结果

word1	word2	distance	word1	word2	distance
demonstrate	irrigation	0.1042	ultra–small	laser	0.0981
irrigation	nanoparticle	0.1039	efforts	synthesis	0.0979
environment	irrigation	0.1020	genotype–independent	editing	0.0978
efforts	laser	0.1013	nanomaterial	reflects	0.0978
waveguiding	university	0.1008	food	irrigation	0.0977
efforts	based	0.0993	models	lettuce	0.0975
chemical	laser	0.0993	leaf	demonstrate	0.0975
nanoparticle–induced	demonstrate	0.0992	laser	metal	0.0974
offer	irrigation	0.0991	inability	irrigation	0.0974
laser	genetically	0.0991	turf	irrigation	0.0974
sequences	efforts	0.0990	laser	light	0.0973
patterns	metal	0.0988	waveguiding	delivering	0.0972
efforts	bioenergy	0.0987	genotype–independent	mechanisms	0.0972
insights	demonstrate	0.0985	genetically	irrigation	0.0971
tissues	demonstrate	0.0983	fluorescence	bulk	0.0970
ultra–small	plant–soil	0.0981	focuses	demonstrate	0.0970

续表

word1	word2	distance	word1	word2	distance
reflects	localized	0.0970	regulation	process	0.0961
sequences	efficiency	0.0970	disciplines	cyanobacteria	0.0960
localized	nanoparticle	0.0969	dose	iron	0.0960
black	interdisciplinary	0.0969	foliar	ranging	0.0960
coupled	efforts	0.0968	focuses	fields	0.0960
novel	efforts	0.0968	understand	edited	0.0959
nanomaterial	breadth	0.0968	sequences	fields	0.0959
transformation	irrigation	0.0968	quantification	ability	0.0959
laser	localized	0.0967	laser	underrepresented	0.0959
plasma	irrigation	0.0967	andor	time	0.0959
focuses	merit	0.0967	pattern	multiple	0.0958
ability	create	0.0967	stresses	engineered	0.0958
food	functional	0.0967	results	pattern	0.0958
increased	diverse	0.0966	exposure	laser	0.0958
understanding	application	0.0965	investigator	waveguiding	0.0957
application	aims	0.0965	patterns	nanoparticle	0.0957
delivering	time	0.0965	moreover	efforts	0.0957
development	genotype-independent	0.0964	impact	genotype-independent	0.0957
testing	genotype-independent	0.0964	efforts	plant-soil	0.0957
increased	potential	0.0964	iron	localized	0.0957
disciplines	reflects	0.0963	novel	nanoparticle	0.0957
efforts	time	0.0961	genotype-independent	nanoparticle	0.0956

续表

word1	word2	distance	word1	word2	distance
demonstrate	interdisciplinary	0.0956	nanoscale	soil	0.0948
chemistry	real-time	0.0955	properties	physical	0.0948
regulation	significant	0.0955	application	regulations	0.0948
agriculture	constituents	0.0954	laser	validation	0.0948
laser	control	0.0953	efforts	genomics	0.0948
results	real-time	0.0953	exposure	irrigation	0.0948
functional	demonstrate	0.0953	demonstrate	scientific	0.0948
insights	industrial	0.0953	biology	demonstrate	0.0947
sequences	remediation	0.0952	cyanobacterium	laser	0.0947
crops	interdisciplinary	0.0951	targeting	yield	0.0946
carbon	genotype-independent	0.0951	pollution	nanoparticle	0.0946
application	demonstrate	0.0951	insights	patterns	0.0946
cyanobacterium	agriculture	0.0950	roots	significant	0.0946
underrepresented	irrigation	0.0950	reflects	soil	0.0945
bulk	university	0.0950	demonstrate	light	0.0945
on-the-go	biofilm	0.0950	capacity	advance	0.0945
development	agriculture	0.0949	mobile	on-the-go	0.0945
focuses	laser	0.0949	physical	nanoparticle	0.0945
agriculture	create	0.0949	irrigation	institution	0.0944
impact	investigators	0.0949	stresses	transformation	0.0944
coupled	soil	0.0949	chemical	underserved	0.0944
ability	irrigation	0.0949	efforts	black	0.0943
coupled	cyanobacterium	0.0949	affect	irrigation	0.0943

续表

word1	word2	distance	word1	word2	distance
editing	innovative	0.0942	addition	real-time	0.0936
coupled	provide	0.0942	waveguiding	leaf-nanoparticle	0.0936
fluorescence	nanoparticle	0.0942	quantification	cyanobacteria	0.0935
focuses	time	0.0942	laser	editing	0.0935
coupled	results	0.0942	crop	yield	0.0935
foliar	biofilm	0.0941	results	sustainability	0.0935
application	university	0.0939	development	genome-edited	0.0935
sensitivity	irrigation	0.0939	surfaces	sensitivity	0.0935
educational	laser	0.0938	inductively	impact	0.0935
focuses	synthesis	0.0938	metabolic	genotype-independent	0.0935
plasma	germline	0.0938	nitride	irrigation	0.0935
engineerin-gediting	significant	0.0938	coupled	oxidative	0.0935
plasma	regulation	0.0938	underserved	university	0.0934
properties	potential	0.0938	chemical	physical	0.0934
addition	leaves	0.0937	mitigate	nanoparticle	0.0934
elucidating	processes	0.0937	roots	increasing	0.0934
metal	research	0.0937	time	potential	0.0934
surfaces	waveguiding	0.0937	turf	reflects	0.0934
underserved	demonstrate	0.0937	iron	soil	0.0933
mass	chemistry	0.0937	demonstrate	lipid	0.0933
oxidative	reflects	0.0937	chemical	production	0.0933
plasma	wastewater	0.0937	laser	remediation	0.0933
currently	insights	0.0936	application	entropic	0.0933

续表

word1	word2	distance	word1	word2	distance
providing	on-the-go	0.0932	train	increased	0.0930
sensitive	soil	0.0932	focuses	pattern	0.0930
advance	genomics	0.0932	related	irrigation	0.0930
including	soil	0.0932	delivering	environmental	0.0930
chemistry	analysis	0.0932	breadth	potential	0.0929
regulation	train	0.0932	contribute	irrigation	0.0929
coupled	mechanisms	0.0932	iron	edited	0.0929
patterning	underlying	0.0932	approach	increased	0.0929
roots	fluorescence	0.0932	sample	scientific	0.0929
understanding	methods	0.0932	food	regulation	0.0929
laser	demonstrate	0.0931	surfaces	provide	0.0929
transformative	irrigation	0.0931	manner	increasing	0.0929
laser	nanoscale	0.0931	waveguiding	propositions	0.0929
demonstrate	species	0.0931	reactions	demonstrate	0.0929
andor	sustainability	0.0931	mechanisms	irrigation	0.0929
focuses	university	0.0931	demonstrate	microscopy	0.0929
fluorescence	laser	0.0931	university	institution	0.0929
real-time	nanoparticle	0.0931	advance	irrigation	0.0928
advance	focuses	0.0930	alternative	potential	0.0928
genome-edited	demonstrate	0.0930	demonstrate	significant	0.0928
oxidative	yield	0.0930	coupled	metabolomics	0.0928
coupled	nanoparticle-induced	0.0930	inductively	patterns	0.0928
associated	reactive	0.0930	undergraduate	editing	0.0928
approaches	iron	0.0930	nanorod-based	environmental	0.0928

续表

word1	word2	distance	word1	word2	distance
investigator	focuses	0.0928	regulation	nanoprobe	0.0925
bulk	reactive	0.0928	functional	time	0.0925
on-the-go	properties	0.0928	disseminate	potential	0.0925
oxidative	sustainability	0.0928	results	yield	0.0925
technology	mechanisms	0.0927	chemistry	impact	0.0925
exposure	impact	0.0927	waveguiding	fluorescence	0.0925
models	laser	0.0927	disciplines	including	0.0925
undergraduate	pattern	0.0927	plant	materials	0.0924
understanding	patterns	0.0926	novel	regulation	0.0924
activities	patterns	0.0926	target	metal	0.0924
coupled	editing	0.0926	chemistry	black	0.0924
andor	application	0.0926	metabolomics	genotype-independent	0.0924
fate	regulation	0.0926	chemistry	increased	0.0924
chemical	coupled	0.0926	cyanobacterium	metabolites	0.0923
editing	irrigation	0.0926	uptake	roles	0.0923
laser	nanoparticle	0.0926	efforts	genotype-independent	0.0923
functional	laser	0.0925	target	editing	0.0923
agriculture	irrigation	0.0925	inability	real-time	0.0923
reflects	impact	0.0925	reactions	nanoparticle	0.0923
addition	nanoscale	0.0925	iron	lettuce	0.0923

附录 F 基金项目和论文主题识别结果

主题名称	主题词
lw2000topic_0	plant|fluorescence|stres|increase|photosynthetic|yield|chlorophyll|leaves|light|level|rubisco|effect|photosynthesis|reduce|result|fresh|quench|biomas|fruit|ascorbate|followe|quantum|activation|microbial|photosystem|chill|suggest|mutant|activity|rapid
lw2000topic_1	metal|surfaces|force|cover|kinetic|study|plant|electron|attachment|compare|analysis|sensor|variation|observ|water|significant|determine|surface|result|plates|vegetation|indicate|inhibition|degrees|steel|stainles|susceptibility|effect|increase|angstrom
lw2000topic_2	product|matrix|pollen|chromosomes|quality|wheat|rubber|plastic|result|humic|goat|gras|joint|percentage|particles|extracellular|genome|cartilage|s–locus|elastica|brasiliensis|nasturtium|culture|safety|function|environmental|specy|identify|community|skeletal|argentatum
lw2000topic_3	activity|surface|hbsag|degrees|addition|antigenic|increase|promoter|trichosanthin|temperature|reduction|transgenic|atmospheric|influence|gluten|effect|direct|protein|concentration|oxidation|scheme|total|content|significant|control|individual|obtaine|condition|result|potato
lw2000topic_4	plant|tomato|study|analysis|genes|accession|repair|adjuvant|associate|flower|mutation|genetic|white|collection|resistance|platform|introgression|research|result|extract|probe|malus|expression|variation|evaluation|color|system|oligonucleotides|chimeric|genome
lw2001topic_0	plant|increase|photosynthesis|efficiency|leaves|effect|elevate|quantum|spermatozoa|treatment|photosynthetic|level|content|grown|yield|control|rubisco|assimilation|electron|metalaxyl|ammonium|concentration|uptake|apparent|inhibition|decrease|nitrogen|measure|carbon|water
lw2001topic_1	plant|protein|antibody|antigen|cytoskeleton|vitro|tissue|chain|isolate|novel|leaves|biosensor|human|clone|specific|transcript|isolation|tissues|escherichia|toxin|protect|level|inoculate|result|observ|extract|associate|weissii|bartonella|concern
lw2001topic_2	water|light|measurement|growth|changes|exchange|study|electron|seasonal|radiation|density|model|yield|estimate|similar|aspen|domain|foliar|measure|canopy|italian|hazelnut|images|needle|needles|availability|potential|depth|green|condition

续表

主题名称	主题词
lw2001topic_3	model|element|affinity|selection|emission|profilin|subunit|plant|population|t-pilus|total|strain|tentoxin|protein|alpha|synthesize|variable|produce|position|level|study|pilus|dominant|t-dna|ligand|simulation|china|national|alleles|mutant
lw2001topic_4	method|samples|solution|specy|sorption|perchlorate|cation|result|detection|degradation|organic|fertilizer|include|fumonisin|concentration|water|product|analysis|stand|study|environmental|amendment|temperature|metal|sample|intensity|sytox|reaction|membrane|productivity
lw2001topic_5	cultivar|range|alfalfa|euteich|structure|virulent|study|fraction|level|isolates|yield|population|chemical|psilotum|glucan|protein|synthesis|location|resistant|plant|inhibitor|design|complex|significant|wisconsin|performance|compare|association|cellulose|worker
lw2002topic_0	increase|decrease|photosynthesis|plant|effect|elevate|quinoa|solution|surface|temperature|concentration|photosynthetic|showe|yield|starch|sweet|compare|electron|measure|condition|content|growth|apple|fertilization|effluent|orach|garden|rubisco|property|wheat
lw2002topic_1	lignin|genes|expression|plant|network|compound|result|protein|apparent|various|indices|narrowband|surface-active|reduce|determine|integrity|analysis|proton|promoter|culture|hexadecane|study|formation|activity|monolignol|types|assemle|vascular|effect|broadband
lw2002topic_2	fluorescence|method|study|clones|variation|ginseng|light|metabolism|chlorophyll|compound|chemical|result|chicken|digestive|samples|activity|plant|effect|analysis|phases|pattern|tracheoid|toxicity|monoterpenoid|metabolites|values|tract|suggest|human|saponin
lw2002topic_3	water|model|sediment|marsh|adsorption|trade|system|dynamic|restoration|specy|dietary|community|transport|shrimp|manure|tidal|attachment|ecological|nanoflagellates|growth|effect|guttula|column|dinoseb|international|organic|population|concentration|factor|increase
lw2002topic_4	activity|domain|protein|residues|plasmid|peptides|sequence|structure|peptide|subunit|mutant|genes|tissue|modify|beta-conglycinin|plant|disulfide|repeat|paramutation|tandem|function|suggest|express|adipose|enzyme|amino|modification|process|beta-1g|chromatin

续表

主题名称	主题词
lw2003topic_0	photosynthetic|leaves|photosynthesis|temperature|increase|growth|light|plant|efficiency|yield|quantum|amaranth|palmer|canopy|radiation|mumol|measure|water|decrease|chlorophyll|seedling|reduce|respective|specy|density|linear|cotton|activity|response|fluorescence
lw2003topic_1	lignin|control|natural|level|treatment|enemy|reduce|effect|result|salmonella|chlorate|pulse|residual|typhimurium|sheep|reduction|receive|nutrient|population|biological|structures|sitostanol|sitosterol|reaction|plant|study|broiler|spartina|significant|scientist
lw2003topic_2	protein|plant|samples|shikonin|plastid|abaca|receptor|showe|function|season|bacteria|enzyme|human|study|result|found|alkaloid|express|accumulation|concentration|major|mosaic|antiserum|mutant|analysis|lagoon|particle−associate|free−live|molecules|chemokine
lw2003topic_3	water|diffusion|surface|estrogen|study|model|analysis|uncertainty|method|interface|beta−casein|air−water|treatment|modele|system|result|deposition|approach|particles|content|natural|reserv|measurement|estimation|variables|biophysical|chlorpyrifos|science|elsevier|potential
lw2003topic_4	system|silage|maturity|biosphere|experiment|study|harvest|technology|treatment|water|level|result|ensile|membrane|development|concentration|provide|ecological|milkline|month|closure|potential|recovery|affinity|two−third|inoculation|hybrid|atmospheric|isoflavones|filtration
lw2003topic_5	protein|genes|microarray|plant|marker|expression|genomic|sequences|sorbate|miscanthus|potassium|identify|amount|giganteus|functional|identification|analysis|kinase|clones|chicken|lines|growth|fruit|genetic|clone|metabolomic|sequence|application|develope|genotype
lw2003topic_6	model|plant|concentration|experiment|responses|exchange|transport|epsilon|emission|sites|hanford|indicate|specy|changes|vegetation|volicitin−induce|availability|propose|primary|scale|determine|amount|result|dynamic|domain|montane|mountain|interaction|volatile|increases
lw2004topic_0	method|result|material|detection|available|single|fluorescence|level|quantification|marker|noodles|product|fiber|plant|approach|sequence|electron|property|safety|efficiency|samples|rapid|floret|platform|especial|environmental|system|reaction|laboratory|public

续表

主题名称	主题词
lw2004topic_1	growth|mollis|abalone|strain|increase|effect|significant|addition|metal|culture|contaibe|rhizosphere|concentration|medium|uptake|compare|haliotis|apple|showe|trace|nutrient|result|flower|hannai|discus|rufescen|specy|indicate|microcapsules|shoot
lw2004topic_2	protein|mutant|plant|array|microtubules|microtubule|cortical|expression|treatment|genes|function|study|identify|response|express|formation|suggest|meliloti|sequences|synthesis|actin|dynamic|cellular|symbiosis|assemble|result|cellulose|filament|microscopy|transporter
lw2004topic_3	solution|sites|bioassay|elevation|concentration|glyphosate|cation|heterochromatin|similar|water|adsorption|compound|sorption|control|exchange|cytokinin|pesticide|nematodes|arizonicum|exposure|suggest|study|gametophytes|population|interlayer|nematode|aqueous|hylocomium|fragment|apical
lw2004topic_4	model|water|plant|canopy|spatial|radiation|surface|mulch|estimate|land–use|measurement|predict|measure|chamber|determine|agricultural|solar|system|sensor|stream|develope|ambient|specy|nitrogen|scale|distribution|quantum|growth|effect|integrate
lw2004topic_5	honeycomb|protein|replication|activity|result|coate|lipid|microbody|inclusion|domain|complex|worker|xylanase|provide|virus|incubation|purify|matrix|enamel|tooth|block|support|features|glycosylation|localize|layer|catalyst|property|eyewear|reduce
lw2004topic_6	phytolith|magnetic|solar|earth|effect|human|values|delta|physiological|understand|modem|chronomes|rhythm|fluctuation|study|grass|magnetism|scientific|chronoastrobiology|individual|field|direct|government|pressure|blood|influences|statistical|power|science|biological
lw2004topic_7	plant|light|temperature|chlorophyll|response|study|effect|yield|photosynthesis|treatment|sediment|quantum|concentration|ionic|photosynthetic|crust|respiration|increase|result|experiment|carbon|specy|hanford|condition|change|experience|chill|sorption|rubisco|rates
lw2005topic_0	protein|plant|mutation|mutant|assemble|cellulose|genes|oryzae|arabidopsis|identify|result|require|resistance|pollen|virus|silenc|complex|indicate|activity|region|amino|lines|actin|meiotic|dynein|encode|predict|analyze|aphid|exhibite
lw2005topic_1	surface|plant|model|water|organic|total|effect|compare|membrane|study|season|lower|result|production|rates|elevate|growth|temperature|light|include|tissues|reduce|followe|potential|grown|wetnes|treatment|carbon|specy|significant

续表

主题名称	主题词
lw2005topic_2	samples|showe|juice|particles|increase|stearic|particle|apples|fruit|result|property|surface|sucrose|adsorption|cultivar|apple|investigate|indicate|addition|develope|study|peanut|adult|protein|degrees|values|x-ray|concentration|effect|analysis
lw2005topic_3	forest|ecosystem|subzone|arctic|community|significant|plant|phytolith|tundra|gradient|spider|inner|organic|alfalfa|agroecosystem|season|human|dextran|conventional|study|vegetation|circles|wheat|lipid|features|moisture|direct|photosynthesis|yield|suspension
lw2005topic_4	system|viral|virus|lectin|animal|disease|vaccine|implementation|haccp|liposomes|protection|study|include|recent|material|application|protein|ability|delivery|agriculture|science|biological|response|swine|country|elsevier|control|change|biology|rapid
lw2005topic_5	fiber|specy|study|trait|expression|analysis|length|barbadense|s-rnase|genes|plant|s-haplotypes|express|physical|significant|family|cotton|hirsutum|gossypium|variation|molecular|cherry|sweet|error|identification|model|microarray|nrdna|effect|propose
lw2005topic_6	amount|sorption|similar|organic|method|extract|specy|carbaryl|lignin|chemical|humic|concentration|study|cation|exchangeable|migration|differences|determination|isolate|samples|various|aqueous|found|quantitative|molecular|irganox|xylan|spectra|complex|increase
lw2006topic_0	water|photosynthesis|effect|chlorophyll|leaves|temperature|degrees|cynthiana|fluorescence|kaolin|hybrid|parameter|relationship|stomatal|indicate|cultivar|conductance|photosynthetic|stres|application|physiological|plant|predawn|solute|yield|condition|concentration|pinot|coefficient|variation
lw2006topic_1	study|significant|lactic|result|include|sequence|laser|marker|patient|research|agricultural|retention|initial|methyl|modele|cheese|complex|ayurvedic|proces|population|information|diversity|level|technology|consensus|permeate|lactose|nanofiltration|ester|membrane
lw2006topic_2	increase|concentration|total|surface|plasma|forest|significant|level|uptake|light|nutrient|growth|elevate|plant|study|ratio|effect|carbon|treatment|grown|detect|leaves|compare|protein|reduce|canopy|filtere|sensor|specy|irradiance
lw2006topic_3	study|plant|wheat|process|pattern|biosensor|analysis|detection|system|vegetation|community|management|banana|microbial|include|potential|ground|survey|relate|development|vegetate|winter|drainage|fescue|change|toxin|product|array|method|extract

续表

主题名称	主题词
lw2006topic_4	removal|water|thoracic|package|vertebrae|marrow|membrane|humeri|meiotic|microcystin-lr|discoloration|contaminant|scapulas|ultra-low-oxygen|microtubule|carbon|organic|naphthalene|high-oxygen|signale|modify|method|concentration|phosphorus|barrier|drink|bones|spindle|oocyte|samples
lw2006topic_5	protein|plant|expression|method|sucrose|analysis|silenc|receptor|identify|development|switch|beta-casein|genes|factor|involv|proteome|sirna|gleheda|enhancer|domain|specificity|putative|molecular|tomato|production|require|activity|prediction|profile|signale
lw2006topic_6	carbon|content|property|protein|material|moisture|x-ray|samples|increase|cloisite|containe|starch|mechanical|thermal|nanoclay|composite|structure|nanocomposites|chemical|decrease|increases|blend|compressive|intercalation|reaction|feedstock|glycerin|phosphate|addition|modulus
lw2007topic_0	technology|system|biotechnology|forest|development|provide|health|science|tumor|include|program|ecotones|institution|human|improve|product|nanotechnology|georgia|potential|natural|urban|forest-agriculture|biodiversity|animal|design|elsevier|increase|agriculture|intervention|sustainable
lw2007topic_1	adsorption|silica|formation|system|organic|pectin|ionic|droplet|strength|material|arsenic|hydrogel|emulsion|aqueous|produce|investigate|model|coprecipitation|solution|scaffold|mechanical|hybrid|concentration|structures|environment|amorphous|beta-lactoglobulin|stability|asiii|deposition
lw2007topic_2	method|samples|detection|analysis|concentration|water|detect|target|sample|sensitivity|assay|total|specific|plant|level|monocytogenes|column|chromatography|simultaneous|apply|develope|extraction|liquid|surface|sequences|determination|environmental|two-dimensional|limonoid|response
lw2007topic_3	suggest|complex|protein|plant|specy|microscopy|cheese|domain|population|formation|specificity|light|structures|bismuth|structure|lectin|control|pathogen|micelle|casein|primary|mechanism|structural|event|available|result|micelles|model|information|molecular
lw2007topic_4	community|water|sorption|effect|study|withdrawal|carbon|pattern|sites|changes|ecosystem|predator|lampblack|surface|impact|abundance|relative|environment|increase|associate|microbial|arthropod|potential|rainfall|desert|structure|result|spatial|availability|strong

续表

主题名称	主题词
lw2007topic_5	model|water|energy|interaction|understand|system|progres|evaporation|estimate|canopy|process|simulation|method|result|density|simulate|animal|ability|recent|experiment|development|lactic|enthalpy|radiation|measure|science|integrate|measurement|compare|function
lw2007topic_6	increase|plant|decrease|effect|treatment|activity|concentration|switch|degrees|level|stres|pigment|seedling|result|flooded|efficiency|growth|specy|leaves|values|active|receptor|yield|solution|total|quantum|observ|drought|study|fluorescence
lw2007topic_7	protein|result|nanoparticles|significant|increase|aphid|study|control|alginate|coate|property|compare|direction|elsevier|reserv|membranes|agent|humic|reduce|condition|layer|storage|product|microspheres|evaluate|application|suggest|heate|foule|formulation
lw2007topic_8	genes|plant|expression|identify|express|analysis|leaves|involv|maize|microarray|pathogen|transgenic|response|resistance|pathway|arabidopsis|development|changes|macroarray|genome|fungus|result|cotton|fungal|auxin|detect|genotypes|include|soybean|hybrid
lw2007topic_9	molecular|light|quantum|activity|wheat|study|determine|isomer|kinetic|yield|result|sun-expose|shade|evolution|showe|effect|integrase|fruit|bread|absorption|nature|quality|ofthe|terpenoid|isomerization|polyhaploid|photolysis|metolachlor|wavelength|xanthophyll
lw2008topic_0	nanoparticles|adsorption|concentration|particles|sorption|electron|effect|carbon|study|surface|property|aqueous|reserv|uptake|produce|suspension|solution|microscopy|particle|treatment|bioreduction|copper|organic|x-ray|layer|increase|stable|elsevier|result|uraninite
lw2008topic_1	method|filter|detection|analysis|casein|phenolic|phosphate|extract|biosensor|result|detect|calcium|sample|quantify|extraction|compound|profile|irradiation|provide|values|standard|material|develope|triazines|triazine|broccoli|ceramic|structure|system|quantity
lw2008topic_2	plant|leaves|increase|fruit|light|effect|reduce|anjou|growth|yield|quantum|decrease|assimilation|lower|level|activity|result|petunia|shade|nitrogen|photosynthetic|fluorescence|energy|photosynthesis|chlorophyll|specy|study|exposure|theta|radiation
lw2008topic_3	plant|interaction|system|research|environmental|application|production|recent|nanotechnology|community|impact|specy|ecosystem|activity|restoration|scientist|environment|development|provide|study|invasive|toxicity|natural|product|include|nanomaterial|behavior|review|evidence|factor

续表

主题名称	主题词
lw2008topic_4	water|property|increase|content|mechanical|significant|effect|condition|tensile|model|contain|sodium|prepare|samples|evaluate|moisture|temperature|amount|method|showe|study|produce|investigate|green|reaction|protein|elsevier|fecal|barrier|crosslink
lw2008topic_5	curcumin|plant|virus|potato|activity|detection|control|infection|mineral|banana|result|viruses|strain|period|degrees|specific|disease|assay|detect|monocytogenes|antimicrobial|treatment|develope|chitosan|transmission|planisin|mutant|edible|samples|effect
lw2008topic_6	water|membranes|membrane|organic|nanofiltration|system|rejection|permeate|remove|surface|treatment|recovery|produce|operate|design|study|concentrate|process|foule|matter|osmosis|reverse|operation|provide|exhibite|scale|dissolv|specific|lactic|lactose
lw2008topic_7	specy|pattern|sites|river|drought|nanotubes|spatial|system|result|habitat|assemblages|effect|scale|channel|native|impact|local|carbon|biological|pecosensis|primary|samples|turbulence|vegetation|unite|changes|direct|forest|observ|function
lw2008topic_8	protein|genes|rubisco|complex|activase|result|factor|model|respective|identify|compare|biofilm|metabolism|common|plant|subunit|photosynthesis|suggest|formation|membrane|showe|include|terminal|proteomic|stres|transport|photosystem|chloroplast|mechanism|function
lw2008topic_9	plant|element|genes|germination|involv|cultivar|expression|replication|relative|identify|f-box|development|resistance|compare|virus|ability|interaction|thaliana|arabidopsis|transcript|process|quantitative|accumulation|cause|summer-active|regulate|inthe|region|functional|growth
lw2009topic_0	expression|genes|starch|protein|differential|analysis|identify|study|functional|microarray|response|result|changes|involv|signal|nonadditive|similar|model|three-way|pathway|examine|regulation|location|signale|wheat|level|metabolism|express|limite|peptide
lw2009topic_1	banana|plant|agricultural|aphid|salmonella|detection|system|virus|pathogen|development|production|source|emergy|wetland|strategy|potential|field|classification|introduce|study|method|variety|sources|change|riparian|river|ephemeral|determine|honey|period
lw2009topic_10	maize|protein|marker|genome|genetic|approximate|identify|plant|lines|genomic|smoke|addition|chromosome|sequences|region|isolates|result|mother|newborn|chromosomes|hybrid|characterize|reveale|provide|sequenc|herpesvirus|hospital|tobacco|cultivar|study

续表

主题名称	主题词
lw2009topic_2	embryo|expression|lignin|transfer|system|study|compare|clone|technology|nuclear|program|application|potential|nervonic|animal|previous|result|wild-type|level|community|human|student|transgenic|ball-mill|alfalfa|sensor|organism|porcine|approach|crust
lw2009topic_3	membrane|water|increase|release|product|study|analysis|result|microscopy|property|significant|pectin|system|indicate|molecules|community|observ|adhesion|membranes|aqueous|molecular|range|measurement|atomic|formation|reserv|model|surfaces|filtration|escherichia
lw2009topic_4	plant|cultivar|light|model|result|reduce|lower|degrees|fruit|condition|density|temperature|radiation|fluorescence|canopy|effect|sun-expose|growth|similar|measure|production|anthocyanin|determine|leaves|quantum|photosynthetic|yield|response|indicate|current
lw2009topic_5	nanoparticles|plant|silver|particles|wastewater|treatment|surface|nanomaterial|biosensor|reduce|metal|control|result|toxicity|microbial|degradation|sulfide|germination|presence|coate|electron|complex|transformation|efficiency|nanosilver|effective|research|biomas|reveale|elsevier
lw2009topic_6	plant|growth|rubisco|activity|study|result|specy|level|photosynthesis|content|changes|showe|cellulase|cellulose|reduce|mutant|tomato|photosynthetic|genes|effect|stres|nanofibres|curcumin-loade|inoculate|tolerance|microorganism|method|induce|wound|cellulases
lw2009topic_7	casein|study|micelles|limit|method|material|application|property|develope|water|measurement|extract|liquid|temperature|prepare|solution|determination|solvent|fiber|obtaine|degrees|result|concentration|fibril|organogel|tissue|protein|interaction|complex|effect
lw2009topic_8	carbon|adsorption|removal|effect|significant|oxidation|nitrogen|organic|activate|concentration|experiment|decrease|nanotubes|water|surface|spores|increase|plant|observ|investigate|charcoal|sediment|quantum|control|protein|aggregates|suggest|oxidative|uptake|month
lw2009topic_9	effect|result|treatment|significant|control|increase|baicalensis|treate|serum|evaluate|growth|showe|study|property|crnano|chromium|carcas|nanozinc|ovarian|oligomer|decrease|compound|damage|phytase|cancer|supplementation|efficacy|ginsenosides|assay|alpha

续表

主题名称	主题词
lw2010topic_0	cellulose|result|cotton|lignin|method|gelatin|nanofibrous|strength|hydrolysis|showe|fiber|aqueous|structure|carbohydrates|obtaine|property|mtgase|morphology|dioxane|analysis|value|fabric|self−assemble|reserv|lizardfish|images|nanocrystal|average|population|demonstrate
lw2010topic_1	plant|community|system|pattern|effect|ecosystem|interaction|earthworm|resource|composition|spatial|specy|reproduction|acros|assemle|impact|increase|abundance|strong|condition|affect|model|pollinator|lubricant|experiment|structure|predict|hypothesis|result|production
lw2010topic_10	study|increase|formation|condition|degrees|protein|complex|surface|concentration|starch|electron|property|effect|temperature|elsevier|microscopy|improve|reserv|system|solution|result|indicate|proces|membrane|biofilm|treatment|layer|various|compare|produce
lw2010topic_11	nanotechnology|development|research|environmental|agent|review|cancer|potential|product|study|novel|include|agriculture|variety|method|process|resveratrol|discuss|impact|property|associate|chitosan|liver|provide|assessment|application|society|chronic|paper|genetic
lw2010topic_2	curcumin|inhibition|targete|formulation|delivery|nanoparticles|cancer|nanocarrier|potential|bioavailability|inhibit|expression|activity|compound|study|auxin|microspheres|inhibitor|inhibite|model|vitro|synthase|inhibitory|essential|effect|respective|lateral|similar|elsevier|isatin
lw2010topic_3	protein|plant|genes|identify|model|sequence|analysis|expression|genome|sequenc|result|direct|complex|target|genomic|function|genomes|soybean|found|study|insect|analyses|arabidopsis|structural|sequences|involv|similar|suggest|mutant|pathway
lw2010topic_4	phaseolin|substrate|similar|weathere|mossball|fucose|terminal|enterica|honeycomb|result|glaze|vaccines|cavity|residues|presence|chlorine|require|substrates|particles|benzoyl|variant|subpopulation|methylate|methylation|tertiary|globulin|typhimurium|predominant|length|frost
lw2010topic_5	water|organic|carbon|adsorption|particles|result|transport|model|treatment|surface|retention|sorption|reaction|study|matter|include|removal|factor|suggest|degradation|solution|contaminant|nanoparticles|experiment|effect|respective|elsevier|velocity|oocyst|kinetic

续表

主题名称	主题词
lw2010topic_6	plant|light|growth|energy|photosynthetic|effect|decrease|significant|changes|suggest|level|efficiency|responses|floode|leaves|result|response|canopy|photosynthesis|stres|increase|reduce|treatment|study|ozone|photosystem|transport|specy|rates|differences
lw2010topic_7	method|spectrometry|molecular|sperm|pg−os|quantify|analysis|emulsion|provide|stenvert|grind|succinate|octenyl|imprint|separation|determination|specy|simultaneous|tunnel|wcs−os|digestibility|partial|recovery|compound|water|total|ephedrine|standard|phytoglycogen|tablet
lw2010topic_8	detection|virus|assay|detect|lectin|protein|toxin|activity|actin|samples|sensor|dynamic|collagen|banlec|viruses|rapid|resistance|antibody|mosaic|apple|direct|mwcnt|celery|biosensor|epidermal|probes|microarray|tomato|cellular|north
lw2010topic_9	nanoparticles|silver|exposure|toxicity|center|wastewater|concentration|plant|reduce|study|growth|showe|assay|effect|environmental|significant|sludge|metal|oxide|result|surface|specy|particles|bacterial|bacteria|reserv|caeuro|biosorption|engineere|coate
lw2011topic_0	apple|butyl|sunburn|blend|southern|surface|mayhaw|malus|fruit|prediction|domestica|insect|unique|western|block|chemical|x−ray|hexanoate|butanoate|dipsaci|addition|value|radiation|formulation|compound|level|penetration|desert|gas−phase|castaneum
lw2011topic_1	plant|agent|fiber|delivery|extract|image|adjuvant|microfluidic|nanoparticles|potential|arabica|salmonella|profilin|therapy|cancer|tumor|antimicrobial|oxide|noscapine|enhanc|curcumin|natural|green|coate|magnetic|demonstrate|compare|align|combination|inhibite
lw2011topic_10	alpha|reduce|micelles|explant|transfection|nicotine|vitro|cross−link|tumor|knottin|activity|nano−curcumin|inhibite|human|control|significant|peptide|model|triptolide|subunit|acetylcholine|fluorescent|action|ga−gnp|receptor|treatment|determine|containe|previous|nf−kappa
lw2011topic_11	protein|property|treatment|cellulose|respective|weight|yield|fiber|extraction|produce|material|degrees|result|soybean|formation|membrane|fraction|strength|aqueous|molecular|lower|temperature|microscopy|proces|ratio|nanofiber|complex|membranes|liquid|concentration

续表

主题名称	主题词
lw2011topic_2	leaves|photosynthesis|plant|potato|level|effect|response|significant|efficiency|temperature|yield|pathogen|tomato|condition|increase|changes|pollen|photosynthetic|climate|floode|reduction|decrease|transgenic|paraquat|chlorophyll|growth|compare|change|light|result
lw2011topic_3	water|concentration|surfactant|degradation|media|solution|removal|transport|membranes|presence|membrane|organic|mineral|system|potential|proces|relative|efficiency|process|uptake|experiment|matter|relate|effluent|element|remove|elsevier|natural|adsorption|colloid
lw2011topic_4	nanoparticles|study|effect|increase|result|concentration|silver|reserv|elsevier|plant|treatment|interaction|particles|toxicity|production|carbon|nitrogen|respective|water|system|method|release|environmental|similar|found|investigate|impact|material|nanomaterial|showe
lw2011topic_5	product|industry|review|health|include|microbial|technology|regulatory|management|approach|global|population|demand|research|information|application|improve|agriculture|paper|model|student|regulation|public|quality|knowledge|manufacture|proces|issues|university|benefit
lw2011topic_6	protein|plant|domain|structural|mutant|activity|formation|amino|reflection|demonstrate|result|assemle|cysteine|bacteria|branch|signal|system|response|pathway|pharynx|growth|suggest|arabidopsis|histone|screen|xylem|enzymes|spread|ability|sequence
lw2011topic_7	emulsion|nanoemulsion|measurement|droplet|radical|fluorescence|lipid|database|oil–in–water|permittivity|compound|legprot|image|activity|values|showe|research|taccalonolides|stable|greenhouse|antimicrobial|water|direct|method|identification|squalene|quantum|characterization|source|microemulsion
lw2011topic_8	plant|community|specy|island|study|availability|delta|effect|assemblages|sensor|sites|direct|values|spatial|banana|acros|factor|analysis|result|ecological|management|nutrient|gradient|pattern|beetle|trait|dispersal|assemle|ecosystem|aphid
lw2011topic_9	analysis|detection|specy|genes|study|method|result|assay|virus|samples|develope|detect|compare|rapid|potential|associate|approach|molecular|development|identify|genetic|include|expression|level|multiple|array|elsevier|complex|quantitative|evaluate
lw2012topic_0	amino|product|method|mixtures|uptake|column|complex|imidacloprid|residue|chemistry|compound|fertilizer|compare|nitrogen|beetles|fungi|kinetic|extraction|coate|combination|reduce|protocol|natural|followe|reduction|develope|configuration|absolute|liquid|improve

续表

主题名称	主题词
lw2012topic_1	health|system|human|recent|material|include|agriculture|approach|epidemiology|review|research|environmental|design|improvement|animal|earth|global|information|environment|method|emerg|effect|strategy|practical|safety|improve|chemical|traditional|future|effective
lw2012topic_10	water|study|surface|organic|carbon|reserv|membrane|treatment|model|proces|removal|elsevier|result|chemical|process|adsorption|showe|foule|coate|potential|wastewater|concentration|compare|interaction|property|biological|increase|mwcnt|matter|produce
lw2012topic_11	stres|increase|effect|decrease|light|plant|condition|growth|floode|water|temperature|chlorophyll|efficiency|specy|content|trees|drought|responses|photosynthesis|rates|concentration|quantum|level|quality|yield|result|degrees|leaves|experiment|nutrient
lw2012topic_12	detection|method|virus|rapid|melamine|curcumin|raman|plant|viruses|fruit|monocytogenes|assay|complex|samples|sample|pathogen|aphid|infection|spectrometry|color|analysis|techniques|nanoparticles|carbon|preparation|epidermal|cultures|transmission|develop|analytical
lw2012topic_2	protein|nanoparticles|activity|prepare|solution|stability|containe|encapsulation|storage|reserv|improve|addition|property|ethanol|encapsulate|elsevier|release|isolate|sorghum|soluble|lipid|degrees|active|aggregates|deltamethrin|synthesis|pesticides|showe|preparation|study
lw2012topic_3	nitrate|oxidation|center|radical|structural|formation|reduce|produce|water|yield|samples|uranyl|interface|tubulin|polygamain|filter|provide|hydroxyl|quantum|microalgae|hydrogen|proportion|colchicine|ligand|natural|epicatechin|sources|microscopy|region|diffusion
lw2012topic_4	nanoemulsion|effect|increase|human|treatment|cancer|antioxidant|concentration|expression|target|lipid|receptor|physical|population|application|thyme|curcumin|phase|mechanism|extract|degradation|significant|apple|efficacy|migration|inhibitor|amicarbazone|result|compare|metamitron
lw2012topic_5	model|specy|community|result|prediction|function|relationship|fungal|distribution|wetland|vegetation|changes|system|evolution|study|benefit|fungi|diversity|asphalt|direct|genomic|banana|spatial|regression|understand|dispersal|scale|complexity|ecological|ecosystem

续表

主题名称	主题词
lw2012topic_6	fiber|cellulose|fibril|degrees|adhesive|property|mechanical|increase|strength|material|similar|structural|protein|biosorption|soybean|nanocrystal|reserv|composites|alginate|polymer|modulus|hydrophobic|morphology|sheet|content|elsevier|respective|nanoindentation|rheological|tensile
lw2012topic_7	samples|fermentation|element|spacer|human|extract|production|intervention|sugar|hydrolysate|yield|meristem|mineral|ethanol|x–ray|increase|direct|chitin|sieve|orientation|changes|result|xylose|forisomes|branch|coating|maturity|artificial|bovine|behavior
lw2012topic_8	protein|expression|analysis|identify|marker|genes|result|study|plant|approach|psyllid|maturation|sequenc|development|array|embryo|specy|include|proteome|pathway|response|genetic|reveale|sequence|asian|chloroplast|metabolism|function|lines|assemle
lw2012topic_9	plant|nanoparticles|effect|study|concentration|result|increase|suggest|found|growth|significant|exposure|silver|transport|impact|reduce|uptake|accumulation|metal|oxide|dissolv|toxicity|humic|showe|bacteria|particles|application|solution|release|condition
lw2013topic_0	nanoparticles|silver|lipid|study|particle|increase|effect|product|concentration|potential|delivery|stability|result|aggregation|release|emulsion|coate|containe|activity|degrees|solution|dissolution|ionic|extract|reduce|solid|oxidation|toxicity|particles|reserv
lw2013topic_1	protein|graphene|elegan|analysis|animal|reduce|mutant|model|abundance|tolerance|system|oocytes|glutathione|followe|confirm|phenolic|deficit|activity|result|caenorhabditis|dairy|component|proteomic|transport|predict|involv|cattle|observ|wxocb|virulence
lw2013topic_10	cancer|virus|reserv|intestinal|activity|agent|elsevier|inhibitor|release|vaccinate|actein|vitro|model|feline|replication|dioscin|induce|signale|pathway|molecular|combination|significant|novel|vaccine|viral|natural|kaempferol|tumor|diosgenin|breast
lw2013topic_11	specy|community|diversity|microbial|bacterial|forest|fungal|grassland|structure|population|sequences|biodiversity|bacteria|environmental|carbon|social|relate|effect|allium|climate|ecological|samples|survival|relationship|environment|analyses|secondary|modify|amoebae|viral

续表

主题名称	主题词
lw2013topic_12	property|reserv|cellulose|increase|membrane|elsevier|result|temperature|showe|fiber|pretreatment|structure|indicate|microscopy|degrees|study|water|thermal|mechanical|cotton|prepare|hydrolysis|x–ray|membranes|condition|nanoscale|decrease|electron|concentration|starch
lw2013topic_13	human|activity|extract|oligosaccharides|study|compound|potential|macrophages|respective|estrogenic|jatropha|glycan|strain|select|inhibition|ester|structures|identify|sugar|norovirus|osteoblast|women|include|structure|berberine|infant|determine|liquiritigenin|rdark|rlight
lw2013topic_2	model|vegetation|ecosystem|sites|yield|pattern|surface|forest|performance|nitrogen|experimental|moisture|runoff|self–organize|predict|scale|simulate|development|poplar|parameter|estimate|maximum|indicate|deposition|production|field|prediction|condition|dynamic|input
lw2013topic_3	strain|bacterial|pathogen|antimicrobial|bacteria|reduce|monocytogenes|salmonella|escherichia|resistance|complex|membranes|thymol|control|human|brine|source|eugenol|plastic|level|nitrate|foodborne|spacer|isolates|cfuml|typhimurium|listeria|disease|activity|biofilm
lw2013topic_4	water|plant|system|potential|application|production|nanomaterial|technology|method|nanotechnology|approach|treatment|process|membrane|include|material|biological|research|techniques|product|design|review|environment|support|development|monitore|industry|various|energy|environmental
lw2013topic_5	biochar|water|surface|removal|carbon|organic|sorption|concentration|capacity|treatment|metal|adsorption|reserv|transport|effect|solution|study|elsevier|wastewater|engineere|reduction|remove|compound|found|material|experiment|leachates|landfill|investigate|nanotubes
lw2013topic_6	plant|increase|effect|result|study|growth|significant|showe|stres|nanoparticles|content|level|concentration|treatment|light|uptake|decrease|impact|indicate|water|compare|accumulation|yield|tomato|suggest|toxicity|seedling|response|control|reduce
lw2013topic_7	school|cation|molecules|peptides|layer|scaffold|interlayer|fraction|complex|property|cross–link|chloroplast|essential|domain|suggest|identify|linkage|provide|array|vermiculite|core–shell|local|previous|phase|similar|cit–agnp|substrate|montmorillonite|electrode|assise

续表

主题名称	主题词
lw2013topic_8	expression|genes|genome|marker|sequenc|region|genetic|assemle|specy|wheat|study|banana|genomic|suggest|chicken|molecular|clone|genotype|respective|ascertainment|diversity|transcriptome|express|associate|assay|arabidopsis|identify|sequence|development|aphid
lw2013topic_9	samples|detection|method|detect|analysis|concentration|develope|rapid|spectrometry|extraction|magnetic|sample|coupl|limit|liquid|nanoparticles|quantitative|identify|extract|recovery|determination|result|demonstrate|study|biosensor|report|assay|infant|measure|aflatoxin
lw2014topic_0	study|result|nanoparticles|effect|increase|treatment|significant|concentration|showe|potential|reserv|impact|elsevier|activity|compare|reduce|control|plant|water|suggest|production|respective|exposure|indicate|growth|observ|development|level|evaluate|decrease
lw2014topic_1	virus|biochar|sorption|infection|viral|glycan|antibody|plant|isolate|strain|viruses|grapevine|amendment|reduction|influenza|p−hbv|affinity|scent|genome|sequenc|epitope|gambiae|lewisii|emission|collect|degrees|lectin|samples|promote|previous
lw2014topic_10	property|microscopy|antimicrobial|electron|fiber|material|thermal|scann|essential|mechanical|improve|starch|analysis|nanocrystal|tensile|powder|transmission|prepare|pathogen|oxide|nanocomposite|incorporate|matrix|water|light|photocatalytic|blend|crystal|force|degrees
lw2014topic_11	human|activity|cancer|protein|delivery|therapeutic|release|liposomes|expression|property|system|embryo|model|culture|mouse|effect|induce|pluripotent|demonstrate|factor|found|gastric|fluid|exosomes|serum|micelles|mitragynine|melittin|carcinoma|hepatocellular
lw2014topic_12	specy|community|microbial|effect|population|composition|bacterial|plant|diversity|fungi|swcnt|functional|direct|fungal|arthropod|richnes|assemblages|affect|environmental|addres|savannas|colony|influence|interaction|bacteria|suggest|ecological|prairy|symbiosis|cypres
lw2014topic_13	detection|method|samples|sensitive|rapid|analysis|raman|respective|limit|backfill|aureus|extract|sample|propose|spectroscopy|aflatoxin|model|sensitivity|linear|coupl|detect|result|transport|assay|phosmet|extraction|recovery|develope|urinary|substrates

续表

主题名称	主题词
lw2014topic_2	application|environmental|review|process|current|nanotechnology|research|nanomaterial|method|literature|agriculture|image|environment|insect|green|novel|wolbachia|unique|paper|formulation|engineere|terrestrial|transfer|plant|zucchini|fibroin|horizon|hyperarid|section|health
lw2014topic_3	water|model|ecosystem|canopy|forest|vegetation|dynamic|management|spatial|pattern|climate|specy|region|habitat|distribution|global|cover|change|mortality|stream|china|field|tropical|resources|estimates|changes|nitrogen|system|individual|threat
lw2014topic_4	compound|consumer|identify|analysis|trust|spectrometry|extraction|human|liquid|samples|fibril|chain|infant|degradation|organic|phenolic|peptides|bacteriocin|chromatography|lactoferrin|fragmentation|fingerprint|identification|gangliosides|loade|quantitative|component|material|isolate|lipase
lw2014topic_5	protein|plant|genes|expression|identify|model|function|effector|responses|target|tobacco|aphid|mutant|domain|stres|leaves|bacterial|mechanism|genome|changes|dynamic|signale|delivery|complex|auxin|rubisco|senescence|pathway|tissues|abiotic
lw2014topic_6	protein|cellulose|surface|stability|nanoemulsion|delivery|emulsion|degrees|particle|suspension|solution|droplet|lipid|reserv|sodium|system|stabilize|pressure|fertilizer|prepare|elsevier|aqueous|surfactant|chitosan|lignin|thymol|monomer|temperature|structure|polymer
lw2014topic_7	resistance|wheat|marker|single|genotype|identify|trial|cultivar|variety|technology|yield|study|cotton|disease|genetic|field|analysis|durum|association|blight|resistant|material|samples|swine|grain|lines|population|common|value|fabric
lw2014topic_8	water|removal|membrane|adsorption|membranes|biofilm|organic|silver|model|matter|surface|formation|rhamnolipid|bacterial|capacity|proces|concentration|nanosilver|cation|filter|cleane|scale|antibiotic|molecules|transport|tetracycline|charg|desalination|groundwater|filtration
lw2014topic_9	yield|light|plant|stres|leaves|chlorophyll|physiological|content|quantum|efficiency|genotypes|growth|significant|increase|photosynthesis|trait|accumulation|electron|measure|grown|photosynthetic|photosystem|nitrogen|shoot|decrease|capacity|temperature|responses|effect|water
lw2015topic_0	research|potential|application|review|material|technology|recent|approach|improve|development|paper|system|method|promise|process|environment|future|sustainable|impact|nanotechnology|field|production|agriculture|engineere|nanomaterial|include|chemical|report|biological|optical

续表

主题名称	主题词
lw2015topic_1	antimicrobial|typhimurium|salmonella|thyme|bacteria|treatment|activity|pathogen|escherichia|bacterial|reduce|copper|bovine|peptides|lactoferrin|combination|efficacy|bactericidal|preterm|determine|method|construct|antibacterial|allowe|cryogel|inoculate|population|evaluate|monocytogenes|respective
lw2015topic_10	plant|effect|growth|study|increase|concentration|treatment|exposure|nanoparticles|level|result|stres|reduce|content|significant|control|impact|compare|uptake|toxicity|accumulation|oxide|light|showe|activity|response|maize|decrease|shoot|application
lw2015topic_11	plant|pathogen|disease|infection|resistance|diversity|predator|potential|virus|vaccine|pythium|human|sclerotiorum|cause|subunit|vaccines|isolation|yield|phytophthora|interaction|development|reproductive|amino|nematode|found|sclerotinia|identify|effector|function|natural
lw2015topic_12	nanoparticles|result|system|increase|water|study|particles|surface|significant|effect|concentration|stability|release|property|coate|compare|elsevier|produce|reserv|solution|particle|natural|investigate|product|showe|protein|improve|application|observ|model
lw2015topic_13	delivery|nanoparticles|activity|study|silver|human|synthesize|efficacy|cancer|extract|lines|agent|vitro|citrus|curcumin|compound|formulation|tumor|micelles|novel|model|synthesis|effect|develope|water–soluble|demonstrate|control|tangeretin|combination|potent
lw2015topic_14	model|condition|water|canopy|growth|parameter|yield|season|field|respective|irrigation|cotton|period|cultivar|predict|measure|degrees|study|simulate|temperature|vegetation|moisture|emission|measurement|plantation|variation|accuracy|relationship|distribution|velocity
lw2015topic_2	emulsion|droplet|lipid|nanoemulsion|bioaccessibility|curcumin|digestion|starch|degrees|phase|protein|beta–carotene|excipient|oil–in–water|emulsifier|nutraceutical|carotenoid|tween|oxidation|initial|hydrogel|attribute|stabilize|influence|fucoidan|simulate|stable|methyl|surfactant|lecithin
lw2015topic_3	protein|identify|study|expression|analysis|genes|embryo|result|factor|population|pathway|individual|maize|molecular|marker|tissue|sequence|region|clone|genome|observ|genetic|direct|culture|include|express|basis|anther|system|reveale
lw2015topic_4	method|detection|develope|samples|measurement|surface|limit|sensor|extraction|sample|rapid|concentration|sensitive|detect|result|array|raman|antibiotic|vegetables|substrates|pesticides|simple|analysis|novel|extract|environmental|reserv|assay|juice|quantification

续表

主题名称	主题词
lw2015topic_5	specy|pattern|light|fruit|feedback|salinity|complex|ecosystem|richnes|social|organization|anthocyanin|include|community|texture|composition|energy|garden|weight|result|division|blueberry|crisp|month|genotypes|feede|mechanism|variety|assemblages|pigment
lw2015topic_6	membrane|water|membranes|cellulose|fiber|scaffold|reserv|media|property|recovery|foule|osmosis|mechanical|thermal|desalination|nanofiber|calcium|chitosan|elsevier|layer|scale|temperature|treatment|element|study|train|tensile|rejection|inorganic|resistance
lw2015topic_7	yield|litter|biomas|lignin|temperature|degrees|analysis|cellular|forest|growth|production|increase|decrease|composition|oligomer|sugar|recovery|enzymogel|understory|depth|influence|oxygen|rapid|hydrolysis|carbon|intracellular|photodegradation|decomposition|biofilm|maximum
lw2015topic_8	microbial|effect|treatment|community|wastewater|specy|study|silver|fungi|biomas|relative|increase|chemical|result|removal|associate|bacteria|toxicity|reserv|impact|significant|treate|biosolid|sediment|reactor|anaerobic|metal|composition|fertilizer|remediation
lw2015topic_9	biochar|organic|carbon|spectroscopy|adsorption|magnetic|elsevier|solution|sorption|removal|reserv|condition|extract|material|indicate|molecular|x－ray|electron|matter|characterization|structure|remove|property|showe|aqueous|analysis|compound|component|dissolution|characterize
lw2016topic_0	water|membrane|removal|membranes|treatment|carbon|surface|performance|increase|reserv|remove|layer|elsevier|proces|system|wastewater|showe|study|result|technology|catalyst|foule|energy|recovery|method|humic|activate|process|precursor|material
lw2016topic_1	biochar|adsorption|metal|study|capacity|sorption|biofilm|removal|solution|graphene|material|mechanism|interaction|structure|model|surface|enhanc|microscopy|zno－np|layer|kinetic|antibiotic|reserv|elsevier|interfacial|spectroscopy|oxygen|batch|defect|contact
lw2016topic_10	specy|diversity|marker|plant|genome|community|identify|population|resistance|cover|sequenc|wheat|analysis|native|fungi|genetic|peanut|sequence|direct|development|assemle|fungal|sequences|variation|abundance|disease|associate|translucen|trait|acros

续表

主题名称	主题词
lw2016topic_11	agriculture|review|application|include|research|nanotechnology|plant|current|lignin|development|environmental|agricultural|production|water|system|property|recent|understand|future|various|knowledge|nanomaterial|chemical|product|health|media|sites|distribution|critical|dynamic
lw2016topic_12	light|photosynthetic|degrees|temperature|compare|product|response|cultivar|responses|quantum|canopy|yield|activity|photosynthesis|significant|vaccine|limitation|virus|phytase|stomatal|genotypes|fruit|parameter|lower|efficiency|store|performance|physiological|green|poisone
lw2016topic_13	property|fiber|composites|mechanical|cellulose|degrees|solution|result|water|reserv|elsevier|material|starch|compare|reduce|effect|barrier|hybrid|showe|modulus|blend|strength|tensile|chemical|temperature|study|content|polymer|nanofiber|structure
lw2016topic_14	method|detection|samples|analysis|pesticides|raman|surface|develope|extraction|rapid|limit|sample|spectrometry|solvent|pesticide|result|simple|surface-enhanc|liquid|determination|respective|biosensor|produce|detect|condition|potential|assay|wheat|soluble|platform
lw2016topic_2	activity|nanoparticles|silver|showe|antimicrobial|potential|bacteria|chitosan|result|synthesize|curcumin|protein|bacterial|extract|concentration|antibacterial|strain|cancer|electron|spectroscopy|confirm|increase|application|antioxidant|agent|reserv|elsevier|escherichia|demonstrate|microscopy
lw2016topic_3	protein|emulsion|nanoemulsion|study|stability|increase|nanoparticles|droplet|lipid|prepare|reserv|system|improve|delivery|particles|application|phase|effect|curcumin|storage|nanogel|beta-carotene|emulsifier|natural|surfactant|physical|elsevier|showe|encapsulation|lutein
lw2016topic_4	citrus|tobacco|cessation|nhapbc|remediation|nanopesticides|metabolomic|copper|organic|ester|practitioner|nano-emulsion|practice|nzvibc|zinkicide|spectrometry|significant|smoker|phloem|practices|trial|month|alternative|control|formulation|cadherin|virgifera|infest|outpatient|intervention
lw2016topic_5	water|organic|carbon|concentration|effect|reserv|microbial|result|release|matter|suggest|natural|mineral|study|system|retention|interaction|significant|condition|increase|colloid|pattern|product|elsevier|process|dissolution|investigate|degradation|chemical|observ

续表

主题名称	主题词
lw2016topic_6	plant|effect|study|nanoparticles|increase|result|growth|concentration|reduce|treatment|significant|stres|control|exposure|compare|level|respective|affect|uptake|elsevier|changes|oxide|impact|reserv|decrease|specy|potential|toxicity|leaves|experiment
lw2016topic_7	treatment|package|xylanase|degrees|chitosan|silica|storage|growth|significant|emission|lower|shrimp|treate|level|salmonella|dairy|tract|total|containe|steak|vacuum|inoculum|infection|yeast|thymol|mapco|sprout|water−soluble|nanochitin|germination
lw2016topic_8	model|prediction|oligosaccharides|predict|community|result|compare|equivalence|panel|method|growth|animal|n−glycan|human|provide|glycan|relationship|specy|demonstrate|reference|maize|similar|design|accurate|bovine|samples|glycoprotein|dataset|cattle|release
lw2016topic_9	protein|genes|analysis|molecular|expression|identify|specific|peptides|containe|development|complex|suggest|mechanism|pathway|function|isolate|involv|functional|peptide|reveale|biological|proton|express|product|insight|relate|approach|plant|result|damnacanthal
lw2017topic_0	emulsion|protein|droplet|lipid|stability|phase|stabilize|casein|peptides|barley|oil−in−water|particle|micelles|vitamin|proteomic|viscosity|changes|treatment|liquid|caseinate|flaxse|bioaccessibility|spray|calcium|storage|conjugates|alginate|nanoemulsion|gastrointestinal|flavor
lw2017topic_1	plant|light|photosynthetic|yield|drought|photosynthesis|quantum|increase|fluorescence|specy|embryo|efficiency|leaves|soybean|photosystem|chlorophyll|degrees|electron|shade|parameter|radiation|trait|cultivar|zebrafish|response|growth|medium|relationship|miscanthus|stres
lw2017topic_10	model|biofilm|effect|earthworm|pattern|concentration|metal|water|hatch|aquatic|predict|modele|vegetation|system|temperature|ionic|colloid|moisture|toxicity|understand|turbidity|roughnes|depression|variability|embryo|mortality|exposures|physical|susceptibility|framework
lw2017topic_11	genes|genome|expression|plant|specy|sequenc|genetic|protein|genomic|assemle|development|analysis|maize|identify|resistance|study|cacao|population|region|include|marker|sequence|express|variant|cause|report|approach|result|genotypes|diverse

续表

主题名称	主题词
lw2017topic_12	water|treatment|removal|membrane|wastewater|energy|organic|proces|membranes|process|remove|performance|osmosis|foule|efficiency|compound|reuse|contaminant|hybrid|system|recovery|reverse|nanofiltration|solute|matter|antibiotic|promise|solar|operation|forward
lw2017topic_13	peanut|plant|latex|monomer|banana|rubber|vitro|regenerate|shoot|field|carrageenan|hybrid|laboratory|culture|apple|tissue|compound|reinforcement|explant|trees|reaction|tensile|chain|discovery|density|oil−base|black|lignite|slow−release|es−ag
lw2017topic_14	cancer|activity|therapeutic|human|treatment|curcumin|expression|effect|berry|tumor|efficacy|receptor|model|infant|compound|result|exosomes|cytotoxicity|potential|diseases|hormones|cannabis|ovarian|conclusion|anticancer|inhibite|level|therapy|acute|inflammation
lw2017topic_15	microbial|organic|plant|community|carbon|mineral|nitrogen|quality|nutrient|analysis|agricultural|compound|matter|composition|emission|wetland|nitrate|structure|activity|responses|region|sediment|assemblages|scale|population|landscape|microbes|manure|meliloti|compost
lw2017topic_16	study|result|increase|showe|reserv|property|surface|elsevier|effect|compare|cellulose|nanoparticles|method|concentration|investigate|system|water|improve|evaluate|solution|condition|indicate|significant|respective|samples|characterize|observ|analysis|degrees|produce
lw2017topic_17	detection|method|extraction|detect|fruit|leaves|recovery|extract|respective|rapid|analysis|cotton|spectrometry|chromatography|pesticides|limit|sensitive|liquid|samples|raman|mycotoxin|isomer|complex|pesticide|spectroscopy|citri|oligosaccharides|juice|coupl|haemolymph
lw2017topic_2	plant|effect|nanoparticles|growth|increase|concentration|reduce|exposure|significant|result|uptake|content|accumulation|oxide|level|treatment|impact|study|stres|toxicity|expose|control|activity|compare|shoot|potential|showe|response|decrease|metal
lw2017topic_3	virus|adjuvant|diatom|response|responses|vaccine|control|induce|spermatozoa|inactivate|vaccines|immune|transcript|similar|plasma|antibody|influenza|tobacco|protein|antigen|assay|semen|offspr|involv|animal|exposures|followe|compare|swiav|nanovaccine

续表

主题名称	主题词
lw2017topic_4	biochar|carbon|sorption|adsorption|sorbent|mwcnt|retention|material|metal|nanotubes|activate|mechanism|graphene|kinetic|contaminant|transport|capacity|carbamazepine|phenanthrene|maximum|equilibrium|adsorbent|porosity|multi-wall|finding|organic|remove|paddy|thermodynamic|batch
lw2017topic_5	silver|activity|nanoparticles|degradation|catalyst|extract|green|reduction|stones|catalytic|electron|synthesis|specy|pd-cell|immobilization|fungi|antifungal|microwave|calcium|nanocomposite|remove|resonance|mesoporous|reaction|diffraction|environment|fiber|constant|nanoworm|flower
lw2017topic_6	delivery|nanoparticles|activity|release|curcumin|nanoemulsion|bioavailability|antioxidant|formulation|stability|encapsulation|encapsulate|vitro|compound|pectin|solubility|polyphenol|pomegranate|efficiency|improve|system|absorption|aqueous|zlps-w|smedd|catechin|cheese|fatty|derivatives|block
lw2017topic_7	community|diversity|ecosystem|forest|result|direct|plant|functional|significant|specy|restoration|effect|indirect|vegetation|household|decomposition|child|consumer|richnes|space|changes|function|women|suggest|stages|pattern|bacterial|support|level|local
lw2017topic_8	antimicrobial|storage|bacteria|package|property|essential|growth|coating|antibacterial|active|activity|effect|salmonella|reduce|chitosan|quality|bacterial|fresh|study|fruit|treate|thymol|treatment|significant|barrier|respective|incorporation|efficacy|reduction|shelf
lw2017topic_9	application|review|research|study|development|include|environmental|nanomaterial|material|health|recent|potential|product|current|technology|human|factor|field|understand|major|approach|agriculture|environment|nanotechnology|reserv|identify|industry|provides|critical|develope
lw2018topic_0	light|yield|stres|fluorescence|drought|quantum|condition|photosynthetic|compare|plant|efficiency|water|chlorophyll|temperature|growth|radiation|stomatal|environment|conductance|ozone|tolerance|degrees|level|energy|improve|f-vf-m|fruit|temperatures|ambient|photosynthesis
lw2018topic_1	cancer|activity|study|delivery|assay|human|vitro|curcumin|compound|tumor|novel|targete|formulation|therapy|ionzymes|inhibit|bioavailability|report|efficacy|extract|compare|diosgenin|treatment|natural|phytochemical|lines|model|inhibition|demonstrate|derivatives

续表

主题名称	主题词
lw2018topic_10	forest|specy|atmospheric|river|vegetation|ecosystem|index|precipitation|moisture|dynamic|network|process|change|approach|complex|pattern|seasonal|analysis|spatial|barley|climate|china|maize|image|distribution|occur|individual|landscapes|roast|season
lw2018topic_11	degradation|catalyst|reaction|pollutant|photocatalytic|energy|photodegradation|production|degrade|apatite|kinetic|irradiation|radical|catalytic|nucleation|decomposition|center|activation|glucose|induce|efficient|synthesis|heterogeneous|dimethoate|litter|formation|product|density|thiamethoxam|hydroxyl
lw2018topic_12	genome|assemle|sequenc|analysis|genes|genomes|sequence|identify|transcriptome|diversity|specy|plant|genetic|region|sequences|generate|molecular|protein|potato|subunit|evidence|study|trait|reference|identification|unique|component|approach|understand|reveale
lw2018topic_13	review|research|include|production|potential|current|system|chemical|application|technology|development|recent|method|environmental|future|various|provide|result|health|human|product|industry|concern|environment|develope|agriculture|design|antibiotic|increase|critical
lw2018topic_14	detection|method|samples|rapid|assay|extraction|detect|analysis|develope|sensor|limit|study|capture|sensitive|extract|liquid|nanoparticles|raman|residues|apply|application|sensitivity|complex|sample|signal|manure|spectrometry|antibody|determination|biosensor
lw2018topic_15	membrane|membranes|biofilm|water|foule|proces|osmosis|reverse|permeate|energy|recovery|nanofiltration|performance|electronic|rejection|surface|control|operate|filtration|biofoule|hollow|pressure|hybrid|desalination|fiber|produce|devices|coate|graphene|system
lw2018topic_16	water|study|concentration|result|removal|organic|treatment|adsorption|increase|surface|model|carbon|system|biochar|condition|property|significant|solution|wastewater|found|mechanism|elsevier|capacity|matter|silver|respective|investigate|indicate|suggest|effect
lw2018topic_17	protein|genes|expression|analysis|effect|exosomes|study|identify|pathway|lipid|level|changes|human|embryo|bovine|factor|liver|amino|result|intestinal|breast|insulin|diabetic|fertility|wound|include|function|differential|resistance|development
lw2018topic_18	cultivar|study|genetic|rootstock|tomato|disease|germplasm|trait|yield|fruit|breede|cacao|collection|genotype|cluster|women|weight|evaluate|field|diversity|watermelon|sweet|acros|marker|performance|indicate|phytoplasma|prunus|dwarfism|solanum

续表

主题名称	主题词
lw2018topic_19	virus|viruses|vaccine|viral|immune|infection|antibody|influenza|vaccines|infect|responce|prrsv|peptides|swine|study|disease|responses|efficacy|microarray|somni|adjuvant|respiratory|strain|transmission|observ|chicken|transcription|nasal|intranasal|mucosal
lw2018topic_2	microbial|community|fungal|microbiome|associate|phosphorus|nutrient|microtubule|abundance|diversity|fungi|rhizosphere|bacteria|composition|environment|function|nematode|functional|growth|compost|biodegradation|microorganism|array|sprout|bacterial|protein|compare|dynamic|pattern|extracellular
lw2018topic_3	fiber|lignin|oxidation|asiii|digoxin|formation|strong|assay|serum|straw|alkaline|optical|hemicelluloses|leachate|composition|observ|reactivity|moiety−product|migration|biomas−cahb|bagasse|nanomaterial|reactor|cocoa|ozone|abatement|absorbance|phenolic
lw2018topic_4	antimicrobial|coate|bacteria|bacterial|pathogen|treatment|coating|storage|efficacy|antibacterial|effective|package|filter|evaluate|salmonella|study|oxygen|escherichia|light|samples|active|inactivation|blueberry|demonstrate|reduce|activity|typhimurium|quality|weight|enteritidis
lw2018topic_5	electron|microscopy|x−ray|scann|reduction|spectroscopy|nanoparticles|analysis|light|study|oxide|characterize|showe|composite|diffraction|surface|green|approach|confirm|synthesis|synthesize|transmission|microscope|emission|reduce|reveale|specy|graft|material|sunlight
lw2018topic_6	emulsion|protein|stability|droplet|phase|lipid|increase|nanoemulsion|study|impact|biofilm|bioaccessibility|surfactant|storage|property|particles|physicochemical|result|citrus|system|stabilize|concentration|curcumin|attribute|starch|decrease|pickere|prepare|emulsifier|beta−carotene
lw2018topic_7	plant|effect|nanoparticles|increase|growth|significant|result|study|exposure|reduce|control|treatment|compare|content|copper|expose|uptake|concentration|potential|respective|oxide|stres|affect|shoot|decrease|impact|accumulation|suggest|toxicity|interaction
lw2018topic_8	property|cellulose|prepare|release|nanoparticles|improve|stability|showe|degrees|result|loade|thermal|application|effect|method|increase|stable|study|complex|content|activity|composite|hydrogel|chitosan|nanofiber|mechanical|delivery|material|powder|respective

续表

主题名称	主题词
lw2018topic_9	nanomaterial|metal|nanoparticles|carbon|environmental|release|effect|mwcnt|surface|material|agricultural|heavy|engineere|product|particles|impact|system|nanotubes|contaminant|microbial|toxicity|plant|application|community|sediment|dioxide|coate|nitrogen|environment|behavior
lw2019topic_0	resistance|sequenc|genes|genome|diversity|trait|specy|identify|population|marker|genomic|genetic|wheat|breede|method|antibiotic|genotype|sequences|fruit|onion|accession|peanut|prediction|novel|nanopore|plant|genotypes|minion|accuracy|information
lw2019topic_1	application|review|system|research|safety|material|various|nanotechnology|apply|process|recent|development|improve|technology|agriculture|delivery|engineere|pesticides|future|nanomaterial|challenges|environmental|include|field|efficient|current|agricultural|plant|method|industry
lw2019topic_10	starch|seede|phytosterol|perennial|metal|water|aerogel|pellet|lipid|hydrothermal|redox|density|energy|bio–oil|sgpis|scallop|granules|endosperm|supercritical|annual|ethylene|proces|synthesis|gonad|gland|mammary|mancozeb|trace|transformation|by–product
lw2019topic_11	protein|nanoparticles|antioxidant|extract|curcumin|activity|complex|property|spectroscopy|stability|polyphenol|encapsulation|delivery|agent|showe|particles|microscopy|nisin|solubility|loade|release|pectin|efficiency|method|antimicrobial|system|aqueous|enhanc|electron|scann
lw2019topic_12	plant|growth|increase|effect|stres|control|exposure|leaves|concentration|yield|nanomaterial|uptake|significant|application|drought|grain|compare|grown|content|foliar|seedling|accumulation|decrease|shoot|copper|physiological|tissues|reduce|chlorophyll|fertilizer
lw2019topic_13	light|water|yield|plastic|energy|canopy|irrigation|quantum|plant|efficiency|stres|condition|mulch|storage|interrow|genotypes|photosynthesis|biodegradable|region|radiation|balance|season|field|surface|density|index|stages|california|grain|vineyard
lw2019topic_14	study|result|effect|increase|nanoparticles|significant|concentration|compare|potential|treatment|showe|surface|system|respective|reduce|observ|condition|suggest|analysis|investigate|environmental|method|indicate|water|application|evaluate|impact|addition|provide|found

续表

主题名称	主题词
lw2019topic_15	water|treatment|wastewater|disinfection|filter|organic|effluent|removal|drink|microbial|dissolution|shade|advanc|paper|kinetic|carbon|pollutant|filtration|predict|quality|matter|count|chemical|method|compound|nano-ag|polydadmac|persistence|elimination|adsorbent
lw2019topic_16	vaccine|virus|citrus|influenza|intestinal|macrophages|hydrolysis|adjuvant|level|immune|vitro|control|boscalid|l-enano|receptor|vaccines|ferret|disease|curcumin|lactase|enano|flavonoid|therapeutic|antigen|mucosal|animal|cellular|porcine|block|degree
lw2019topic_17	degradation|removal|biochar|photocatalytic|carbon|adsorption|photocatalyst|water|catalyst|surface|reaction|kinetic|efficiency|nanocomposites|capacity|organic|reduction|performance|radical|magnetic|catalytic|light|reactivity|material|oxidation|activity|remove|synthesis|mesoporous|electron
lw2019topic_18	expression|protein|plant|maize|genes|profile|disease|function|response|pathway|exosomes|tumor|cancer|inhibitor|mirnas|curcuminoid|cellular|metabolomic|impact|profiles|transgenic|arabidopsis|soybean|barrier|stres|express|development|normal|sirna|quercetin
lw2019topic_2	sorption|nitrogen|spermatozoa|toxicity|floode|removal|energy|paddy|sperm|phosphorus|transport|emission|hematite|indicator|glucose|mainstream|reduce|production|decrease|phenanthrene|isotherm|cadmium|molar|sulfide|desorption|continuous|month|semen|bioavailability|sediment
lw2019topic_3	membrane|membranes|surface|layer|adsorption|humic|model|water|transport|scale|desalination|concentration|concentrate|property|osmosis|porous|silica|polar|media|selectivity|performance|nonpolar|joint|substrate|operation|temperature|nanofiltration|rejection|substance|attachment
lw2019topic_4	strain|bacterial|pathogen|field|tomato|virus|bacteria|plant|disease|silver|protein|transplant|viral|infection|production|mosaic|analysis|perforan|reduce|management|cinnamaldehyde|xanthomonas|efficacy|cause|confirm|control|antimicrobial|worldwide|commercial|conserv
lw2019topic_5	creep|piglet|embryo|fluorescent|fiber|phytase|bovine|control|supplement|affect|insoluble|litter|myoelectric|nanotubes|nano-se|garlic|grasp|breast|force|confertin|rabbit|selenite|sensory|feedback|selenium|reprogramm|tremor|ratiometric|mammalian|nanog

续表

主题名称	主题词
lw2019topic_6	cellulose|property|mechanical|polymer|composite|nanofiber|coate|hydrogel|lignin|nanofibril|material|fiber|composites|thermal|cotton|fabric|strength|prepare|antibacterial|production|water|tensile|produce|fertilizer|preparation|sugarcane|nanocrystal|package|performance|xylan
lw2019topic_7	community|microbial|microplastic|bacterial|interaction|plant|rhizosphere|diversity|bacteria|process|effect|forest|ecosystem|indirect|understand|nutrient|acros|structure|arthropod|spatial|biomas|specy|influence|feedback|direct|importance|composition|gradient|rootstock|landscapes
lw2019topic_8	emulsion|nanoemulsion|stability|lipid|bioaccessibility|droplet|emulsifier|curcumin|degrees|storage|vitamin|impact|protein|gastrointestinal|stabilize|digestion|natural|plant－base|solid|study|pickere|nutraceutical|oil－in－water|flaxse|encapsulate|property|influence|stable|product|carotenoid
lw2019topic_9	detection|method|sensor|detect|rapid|samples|extraction|analysis|assay|limit|develope|sample|monitore|pesticides|liquid|raman|pesticide|nanobody|demonstrate|sensitive|antibody|residues|coupl|sensitivity|standard|determination|chromatography|spectrometry|signal|obtaine
nsf2000topic_0	study|research|system|specy|growth|allocation|storage|agricultural|program|student|integrate|support|carbon|project|compound|seedling|survival|management|cary|facility|environmental|ecological|forest|trade－off|composites|lignocellulosic|molecules|school|information|ecosystem
nsf2000topic_1	plant|wheat|study|surface|moisture|nitrogen|research|environment|oklahoma|impact|genomic|fixation|seminar|mesoscale|high－throughput|result|major|winter|extend|include|improve|symbiotic|evidence|gradient|measure|numerical|observational|region|latent|atmospheric
nsf2001topic_0	methyl|amino|program|transporter|university|transport|groundwater|agriculture|student|precision|community|field|project|nitrogen|bromide|ghana|pesticides|study|information|develope|college|articulation|amount|gases|halide|agricultural|geophysical|subsurface|fracture|science
nsf2001topic_1	genes|development|mutant|plant|arabidopsis|function|project|information|expression|understand|essential|study|phosphorous|clade|ovule|phytic|alleles|analysis|require|provide|genetic|model|identify|carpel|proces|wheat|barley|result|public|normal

续表

主题名称	主题词
nsf2001topic_2	selection|trait|genes|natural|maize|sequenc|genome|vector|system|genetic|pattern|novel|rescue|phase|project|agricultural|impose|change|relationship|examine|organism|genomic|expression|development|plant|plate|screene|responses|dimorphism|sexual
nsf2002topic_0	research|forest|community|photosynthesis|model|development|plant|native|result|economic|process|busines|emerg|include|project|effect|enrich|restoration|carbon|specy|potential|sector|eastern|herbaceous|temperate|measure|variation|range|broad|acros
nsf2002topic_1	stres|sensor|workshop|project|pakistan|health|system|material|biobase|tolerance|disease|cereal|molecular|biology|genomic|analysis|information|module|technology|include|develop|sustainability|develope|lahore|breede|human|animal|producer|algorithm|devices
nsf2002topic_2	plant|genetic|understand|agricultural|responses|growth|engineere|research|genomic|light|arabidopsis|provide|trait|pathway|specy|evolutionary|developmental|changes|metabolic|identify|resistance|phase|result|study|development|project|crowd|investigate|specific|control
nsf2003topic_0	dormancy|research|plant|experiment|material|propose|study|provide|molecular|method|result|magnetic|multilayer|sprout|specy|arabidopsis|grain|dissemination|media|record|understand|environment|successful|disperser|animal|genetic|shadow|direct|determine|student
nsf2003topic_1	plant|resistance|protein|project|disease|phase|technique|storage|pathogen|research|pathway|identify|server|innovation|significant|proteomes|sites|oilseed|commercial|function|arabidopsis|busines|performance|propose|result|agriculture|third|identification|encode|develop
nsf2004topic_0	hemlock|project|phase|pathogen|research|material|stream|resistance|forest|seedling|disease|biobase|develope|maple|sugar|process|novel|technology|develop|birch|yellow|trees|aquatic|silicon|environment|ampli–disk|study|module|sustainability|method
nsf2004topic_1	specy|dispersal|plant|model|forest|research|tropical|spatial|invasion|study|interdisciplinary|diversity|recruitment|scales|develop|importance|investigation|determine|develope|acros|evolution|include|project|long–term|collaboration|effect|multiple|pattern|census|clonal

续表

主题名称	主题词
nsf2004topic_2	model|agricultural|natural|research|project|economic|human|ecosystem|system|ecological|process|program|dynamic|management|community|local|change|landscape|support|environmental|impact|market|result|pattern|understand|field|regional|region|transgene|spread
nsf2004topic_3	plant|genes|amino|project|signale|approach|growth|study|trait|regulate|transport|traine|factor|research|sites|mechanism|activity|seedl|student|identify|include|light|provide|result|function|specific|development|evaluation|genomic|bioinformatic
nsf2005topic_0	plant|project|student|program|science|development|geoscience|growth|include|research|genes|develope|control|system|agricultural|study|genetic|workshop|increase|biology|education|support|soybean|identify|require|provide|university|stres|determine|biosolid
nsf2005topic_1	arsenic|groundwater|water|aquifer|stream|concentration|recharge|field|restoration|research|retention|propose|magnetic|model|treatment|geochemical|ecological|experiment|nutrient|chemical|location|engineere|subsurface|dynamic|collaborative|question|dissolv|flush|delta|ganges
nsf2005topic_2	forest|research|specy|dispersal|tropical|study|plant|fungi|population|effect|disperser|redistribution|provide|regeneration|fungal|landscape|understand|project|fragment|molecular|dissertation|novel|knowledge|fragmentation|objectives|reform|local|importance|analysis|worker
nsf2005topic_3	agricultural|agriculture|research|landscape|period|study|project|maize|labor|mexico|farmer|economy|political|california|practices|bracero|region|sites|archaeological|understand|impact|belize|terraces|conduct|regional|environmental|significant|contribute|provide|ancient
nsf2006topic_0	plant|university|transporter|project|protein|oligopeptide|identify|composition|genes|germination|research|approach|understand|molecular|study|weight|impact|traine|evolution|radish|cereal|determine|specy|include|kernel|sequences|trait|genetic|marker|dosage
nsf2006topic_1	farmer|agricultural|market|field|process|region|amazon|study|research|soybean|water|project|model|stream|production|plant|result|system|agriculture|cattle|location|runoff|influence|dissertation|information|pastures|changes|brazilian|collect|household

续表

主题名称	主题词
nsf2006topic_2	program|technology|research|plant|create|agricultural|project|natural|application|material|environmental|understand|product|graduate|library|byproduct|acceptance|expression|scaffold|develop|approach|cultural|develope|traine|phase|management|agriculture|build|block|biomaterial
nsf2006topic_3	forest|specy|study|plant|tropical|seedl|long–term|recruitment|research|mechanism|project|support|pattern|fragmentation|dispersal|provide|change|global|diversity|reproduction|north|community|understand|flowere|climate|influence|hardwood|effect|regeneration|establishment
nsf2006topic_4	grain|research|boundary|project|human|material|surface|gazelle|study|interfaces|population|level|impact|animal|local|property|student|range|generate|changes|single|design|surfaces|political|domestication|samples|context|effect|social|economic
nsf2007topic_0	research|climate|system|application|biology|plant|protein|include|model|molecular|stres|study|understand|mechanism|clppr|measurement|complex|variability|global|impact|develop|plasma|project|result|substrate|pakistan|tolerance|improvement|genetic|genes
nsf2007topic_1	agricultural|system|project|research|environmental|human|production|practices|understand|society|farmer|spatial|landscape|ecosystem|change|agriculture|century|management|economic|archaeological|interaction|field|community|result|xaltocan|survey|support|garden|kohala|grower
nsf2007topic_2	economic|diseases|project|research|agricultural|impact|productivity|hookworm|production|estimate|parasitic|percent|proces|waste|energy|control|phase|world|household|malaria|southern|black|prevalence|disease|increase|silicon|people|infect|endemic|animal
nsf2007topic_3	research|science|model|national|specialty|project|engineere|compute|network|development|simulation|computer|workshop|technology|archer|industry|design|physical|control|world|create|program|theater|architecture|iceland|sites|event|provide|support|plann
nsf2007topic_4	forest|plant|study|understand|specy|research|natural|diversity|dispersal|microbial|community|nitrogen|rodent|pathogen|seedl|bacterial|animal|influence|human|project|increase|denitrification|microbes|hoatzin|ecosystem|improve|growth|clonal|population|process

续表

主题名称	主题词
nsf2008topic_0	plant|research|university|project|network|stres|changes|genetic|arabidopsis|trait|germination|method|include|approach|agricultural|traine|genes|abiotic|responses|genomic|provide|fossil|specy|molecular|study|ryberg|target|combination|south|wheat
nsf2008topic_1	impact|diffraction|experimental|potential|research|nanotwin|model|project|nanoparticles|array|technique|interaction|approach|field|wakes|propagation|superconduct|turbine|nanoscale|quantitative|particles|study|vortices|magnetic|delamination|devices|assemle|power|produce|microscopy
nsf2008topic_2	agriculture|research|local|social|project|transgenic|policy|analysis|agricultural|contribute|examine|economic|political|community|study|farmer|region|national|development|understand|international|environmental|production|scientific|effect|human|antibiotic|network|organization|interview
nsf2008topic_3	research|student|program|science|project|biology|agricultural|faculty|manioc|university|underrepresent|provide|workshop|career|support|engineere|synthetic|prepare|individual|women|future|development|agriculture|presentation|stalk|course|institute|summer|diversity|award
nsf2008topic_4	forest|specy|project|record|research|dispersal|tropical|population|ecosystem|study|conservation|limitation|spatial|determine|stream|global|understand|interaction|climate|insect|control|field|establishment|variation|water|change|include|congo|sediment|seedl
nsf2008topic_5	material|research|process|student|engineere|energy|nanostructure|understand|design|mechanical|project|graduate|technology|carbon|application|mechanism|development|biological|create|ceramic|result|provide|modele|produce|conversion|fundamental|interdisciplinary|include|science|undergraduate
nsf2009topic_0	research|project|agricultural|student|water|university|agriculture|impact|education|program|result|system|support|carbon|community|brbrthe|future|opportunity|include|traine|study|management|climate|science|property|center|understand|analysis|undergraduate|molecular
nsf2009topic_1	specy|plant|project|genetic|research|university|include|genes|diversity|maize|development|study|understand|generate|researcher|biology|human|student|natural|american|habitat|population|level|local|genomic|model|wildlife|seedl|public|develope
nsf2009topic_2	sediment|research|event|transport|laboratory|graphene|flood|flash|protein|include|forces|facility|motor|renovate|tracer|behavior|brazil|budget|upland|stream|material|single|range|quantify|gaine|cargo|nano-scale|nanomechanical|physiological|pollination

续表

主题名称	主题词
nsf2009topic_3	research|design|devices|leader|program|nanowire|rules|approach|optical|control|association|system|project|laser|autonomous|effect|performance|public|application|mechanism|student|propose|memory|microfluidic|achieve|selection|undergraduate|school|energy|motion
nsf2009topic_4	research|social|farmer|agricultural|rural|study|community|market|agriculture|development|network|information|economic|understand|dissertation|project|practices|doctoral|organization|contribute|policy|knowledge|theory|cultural|design|result|insurance|survey|question|particular
nsf2009topic_5	plant|project|increase|growth|phase|develope|approach|provide|country|development|promoter|poplar|forest|pathogen|improve|biochar|significant|endophytes|control|protein|novel|potential|research|trees|impact|arabidopsis|cacao|america|health|condition
nsf2010topic_0	research|urban|economic|dissertation|environmental|doctoral|network|agriculture|student|practices|support|labor|provide|farmer|organization|people|acces|local|social|project|increase|migration|activity|changes|result|understand|market|diverse|community|production
nsf2010topic_1	cloud|model|modele|system|wakes|seede|energy|field|understand|process|precipitation|surface|turbine|atmospheric|condition|impact|wind-farm|simulation|study|array|multiple|analysis|property|structures|proces|design|application|material|result|reduce
nsf2010topic_2	agricultural|study|archaeological|region|starch|record|plant|wetland|history|ancient|understand|analysis|research|forest|material|tropical|remain|river|occupation|sites|valley|ziyaret|grain|cultural|colonial|environment|middle|perry|prehistoric|society
nsf2010topic_3	water|climate|project|agricultural|change|research|region|system|resources|social|variability|production|regional|world|study|hydrological|future|strategy|global|ecological|spatial|economic|dynamic|focus|particular|chang|population|integrate|knowledge|economy
nsf2010topic_4	project|research|phase|genetic|plant|increase|impact|genes|identify|production|reduce|ocean|soybean|composition|stock|livestock|tolerance|yield|genomic|source|trait|available|develope|technology|mariculture|offshore|velella|protein|imprint|biofuel
nsf2010topic_5	project|student|program|research|provide|development|agriculture|technology|science|university|plant|laboratory|develop|specy|include|brbrthe|outreach|information|blandy|environmental|management|traine|develope|model|critical|africa|education|international|researcher|build

续表

主题名称	主题词
nsf2011topic_0	student|research|workshop|provide|biotransport|engineere|education|field|energy|collaboration|development|university|biology|include|impact|design|meete|support|bioengineere|symposium|summer|national|institution|undergraduate|award|conference|career|graduate|faculty|teach
nsf2011topic_1	water|system|agricultural|project|agriculture|research|impact|egypt|sustainable|potential|sustainability|model|support|partnership|natural|environmental|technology|develope|human|economic|approach|shrimp|management|irrigation|develop|environment|innovation|condition|improve|organic
nsf2011topic_2	plant|specy|forest|seedl|tropical|project|research|diversity|student|trees|water|study|climate|result|establishment|resistance|trait|mechanism|understand|embolism|distribution|survival|genes|cassava|haploid|measure|variation|drought|productivity|seedling
nsf2011topic_3	research|project|stres|climate|change|changes|impact|community|abiotic|ancient|population|study|social|environmental|arabidopsis|combination|archaeological|field|local|region|settlement|understand|condition|farmer|analysis|plant|science|conflict|society|drought
nsf2011topic_4	research|program|project|plant|study|agriculture|university|interaction|biology|student|garden|ecology|theory|specy|ecological|defenses|outreach|genetic|result|education|international|develope|conservation|microbial|syndromes|defense|natural|forest|individual|disease
nsf2012topic_0	research|agricultural|development|chemical|extension|landscapes|methyl|policy|practices|doctoral|understand|maize|shape|farmworker|dissertation|sacbe|detroit|regulation|village|grower|services|produce|public|concern|interview|century|urban|study|bromide|potential
nsf2012topic_1	research|energy|model|project|program|student|power|development|science|support|turbine|design|center|include|modele|university|offshore|simulation|structures|graduate|result|radar|associate|education|consolidation|faculty|atlantic|hurricane|interaction|engineere
nsf2012topic_2	research|control|system|project|program|science|nanocrystal|method|education|application|smallholder|copper|biological|plant|college|growth|design|chemical|student|field|develop|school|provide|sensor|enable|controll|molecular|property|organic|development

续表

主题名称	主题词
nsf2012topic_3	farmer|agricultural|project|research|environmental|change|economic|study|production|market|develope|decision|agriculture|student|network|social|provide|impact|country|technology|region|understand|university|condition|policy|sustainable|community|approach|world|development
nsf2012topic_4	water|project|forest|climate|specy|tropical|drought|groundwater|responses|provide|changes|change|carbon|practices|management|irrigation|community|understand|system|sites|increase|plant|result|field|research|potential|response|distribution|rainfall|population
nsf2013topic_0	project|plant|yield|nutrient|identify|nitrogen|improve|increase|trait|provide|network|agricultural|genetic|specy|approach|system|biology|mutation|population|input|university|potential|student|research|deleterious|arabidopsis|breede|phase|condition|technology
nsf2013topic_1	research|study|agricultural|project|result|dissertation|agriculture|production|specy|question|knowledge|multiple|doctoral|central|public|plant|include|method|examine|intensive|subsistence|forest|region|impact|understand|student|soybean|diversity|researcher|archaeological
nsf2013topic_2	control|water|energy|power|current|design|ocean|turbine|resources|commercial|technology|proces|wastewater|integrate|generation|brain|irrigation|achieve|turbines|significant|environment|impact|research|biofuel|center|production|optimization|effort|maximize|world
nsf2013topic_3	climate|model|system|understand|change|agricultural|water|research|policy|impact|project|watersh|management|environmental|farmer|modele|economic|approach|sustainability|human|affect|ecosystem|practices|decision|integrate|changes|estuary|improve|process|health
nsf2013topic_4	project|research|agriculture|student|university|program|agricultural|environmental|management|sustainability|support|sustainable|system|increase|fellow|farmer|complex|develope|learn|provide|energy|local|opportunity|engineere|technology|economic|education|sciences|propose|school
nsf2013topic_5	research|labor|study|transition|community|project|understand|event|coastal|modular|hurricane|university|disaster|sandy|condition|local|noncongruence|student|impact|rapid|future|analysis|opportunity|theory|change|pattern|promote|fundamental|social|phillippi

续表

主题名称	主题词
nsf2014topic_0	agricultural|value|compound|potential|field|research|chain|develope|gender|development|project|emission|environmental|production|sulfur|formation|women|atmospheric|chemical|laboratory|farmer|animal|study|shrimp|impact|aerosol|dairy|female|sources|nitrogen
nsf2014topic_1	turbine|model|energy|design|research|student|study|system|turbines|modele|maintenance|wakes|project|power|seismic|improve|array|metal|nanocrystal|reduce|stochastic|operation|wind–farm|propose|atmospheric|efficiency|increase|provide|develop|optimization
nsf2014topic_2	project|research|plant|agricultural|resources|farmer|science|sustainability|agriculture|technology|program|system|researcher|support|sustainable|challenges|education|enable|improve|integrate|engineere|environment|acces|include|production|community|control|network|increase|economic
nsf2014topic_3	research|project|water|climate|change|study|process|changes|development|agricultural|community|dryland|understand|regional|agriculture|examine|contribute|impact|pattern|effect|environmental|landscape|microbial|drought|prediction|ecosystem|population|doctoral|livelihood|variability
nsf2014topic_4	forest|riparian|cropland|nitrogen|stream|tropical|watershed|project|nutrient|flood|water|structure|assimilate|understand|agricultural|deforestation|temperature|responses|predict|reach|collaboration|metabolism|global|expansion|increase|research|intensification|soybean|fertilizer|quality
nsf2014topic_5	plant|specy|genetic|resistance|diversity|study|genes|provide|research|local|tropical|workshop|understand|transporter|trait|modify|variation|student|traine|pathogen|imprint|antibiotic|genetical|seedling|increase|community|function|molecular|include|development
nsf2015topic_0	project|technology|research|farmer|system|field|student|science|develope|phase|increase|teacher|disease|program|reduce|improve|method|plant|agricultural|busines|provide|blandy|production|agriculture|approach|yield|engineere|include|potential|novel
nsf2015topic_1	dispersal|forest|research|genetic|project|pollen|predator|population|human|dental|specy|transition|forage|individual|fragment|acorn|effect|climate|health|study|provide|influence|factor|animal|hadza|tropical|grower|ecosystem|ecological|field

续表

主题名称	主题词
nsf2015topic_2	agricultural|environmental|research|water|agriculture|project|production|urban|system|management|impact|understand|change|study|region|social|potential|development|property|policy|pesticides|climate|local|student|model|provide|increase|practices|contribute|relevant
nsf2015topic_3	research|grower|increase|enable|support|analytic|decision|cloud|design|agriculture|uncertainty|educational|model|precision|energy|project|power|sustainable|industry|agricultural|propose|private|optimization|quantification|outreach|environmental|science|provide|integrate|control
nsf2015topic_4	endosperm|research|development|collection|agricultural|evolutionary|phosphorus|plant|proces|poultry|molecular|embryo|strain|hybrid|litter|recovery|history|nutrient|evolution|project|mimulus|genetic|developmental|question|objective|mechanism|human|regulate|fossil|effluent
nsf2015topic_5	project|seede|process|impact|soybean|energy|instrument|cloud|precipitation|award|result|analysis|natural|polymer|biofuel|biomas|addres|idaho|orographic|smallholder|agave|operation|growth|observational|determine|nematode|basin|evaluate|feedstock|modele
nsf2015topic_6	plant|project|genes|research|identify|genetic|university|traine|workshop|genomic|understand|include|growth|specy|develop|study|system|orphan|student|develope|scientist|science|discovery|major|trait|biological|environment|public|knowledge|provide
nsf2016topic_0	water|agricultural|research|decision|model|system|propose|salinity|impact|groundwater|california|policy|develop|quality|management|waterway|region|modele|economic|global|design|technology|framework|ecological|evaluate|electricity|sensor|salinization|student|irrigate
nsf2016topic_1	project|farmer|improve|market|sensor|potential|platform|innovation|develope|application|provide|field|phase|reduce|control|increase|rural|acces|sector|i-corp|prices|system|agricultural|allow|technology|decision|yield|broader|create|brbrthis
nsf2016topic_2	research|project|policy|agriculture|understand|study|urban|production|system|analysis|change|social|include|agricultural|changes|environmental|climate|plant|student|researcher|development|farmer|future|sustainable|community|information|human|practices|local|support

续表

主题名称	主题词
nsf2016topic_3	forest|project|nutrient|plastic|riparian|biodegradable|cropland|stream|tropical|intensification|polymer|trade|provide|watershed|agricultural|endosperm|event|growth|specy|mulch|embryo|seedl|degradation|global|research|water|aflatoxin|deforestation|effect|natural
nsf2016topic_4	student|research|agriculture|precision|project|program|school|learn|molecules|agricultural|industry|impact|technology|traine|interdisciplinary|study|design|provide|opportunity|curriculum|college|mechanic|scientific|colleges|faculty|courses|support|equipment|model|university
nsf2016topic_5	technology|industry|plant|compound|method|create|ammonia|disease|improve|chemical|university|agricultural|process|center|material|fundamental|genetical|novel|specy|human|infection|propose|develope|research|nematode|poultry|safety|cause|focuses|current
nsf2017topic_0	plasma|university|c−peab|science|technology|energy|agriculture|industry|field|research|agricultural|breakthrough|pressure|plant|forest|wheel|application|cropp|center|development|modern|practices|domestication|support|water|long−term|region|tropical|broader|integrate
nsf2017topic_1	water|project|erosion|technology|quality|improve|monitore|agriculture|agricultural|aerial|phase|information|rates|measurement|application|measure|management|potential|sensor|research|conservation|autonomous|effect|practices|world|provide|organic|reduce|irrigation|landscape
nsf2017topic_2	water|infrastructure|green|project|chemical|system|agricultural|process|texas|terra|sector|coupl|improve|modele|basin|exist|effect|operation|include|approach|recovery|flood|drought|manager|economical|human|includes|analysis|traditional|environmental
nsf2017topic_3	agriculture|student|precision|education|project|program|industry|technology|college|workforce|provide|technical|design|development|community|robotic|activity|compute|science|school|curriculum|educational|allow|foundation|career|build|future|worker|engineere|computational
nsf2017topic_4	plant|identify|project|population|protein|enhancer|specy|genetic|amino|individual|maize|variation|parasite|development|genes|fremont|mechanism|composition|genomic|pattern|approach|trees|ancient|reproduction|growth|acros|evolution|sorghum|biological|f−box

续表

主题名称	主题词
nsf2017topic_5	research|agricultural|system|production|project|farmer|understand|program|development|include|plant|model|scientist|scientific|develop|traine|impact|student|provide|global|support|management|increase|knowledge|economic|potential|youth|researcher|agriculture|field
nsf2017topic_6	local|community|policy|rural|effect|economic|urban|agriculture|environmental|social|labor|change|study|region|migration|moisture|climate|investigate|practices|transition|research|commodity|cultural|population|extreme|result|rainfall|dynamic|consequences|interview
nsf2018topic_0	research|model|engineere|yield|approach|system|plant|integrate|learn|predict|result|modele|novel|environment|temperature|support|performance|impact|increase|biological|machine|techniques|improve|award|variation|condition|energy|environmental|advanc|ability
nsf2018topic_1	forest|animal|specy|research|plant|tropical|field|fruit|ecology|project|researcher|fossil|greenhouse|experiment|include|diversity|vegetation|natural|effect|system|fluid|changes|coastal|importance|types|support|wetland|science|determine|measure
nsf2018topic_2	sensor|project|system|field|nutrient|agricultural|management|remote|nitrogen|monitore|improve|develope|network|image|measurement|concentration|understand|signal|impact|criteria|water|reflect|research|moisture|model|detection|provide|analysis|health|broader
nsf2018topic_3	material|chemical|arctic|liquefaction|project|environmental|research|property|model|field|photovoltaic|predict|understand|bio-cementation|organic|challeng|chemistry|engineere|evaluate|effect|compound|quantify|sites|environment|university|include|potential|water|zealand|damage
nsf2018topic_4	student|science|research|program|project|education|university|knowledge|agriculture|brbrthis|provide|foundation|traine|develop|network|support|graduate|statutory|career|worthy|development|study|diverse|activity|school|integrate|broader|intellectual|mission|award
nsf2018topic_5	research|ecosystem|microbial|process|community|understand|bivalve|carbon|lignin|study|impact|project|model|organic|broader|arctic|scour|acros|geotechnical|undergraduate|approach|structure|deeme|mission|field|student|environmental|matter|rates|foundation

续表

主题名称	主题词
nsf2018topic_6	research|agricultural|project|impact|agriculture|environmental|climate|farmer|development|award|social|production|region|ecological|change|human|scientist|study|provide|broader|brbrthis|support|changes|decision|practices|biodiversity|economic|ecosystem|local|community
nsf2018topic_7	plant|genetic|project|specy|breede|research|domestication|development|genes|epigenetic|identify|sorghum|impact|maize|foundation|support|diversity|genomic|recombination|stres|improvement|population|traine|fellowship|understand|reproductive|student|hybrid|modification|methylation
nsf2018topic_8	insect|project|production|broader|agricultural|phase|agriculture|produce|innovation|brbrthis|reduce|potential|propose|mission|material|impact|intellectual|evaluation|technology|merit|product|center|method|support|deeme|application|industry|develop|foundation|reflect
nsf2018topic_9	water|project|system|energy|increase|urban|improve|irrigation|research|production|impact|agriculture|solution|reduce|global|develop|potential|yield|model|community|support|quality|nexus|improvement|understand|agricultural|wheel|irrigate|sustainable|transition
nsf2019topic_0	plant|project|protein|mechanism|function|genes|identify|microbial|molecular|complex|division|genetic|brbrthis|understand|student|synthetic|cellular|evaluation|provide|study|pathway|criteria|signale|dynamic|specific|level|support|community|foundation|pathogen
nsf2019topic_1	plant|specy|drought|forest|evolutionary|trait|growth|evolution|tropical|symbiosis|anatomy|trees|predict|domestication|researcher|project|wildflower|carbon|phloem|relatives|transport|effect|leaves|determine|atmospheric|fossil|genetic|image|methane|reservoir
nsf2019topic_10	project|impact|technology|potential|improve|broader|product|develop|brbrthis|propose|agricultural|intellectual|evaluation|environmental|criteria|mission|statutory|foundation|support|deeme|review|reduce|result|develope|industry|reflect|current|design|water|merit
nsf2019topic_11	plant|research|science|support|award|engineere|biology|include|scientist|community|foundation|workshop|student|impact|reflect|intellectual|conference|merit|broader|scientific|mission|statutory|development|review|evaluation|knowledge|brbrthis|approach|worthy|graduate

续表

主题名称	主题词
nsf2019topic_12	plant|insect|defense|impact|interaction|mechanism|toxin|natural|antifungal|evolutionary|chemical|compound|project|peptides|bacteria|evolution|diversification|monarch|feede|mixtures|chemistry|trade-off|lineage|defenses|defend|action|multiple|diversity|system|fungal
nsf2019topic_13	research|project|nanomaterial|student|electronic|system|understand|chemistry|university|award|optical|method|chemical|program|science|material|support|magnetic|worthy|brbrthis|techniques|provide|devices|design|activity|develop|crystal|growth|investigate|review
nsf2019topic_14	simulation|system|material|field|model|generation|include|force|learn|increase|impact|peatland|bionanomaterial|cyberloop|sciences|complex|conversion|researcher|student|uncertainty|configuration|result|study|research|award|project|brbrthis|innovation|drainage|require
nsf2019topic_2	agricultural|project|research|agriculture|impact|understand|acros|farmer|environmental|study|change|changes|system|brbrthis|production|award|local|provide|reflect|ecological|merit|global|intellectual|criteria|support|mission|climate|individual|decision|deeme
nsf2019topic_3	technology|digital|phase|measure|analysis|traditional|genetic|image|phenotypes|metric|development|robustnes|method|phenotype|startup|agriculturalist|industry|aquaculture|high-throughput|insect|computer|information|proces|acces|model|grower|organism|create|innovation|pipelines
nsf2019topic_4	plant|specy|research|fellow|trait|fellowship|traine|collection|university|threatene|endangere|genomic|diversity|maize|community|understand|ecosystem|variation|tolerance|process|improve|project|generate|population|heterogeneity|effect|broader|addres|reintroduction|cycad
nsf2019topic_5	plasma|leaflet|lipid|membrane|interaction|project|blood|composition|invasive|nanoparticles|outer|invasion|study|nanotechnology|oxide|sugar|disease|transporter|specy|secretory|nanomaterial|engineere|provide|hybrid|elucidate|transport|yield|genome|epscor|healthy
nsf2019topic_6	water|system|urban|production|energy|model|agricultural|chain|resources|irrigation|fertilizer|demand|labor|global|measure|challenges|hydroponic|traffick|trade|china|sustainable|grant|plann|world|agriculture|international|management|natural|research|interaction

续表

主题名称	主题词
nsf2019topic_7	student|project|undergraduate|education|learn|school|skill|program|development|teacher|design|career|science|workforce|research|develop|improve|experiences|course|future|assessment|activity|teach|graduate|university|engage|build|nanosheet|precision|curriculum
nsf2019topic_8	polymer|material|molecular|interaction|hydration|chirality|property|surface|particles|nanoscale|molecules|undergraduate|dynamic|nanoparticles|experimental|simulation|assemle|water|pollen|competitive|surfaces|chiral|brush|hydrogen|theoretical|nanomaterial|matter|structures|outreach|application
nsf2019topic_9	material|nanoparticles|manufacture|research|application|nanomaterial|metal|process|pattern|process|support|property|energy|advanc|structures|fundamental|mechanism|cellulose|polymer|nanoscale|element|approach|method|alloy|devices|ceramic|range|conduct|study|chemical

参考文献

[1] ANEGON F D, CONTRERAS E J, CORROCHANO M D. Research fronts in library and information science in Spain (1985–1994)[J]. Scientometrics, 1998, 42(2): 229–246.

[2] ASTROM F. Changes in the LIS research front: time–sliced cocitation analyses of LIS journal articles, 1990–2004[J]. Journal of the American society for information science and technology, 2007, 58(7): 947–957.

[3] MORRIS M, HERRMANN O J. Beyond surveys: the research frontier moves to the use of administrative data to evaluate R&D grants[J]. Research evaluation, 2013, 22(5): 298–306.

[4] TOIVANEN H. The shift from theory to innovation: the evolution of Brazilian research frontiers 2005–2011[J]. Technology analysis & strategic management, 2014, 26(1): 105–119.

[5] 刘自强. 基于NSF数据的研究前沿主题识别及演化规律研究[D]. 淄博: 山东理工大学, 2017.

[6] 陈世吉. 科学研究前沿探测方法综述[J]. 现代图书情报技术, 2009(9): 28–33.

[7] 钟镇. 从高被引与零被引论文的引文结构差异看research front与research frontier的区别[J]. 图书情报工作, 2015, 59(8): 87–96.

[8] PRICE D J. Networks of science papers[J]. Science, 1965, 149(3683): 510–515.

[9] SMALL H. Co–citation in the scientific literature: a new measure of the relationship between two documents[J]. Journal of the American society for information science, 1973, 24(4): 265–269.

[10] PERSSON O. The intellectual base and research fronts of JASIS 1986 – 1990 [J]. Journal of the American society for information science, 1994, 45 (1): 31–38.

[11] GARFIELD E. Research fronts [J]. Current contents, 1994 (41): 3–7.

[12] MORRIS S, YEN G, WU Z, et al. Timeline visualization of research fronts [J]. Journal of American society for information science and technology, 2003, 54 (5): 413–422.

[13] CHEN C M. CiteSpace II: detecting and visualizing emerging trends and transient patterns in scientific literature [J]. Journal of the American society for information science and technology, 2006, 57 (3): 359–377.

[14] 王莉亚. 基于离群数据的主题演化规律分析 [J]. 情报杂志, 2013, 32 (6): 59–63.

[15] 演化 [EB/OL]. [2020–01–12]. https: //baike.baidu.com/item/ 演化/262291.

[16] 王莉亚. 主题演化研究进展 [J]. 情报探索, 2014 (4): 29–32.

[17] 刘自强, 王效岳, 白如江. 多维主题演化分析模型构建与实证研究 [J]. 情报理论与实践, 2017, 40 (3): 92–98.

[18] 王春秀, 冉美丽. 学科主题演化定量分析的理论基础探析 [J]. 现代情报, 2008 (6): 48–50.

[19] 徐戈, 王厚峰. 自然语言处理中主题模型的发展 [J]. 计算机学报, 2011, 34 (8): 1423–1436.

[20] 刘国威, 成全. 基于网络舆情生命周期的微博热点事件主题演化研究 [J]. 情报探索, 2018 (4): 11–19.

[21] 王莉亚. 基于离群数据的主题演化研究 [D]. 北京: 中国科学院大学, 2012.

[22] 吴江宁, 张红卫, 王舒. 基于科技文献的时序主题链构建方法 [J]. 科学学研究, 2014, 32 (9): 1306–1312, 1321.

[23] 李保利, 杨星. 基于 LDA 模型和话题过滤的研究主题演化分析 [J]. 小型微型计算机系统, 2012, 33 (12): 2738–2743.

[24] 郑晓月, 牟冬梅, 琚沅红, 等. 学科知识结构主题演化模式研究: 以图书情报学领域"计量学"主题为例 [J]. 图书情报工作, 2017, 61 (12): 32–41.

[25] 卡尔·波普尔. 科学发现的逻辑 [M]. 北京: 科学出版社, 1986.

[26] 卡尔·波普尔. 猜想与反驳: 科学知识的增长 [M]. 杭州: 中国美术学院出版社, 2003.

[27] 卡尔·波普尔. 客观知识: 一个进化论的研究 [M]. 上海: 上海译文出版社, 2015.

[28] 何云峰. 关于建构知识科学的问题 [J]. 上海师范大学学报(哲学社会科学版), 2003, 32(1): 8-12.

[29] 梁战平. 情报学若干问题辨析 [J]. 情报理论与实践, 2003, 26(3): 193-198.

[30] 托马斯·库恩. 科学革命的结构 [M]. 北京: 北京大学出版社, 2003.

[31] 陈亮. 西方科学哲学中各种科学发展模式的比较分析和启示 [J]. 经济与社会发展研究, 2014(8): 38.

[32] 叶春蕾. 基于成熟度的技术主题演化方法研究 [D]. 北京: 中国科学院大学, 2012.

[33] 卫军朝. 基于会议文献和期刊文献的知识演化分析研究 [D]. 北京: 中国科学院大学, 2012.

[34] 生命周期理论 [EB/OL]. [2020-01-22]. https://baike.baidu.com/item/生命周期理论.

[35] 朱鹏飞, 陶思奇. 基于生命周期理论的云南白药财务战略分析 [J]. 中国商论, 2019(22): 165-166.

[36] 王燕. 基于生命周期理论的企业市场营销战略探讨 [J]. 现代经济信息, 2019(22): 42, 44.

[37] 方曦, 吴冰倩, 熊焰. 基于专利指标法和S曲线的门禁系统安全技术生命周期研究 [J]. 科技管理研究, 2019, 39(15): 130-136.

[38] 凌艳香, 张清辉, 郑敏娇. 基于技术生命周期的专利发明人合作网络演化分析: 以电子白板领域为例 [J]. 农业图书情报, 2019, 31(1): 54-59.

[39] 张丽华. 研究前沿探测及其演化分析方法与实证研究 [D]. 北京: 中国科学院大学, 2015.

[40] 系统论 [EB/OL]. [2020-01-22]. https://baike.baidu.com/item/系统论.

[41] NOYONS E C M, RAAN A F J V. Monitoring scientific developments from a dynamic perspective: self-organized structuring to map neural network research [J]. Journal of the Association for information science & technology, 1998, 49(1): 68-81.

[42] 洛埃特·雷迭斯多夫. 科学计量学的挑战: 科学交流的发展、测度和自组织 [M]. 北京: 科学技术文献出版社, 2003.

[43] LEYDESDORFF L, COZZENS S, VAN DEN BESSELAAR P. Tracking areas of strategic importance using scientometric journal mappings[J]. Resarch policy, 1994, 23(2): 217-229.

[44] LEYDESDORFF L. Statistics for the dynamic analysis of scientometric data: the evolution of the sciences in terms of trajectories and regimes[J]. Scientometrics, 2013, 96(3): 731-741.

[45] 靖继鹏, 马费成, 张向. 情报科学理论[M]. 北京: 科学出版社, 2009.

[46] 刘则渊. 跨越学术分水岭[M]. 北京: 人民出版社, 2012.

[47] POPPER K. The logic of scientific discovery[J]. Yinshan academic journal, 2005, 12(11): 53-54.

[48] 万昊. 科学知识规模增长模式研究: 基于数学建模和仿真论证[D]. 北京: 中国科学院大学, 2017.

[49] 雷辉, 王亚男. 产业视角下竞争战略滞后效应研究[J]. 经济管理, 2015, 37(7): 45-53.

[50] 刘国巍. 创新网络结构资本、空间溢出及滞后效应: 基于广西电子信息产业的ESDA分析[J]. 技术经济与管理研究, 2017(2): 8-13.

[51] JÄNKÄLÄ S, SILVOLA H. Lagging effects of the use of activity-based costing on the financial performance of small firms[J]. Journal of small business management, 2012, 50(3): 498-523.

[52] 窦鑫丰. 企业社会责任对财务绩效影响的滞后效应: 基于沪深上市公司面板数据的实证分析[J]. 产业经济研究, 2015(3): 74-81.

[53] 杨华贵. 人民币汇率变动对我国就业影响的滞后效应分析[J]. 经济体制改革, 2014(3): 157-160.

[54] BURTON T D, ABEL J M. Effect of lagging pitching moment on re-entry vehicle dynamic stability[J]. Journal of spacecraft & rockets, 2015, 9(6): 160-161.

[55] 刘世斌, 樊丰. 中国股市的非同步交易与超前滞后效应的关系研究: 基于上证指数高频数据的实证结果[J]. 经济研究参考, 2017(65): 65-71.

[56] 邓丹. 贸易增长惯性与贸易政策的滞后效应[D]. 广州: 暨南大学, 2013.

[57] 施茜, 裴雷, 邱佳青. 政策扩散时间滞后效应及其实证评测: 以江浙信息化政策实践为例[J]. 图书与情报, 2016(6): 56-62.

[58] TSENG F M, CHENG A C, PENG Y N. Assessing market penetration combining

scenario analysis, Delphi, and the technological substitution model: the case of the OLED TV market [J]. Technological forecasting and social change, 2009, 76(7): 897-909.

[59] MONCADA-PATERNÒ-CASTELLO P, ROJO J, BELLIDO F, et al. Early identification and marketing of innovative technologies: a case study of RTD result valorisation at the European Commission's Joint Research Centre [J]. Technovation, 2003, 23(8): 655-667.

[60] 刘小平, 冷伏海, 李泽霞. 国际科技前沿分析的方法和途径 [J]. 图书情报工作, 2012, 56(12): 60-65.

[61] 张英杰. 科技领域前沿计量探测方法研究 [D]. 北京: 中国科学院大学, 2011.

[62] 庞景安. 科学计量研究方法论 [M]. 北京: 科学技术文献出版社, 1999.

[63] BURTON R E, KEBLER R W. The half-life of some scientific and technical literatures [J]. American documentation, 1960, 11(1): 18-22.

[64] WHITE H D, MCCAIN K W. Visualizing a discipline: an author co-citation analysis of information science, 1972-1995 [J]. Journal of the American society for information science, 1998, 49(4): 327-355.

[65] 潘黎, 候剑华. 国际高等教育的热点主题和研究前沿: 基于8种SSCI高等教育学期刊2000—2011年文献共被引网络图分析 [J]. 教育研究, 2012(6): 136-143.

[66] SCHIEBEI E. Visualization of research fronts and knowledge bases by three-dimentional areal densities of bibliographically coupled publications and co-citations [J]. Scitometrics, 2012, 91: 557-566.

[67] 马瑞敏, 倪超群. 作者耦合分析: 一种新学科知识结构发现方法的探索性研究 [J]. 中国图书馆学报, 2012(2): 4-11.

[68] SHIBATA N, KAJIKAWA Y, TAKEDA Y, et al. Detecting emerging research fronts in regenerative medicine by the citation network analysis of scientific publications [J]. Technological forecasting and social change, 2011, 78(2): 274-282.

[69] LU L Y Y, LIU J S. A novel approach to identify research fronts of tourism literature [C]. Portland international conference on management of engineering and technology, 2015: 2211-2217.

[70] SMALL H, GRIFFIITH B C. The structure of scientific literatures: I. identifying

and graphing specialities [J]. Science studies, 1974, 4 (1): 17-40.

[71] ZHANG T, CHI H, OUYANG Z. Detecting research focus and research fronts in the medical big data field using co-word and co-citation analysis [C]. 2018 IEEE 20th International Conference on High Performance Computing and Communications; IEEE 16th International Conference on Smart City; IEEE 4th International Conference on Data Science and Systems (HPCC/SmartCity/DSS). IEEE, 2018.

[72] KESSLER M M. Bibiiographic coupiing between scientificpapers [J]. American documentation, 1963, 14 (1): 10-25.

[73] VAN DEN BESSELAAR P, HEIMERIKS G. Mapping research topics using word-reference co-occurrences: amethod and an exploratory case study [J]. Scientometrics, 2006, 68 (3): 377-393.

[74] BO J. A comparison of two bibliometric methods for mapping of the research front [J]. Scientometrics, 2005, 65 (2): 245-263.

[75] BO J. Bibliographic coupling and its application to research front and other core documents [J]. Joumal of informetrics, 2007, 1 (4): 287-307.

[76] HUANG M H, CHANG C P. A comparative study on detecting research fronts in the organid light-emitting diode (OLED) field using bibliographic coupling and co-citation [J]. Scientometrics, 2015, 102 (3): 2041-2057.

[77] HUANG M H, CHANG C P. Detecting research fronts in OLED field using bibliographic coupling with sliding window [J]. Scientometrics, 2014, 98 (3): 1721-1744.

[78] SCHIEBEL E. Visualization of research fronts and knowledge bases by three-dimensional areal densities of bibliographically coupled publications and co-citations [J]. Scientometrics, 2012, 91 (2): 557-566.

[79] LIU J S, LU L Y Y, LU W M. Research fronts in data envelopment analysis [J]. Omega, 2016, 58 (7): 33-45.

[80] 黄福, 侯海燕, 任佩丽, 等. 基于共被引与文献耦合的研究前沿探测方法鄰选 [J]. 情报杂志, 2018 (12): 13-19.

[81] MA V C, LIU J S. Exploring the research fronts and main paths of literature: a case study of shareholder activism research [J]. Scientometrics, 2016, 109 (1): 33-52.

[82] GARFIELD E. Historiograpgic mapping of knowledge domains literature [J].

Journal of information science, 2004, 30 (2): 119-145.

[83] KLAVANS R, BOYACK K W. Identifying a better measure of relatedness for mapping science [J]. Journal of the American society for information science and technology, 2006, 57 (2): 251-263.

[84] BOYACK KW, KLAVANS R. Co-citation analysis, bibliographic coupling, and direct citation: which citation approach represents the research front most accurately? [J]. Joumal of the American society for information science & technology, 2010, 61 (12): 2389-2404.

[85] SHIBATA N, KAJIKAWA Y, TAKEDA Y, et al. Detecting emerging research fronts based on topological measures in citation networks of scientific publications [J]. Technovation, 2008, 28 (11): 758-775.

[86] SHIBATA N, KAJIKAWA Y, TAKEDA Y, et al. Comparative study on methods of detecting research fronts using different types of citation [J]. Journal of the American society for information science and technology, 2009, 60 (3): 571-580.

[87] SHIBATA N, KAJIKAWA Y, SAKATA I. Measuring relatedness between communities in a citation network [J]. Journal of the American society for information science and technology, 2011, 62 (7): 1360-1369.

[88] SHIBATA N, KAJIKAWA Y, SAKATA I. Detecting potential technological fronts by comparing scientific papers and patents [J]. Foresight, 2011, 13 (5): 51-60.

[89] GARFIELD E, PUDOVKIN A I, ISTOMIN V S. Why do we need algorithmic historiography? [J]. Journal of the American society for information science & technology, 2003, 54 (5): 400-412.

[90] GARFIELD E, PUDOVKIN A I, ISTOMIN V S. Mapping the output of topical searches in the web of knowledge and the case of watson-crick [J]. Information technology & libraries, 2003, 22 (4): 183-187.

[91] CHEN C M. Searching for intellectual turning points: progressive knowledge domain visualization [J]. Proceedings of the national academy of sciences of the United States of America, 2004 (1): 5303-5310.

[92] VAN ECK N J, WALTMAN L. Vosviewer: a computer program for bibliometric mapping [J]. Social science electronic publishing, 2009, 84 (2): 523-538.

[93] ECK N J V, WALTMAN L. CitNetExplorer: a new software tool for analyzing and

visualizing citation networks [J]. Journal of informetrics, 2014, 8（4）: 802－823.

[94] HOANG L M. Emerging trends detection from scientific online documents [R]. Japan Advanced Institute of Science and Technology, 2006: 51－52.

[95] 郝伟霞, 滕立, 陈悦, 等. 基于共词分析的中国能源材料领域主题研究 [J]. 情报杂志, 2011, 30（6）: 70－75.

[96] MINH－HOANG LE, TU－BAO HO, YOSHITERU NAKAMORI. Detecting emerging trends from scientific copora [J]. International journal of knowledge and systems science, 2005, 2（2）: 53－59.

[97] SPARCK JONES K. A statistical interpretation of term specificity and its application in retrieval [J]. Journal of documentation, 1972, 28（1）: 11－21.

[98] KLEINBERG J. Bursty and hierarchical structure in streams [C]. Eighth ACM SIGKDD International Conference on Knowledge Discovery and Data Mining. ACM, 2003: 91－101.

[99] KLEINBERG J. Bursty and hierarchical structure in streams [J]. Data mining and knowledge discovery, 2003, 7（4）: 373－397.

[100] MANE K K, BORNER K. Mapping topics and topic bursts in PNAS [J]. Proceedings of the national academy of sciences of the United States of America, 2004, 101（S1）: 5287－5290.

[101] 方丽, 赵悦阳, 崔雷. 利用突发检测算法探测学科前沿及知识基础 [J]. 医学信息学杂志, 2014, 35（10）: 49－54.

[102] 胡静, 李璐. 基于词频突变的我国阅读推广研究前沿挖掘 [J]. 情报科学, 2017, 35（10）: 75－78.

[103] 陈辰, 王璐, 郝晓雪. 基于词频统计与语义关联的京津冀协同发展研究热点与前沿监测研究 [J]. 河北科技图苑, 2018, 31（1）: 91－96.

[104] 赵燕. 基于词频突变的我国儿童阅读推广前沿和发展趋势研究 [J]. 出版发行研究, 2019（1）: 99－103.

[105] CALLON M, COURTIAL J P, TURNER W A, et al. From translations to problematic networks: an introduction to co－wordanalysis [J]. Social science infomation, 1983, 22（2）: 191－235.

[106] 冯璐, 冷伏海, 共词分析方法理论进展 [J]. 中国图书馆学报, 2006（2）: 88－92.

[107] 马费成. 我国数字信息资源研究的热点领域: 共词分析透视[J]. 情报理论与实践, 2007, 30 (4): 438-443.

[108] RIP A, COURTIAL J P. Co-word maps of biotechnology: an example of cognitivescientometrics [J]. Scientometrics, 1984, 6 (6): 381-400.

[109] SHAFFER B. Mapping a research area at the micro level using co-word analysis [J]. Scientometrics, 1998, 43 (3): 359-372.

[110] KOSTOFF R N, EBERHART H J, TOOTHMAN D R, et al. Database tomography for technical intelligence: comparative roadmaps of the research impact assessment literature and the Journal of the American Chemical Society [J]. Scientiometrics, 1997, 40 (1): 103-138.

[111] KONTOSTATHIS A, GALITSKY L M, POTTER NGER W M, et al. A survey of emerging trend in textual data mining [M] //Survey of text mining: clustering, classification, and retrieval. New York: Springer Verlag, 2004: 185-224.

[112] 程齐凯, 王晓光. 一种基于共词网络社区的科研主题演化分析框架[J]. 图书情报工作, 2013, 57 (8): 91-95.

[113] 郑彦宁, 许晓阳, 刘志辉. 基于关键词共现的研究前沿识别方法研究[J]. 图书情报工作, 2016, 60 (4): 85-92.

[114] 许晓阳, 郑彦宁, 刘志辉. 论文和专利相结合的研究前沿识别方法研究[J]. 图书情报工作, 2016, 60 (24): 97-106.

[115] 赵丽梅, 张花. 我国大数据时代数字图书馆研究前沿分析: 基于共词分析的视角[J]. 情报科学, 2019, 37 (3): 97-104.

[116] PAPADIMITRIOU C H, RAGHAVAN P, TAMAKI H, et al. Latent semantic indexing: a probabilistic analysis [J]. Journal of computer and system sciences, 1998, 61 (2): 217-235.

[117] 白如江, 冷伏海. k-clique 社区知识创新演化方法研究[J]. 图书情报工作, 2013, 57 (17): 86-94.

[118] JAMES A. Topic Detection and tracking-event-based information organization [M] // Topic detection and tracking: event-based information organization. Kluwer Academic Publishers, 2002.

[119] BLEI D M, NG A Y, JORDAN M I. Latent dirichlet allocation [J]. Journal of machine learning research, 2003 (3): 993-1022.

[120] BLEI D M, LAFFERTY J. Dynamic topic models [C]. Proceedings of the 23rd International Conference on Machine Learning. NewYork: ACM, 2006: 113-120.

[121] ZHANG J, GHAHRAMANI Z, YANG Y. A probabilistic model for online document clustering with application to novelty detection [C]. International Conference on Neural Information Processing Systems. MIT Press, 2004.

[122] 范云满, 马建霞. 基于LDA与新兴主题特征分析的新兴主题探测研究[J]. 情报学报, 2014, 33(7): 698-711.

[123] 陈伟, 林超然, 李金秋, 等. 基于LDA-HMM的专利技术主题演化趋势分析: 以船用柴油机技术为例[J]. 情报学报, 2018, 37(7): 732-741.

[124] BRAAM R R, MOED H F, RAAN A FJV. Mapping of science by combined co-citation and word analysis [J]. Journal of the American society for information science. 1991, 42(4): 233-251.

[125] GLENISSON P, GLANZEL W, JANSSENS F, et al. Combining full text and bibliometric infomation in mapping scientific disciplines [J]. Information processing and management, 2005(41): 1548-1572.

[126] 戴阿咪, 常青云, 杜然然, 等. 基于CiteSpace的国内外精准医学研究热点与前沿分析[J]. 中华医学图书情报杂志, 2017, 26(2): 14-17.

[127] 段尧清, 陈玲, 徐玲. 中外政府开放数据领域的研究热点与前沿分析[J]. 情报科学, 2017, 35(11): 89-93.

[128] 李韵婷, 郑纪刚, 张日新. 国内外智库影响力研究的前沿和热点分析: 基于CiteSpace的可视化计量[J]. 情报杂志, 2018, 37(12): 78-85.

[129] XIE P. Study of international anticancer research trends via co-word and document co-citation visualization analysis [J]. Scientometrics, 2015, 105(1): 611-622.

[130] 周丽英, 冷伏海, 左文革. 引文耦合增强的共词分析方法改进研究: 以ESI农业科学研究主题划分为例[J]. 情报理论与实践, 2015(11): 120-125.

[131] BUSH V. As we may think [EB/OL]. [2020-01-10]. https://www.ps.uni-saarland.de/~duchier/pub/vbush/vbush.shtml.

[132] 刘自强, 王效岳, 白如江. 语义分类的学科主题演化分析方法研究: 以我国图书情报领域大数据研究为例[J]. 图书情报工作, 2016, 60(15): 76-85.

[133] PAPADIMITRIOU S, KITAGAWA H, GIBBONS P B, et al. LOCI: fast outlier

detection using the local correlation integral [C]. Proceedings of the 19th International Conference on Data Engineering. IEEE, 2003.

[134] CHAWLA S, SUN P. SLOM: a new measure for local spatial outliers [J]. Knowledge and information systems, 2006, 9 (4): 412-429.

[135] 张英杰, 冷伏海. 基于离群点的前沿趋势探测方法研究 [J]. 高技术通讯, 2011, 21 (11): 1109-1114.

[136] 李牧南. 基于关联规则挖掘竞争情报研究前沿分析 [J]. 情报杂志, 2016, 35 (3): 54-60.

[137] 白如江. 基于语义计算的科学研究前沿识别研究 [D]. 北京: 中国科学院大学, 2015.

[138] 白如江, 冷伏海, 廖君华. 基于混合内容线索特征的语义组块标注研究 [J]. 情报学报, 2017, 36 (4): 382-391.

[139] 孙震. 面向研究前沿演进分析应用的知识元计量方法探索 [D]. 北京: 中国科学院大学, 2018.

[140] 白如江, 冷伏海, 廖君华. 科学研究前沿探测主要方法比较与发展趋势研究 [J]. 情报理论与实践, 2017 (5): 37-42.

[141] 静发冲, 李晨英, 韩明杰, 等. 基于文本挖掘的美国 NSF 生物科学部新兴前沿项目主题分析 [J]. 现代情报, 2014, 34 (12): 107-112.

[142] 王效岳, 刘自强, 白如江, 等. 基于基金项目数据的研究前沿主题探测方法 [J]. 图书情报工作, 2017, 61 (13): 87-98.

[143] 李贺, 袁翠敏, 赵蕴华, 等. 美国 NSF 科研项目立项与专利信息关联关系分析的案例研究 [J]. 情报学报, 2017, 36 (1): 5-17.

[144] SMALL H. A co-citation model of a scientific specialty: a longitudinal study of collagen research [J]. Social studies of science, 1977, 7 (2): 139-166.

[145] 崔雷. 专题文献高被引论文的时间分布与同被引聚类分析 [J]. 情报学报, 1995 (2): 54-61.

[146] 崔雷. 专题文献高被引论文的连续同被引聚类分析 [J]. 情报理论与实践, 1996 (1): 46-48.

[147] LEUNG X Y, SUN J, BAI B. Bibliometrics of social media research: a co-citation and co-word analysis [J]. International journal of hospitality management, 2017, 66: 35-45.

［148］罗双玲，张文琪，夏昊翔. 基于半积累引文网络社区发现的学科领域主题演化分析：以"合作演化"领域为例［J］. 情报学报，2017，36（1）：100-110.

［149］NASUKAWA T, NAGANO T. Text analysis and knowledge mining system［J］. IBM systems journal，2001（20）：967-984.

［150］CALLON M, LAW J, RIP A. Mapping the dynamics of science and technology：sociology of science in the real world［M］. London：The Macmillan Press，1986.

［151］COULTER N S, MONARCH I, KONDA S. Software engineering as seen through its research literature：a study in co-word analysis［J］. Journal of the American society for information science，1998，49（13）：1206-1223.

［152］KOSTOFF R N, EBERHART H J, TOOTHMAN D R. Database tomography for technical intelligence：a roadmap of the near-earth space science and technology literature［J］. Information processing & management，1998，34（1）：69-85.

［153］KOSTOFF R N, EBERHART H J, TOOTHMAN D R. Hypersonic and supersonic flow roadmaps using bibliometrics and database tomography［J］. Journal of the association for information science & technology，1999，50（5）：427-447.

［154］KOSTOFF R N, BRAUN T, SCHUBERT A, et al. Fullerene data mining using bibliometrics and database tomography［J］. Journal of chemical information and modeling，2000，40（1）：19-39.

［155］YOON B, PARK Y. A text-mining-based patent network：analytical tool for high-technology trend［J］. Journal of high technology management research，2004，15（1）：37-50.

［156］KIM Y G, SUH J H, PARK S C. Visualization of patent analysis for emerging technology［J］. Expert systems with applications，2008，34（3）：1804-1812.

［157］杨博，刘大有，LIU J M，等. 复杂网络聚类方法［J］. 软件学报，2009，20（1）：54-66.

［158］GIRVAN M, NEWMAN M E J. Community structure in social and biological networks［J］. Proceedings of the national academy of sciences of the United States of America，2002，99（12）：7821-7826.

［159］WALLACE M L, GINGRAS Y, DUHON R. A new approach for detecting scientific specialties from raw cocitation networks［J］. Journal of the American society for information science and technology，2009，60（2）：240-246.

[160] BETTENCOURT L M A, KAISER D I, KAUR J. Scientific discovery and topological transitions in collaboration networks [J]. Journal of informetrics, 2009, 3 (3): 210-221.

[161] 舒文琛, 周恩国, 李岱峰, 等. 基于合著网络社区发现的情报学研究主题演化分析 [J]. 情报科学, 2020, 38 (1): 75-81.

[162] BLEI D M, LAFFERTY J D. A correlated topic model of science [J]. The annals of applied statistics, 2007, 6 (1): 17-35.

[163] 赵迎光, 洪娜, 安新颖. 主题模型在主题演化方法中的应用研究进展 [J]. 现代图书情报技术, 2014 (10): 63-69.

[164] 李永忠, 蔡佳. 基于 LDA 的国内电子政务研究主题演化及可视化分析 [J]. 现代情报, 2017, 37 (4): 158-164.

[165] 曲佳彬, 欧石燕. 基于主题过滤与主题关联的学科主题演化分析 [J]. 数据分析与知识发现, 2018, 2 (1): 64-75.

[166] 叶春蕾, 冷伏海. 基于共词分析的学科主题演化方法改进研究 [J]. 情报理论与实践, 2012, 35 (3): 79-82.

[167] YAN E. Research dynamics, impact, and dissemination: a topic-level analysis [J]. Journal of the association for information science and technology, 2015, 66 (11): 2357-2372.

[168] 祝娜, 王芳. 基于主题关联的知识演化路径识别研究: 以 3D 打印领域为例 [J]. 图书情报工作, 2016, 60 (5): 101-109.

[169] 齐亚双, 祝娜, 翟羽佳. 基于 DTM 的国内外情报学研究主题热度演化对比研究 [J]. 图书情报工作, 2016, 60 (16): 99-109.

[170] 周源, 张超, 唐杰, 等. 基于主题变迁的领域发展路径智能化识别 [J]. 图书情报工作, 2018, 62 (14): 62-71.

[171] 李静, 徐路路, 赵素君. 基于时间序列分析和 SVM 模型的基金项目新兴主题趋势预测与可视化研究 [J]. 情报理论与实践, 2019, 42 (1): 118-123, 152.

[172] 关鹏, 王曰芬, 傅柱. 基于 LDA 的主题语义演化分析方法研究: 以锂离子电池领域为例 [J]. 数据分析与知识发现, 2019, 3 (7): 61-72.

[173] 陈悦, 刘泽渊. 科学知识图谱的发展历程 [J]. 科学学研究, 2008, 26 (3): 449-460.

[174] MARTIN R, BERGSTROM C T. Mapping change in large networks [J]. Plos

one,2010,5(1):e8694.

[175] 王晓光,程齐凯.基于NEViewer的学科主题演化可视化分析[J].情报学报,2013,32(9):900-911.

[176] COBO M J,LÓPEZ–HERRERA A G,HERRERA–VIEDMA E,et al. An approach for detecting, quantifying, and visualizing the evolution of a research field: a practical application to the fuzzy sets theory field[J]. Journal of informetrics,2011,5(1):146-166.

[177] COBO M J,LÓPEZ–HERRERA A G,HERRERA–VIEDMA E,et al. SciMAT: a new science mapping analysis software tool[J]. Journal of the American society for information science and technology,2012,63(8):1609-1630.

[178] CUI W W,LIU S X,LI T,et al.Text flow: towards better understanding of evolving topics in text[J]. Transactions on visualization and computer graphics,2011,17(12):2412-2421.

[179] GAD S,JAVED W,GHANI S,et al. Theme delta: dynamic segmentations over temporal topic models[J].Transactions on visualization and computer graphics,2015,21(5):672-685.

[180] 游毅,索传军.国内信息生命周期研究主题与趋势分析:基于关键词共词分析与知识图谱[J].情报理论与实践,2011(10):17-21.

[181] 李长玲,刘非凡,魏绪秋.基于3-mode网络的领域主题演化规律分析[J].情报理论与实践,2014,34(12):104-110.

[182] 孙静,齐成凯,张雯.基于NEViewer的医学科研主题演化可视化分析[J].中华医学图书情报杂志,2014(10):56-60.

[183] 刘自强,王效岳,白如江.多维度视角下学科主题演化可视化分析方法研究:以我国图书情报领域大数据研究为例[J].中国图书馆学报,2016,42(6):67-84.

[184] 张慧玲,许海云,岳增慧,等.学科交叉期刊的影响力评价方法研究[J].情报学报,2019,38(10):1030-1040.

[185] 王思茗,魏玉梅,孙熊兰,等.学科交叉对领域知识研究的影响分析[J].情报资料工作,2019,40(4):26-33.

[186] 朱祥,张云秋.近年来知识融合研究进展与趋势[J].图书情报工作,2019,63(16):143-150.

[187] 罗立群,李广建.智慧情报服务与知识融合[J].情报资料工作,2019,40(2):87-94.

[188] 武华维,罗瑞,许海云,等.科学技术关联视角下的创新演化路径识别研究述评[J].情报理论与实践,2018,60(24):97-106.

[189] HARAKAWA R, OGAWA T, HASEYAMA M. Tracking topic evolution via salient keyword matching with consideration of semantic broadness for Web video discovery[J]. Multimedia tools and applications, 2017, 77(12):1-28.

[190] JEON H K, JUN M, YAN L. Transfer topic modeling with ease and scalability[J]. Computer science, 2013, 27(11):1-22.

[191] 刘自强,许海云,岳丽欣,等.面向研究前沿预测的主题扩散演化滞后效应研究[J].情报学报,2018,37(10):13-22.

[192] 邱均平,瞿辉,罗力.基于期刊引证关系的学科知识扩散计量研究:以我国"图书馆、情报、档案学"为例[J].情报科学,2012(4):481-485.

[193] 侯剑华,王仲禹.研究主题的知识流动测度及其实证分析:以 H 指数研究为例[J].图书情报工作,2017,61(10):87-93.

[194] 许海云,郭婷,岳增慧.基于 TI 指标系列的情报学学科交叉主题研究[J].情报学报,2015,34(10):1067-1078.

[195] 岳增慧,许海云.学科知识扩散过程探测研究:以社会网络领域为例[J].图书情报工作,2016,60(9):106-115.

[196] 田人合,张志强,王非,等.基于 DID 模型的科技政策创新能力资助效应实证研究:以杰青基金地球科学项目为例[J].情报学报,2018,37(8):782-795.

[197] 田人合,张志强,于洁,等.基于 DID 模型的科技政策资助效应实证研究:以杰青基金地球科学项目实施20年为例[J].图书情报工作,2018,62(18):110-121.

[198] LANDAUER T K, FOLTZ P W, LAHAM D. An introduction to latent semantic analysis[J]. Discourse processes, 1998, 25: 259-284.

[199] HOFMANN T. Unsupervised learning by probabilistic latent semantic analysis[J]. Machine learning, 2001, 42(1-2):177-196.

[200] 陈二静,姜恩波.文本相似度计算方法研究综述[J].现代图书情报技术,2017,1(6):1-11.

[201] JIMENEZ S, GONZALEZ F A, GELBUKH A. Mathematical properties of soft

cardinality: enhancing jaccard, dice and cosine similarity measures with element distance [J]. Information processing management, 2012, 48 (2): 303-325.

[202] SUNDE T. Foreign direct investment, exports and economic growth: ARDL and causality analysis for South Africa [J]. Research in international business & finance, 2017, 41: 434-444.

[203] FTE. Future and emerging technologies [EB/OL]. [2020-02-12]. https://ec.europa.eu/programmes/horizon2020/en/h2020-section/future-and-emerging-technologies.

[204] 杨斌清, 张希琳. 基于 ARIMA 时间序列模型的稀土氧化物价格预测研究 [J]. 中国稀土学报, 2017, 35 (5): 680-686.

[205] 沈文娟, 李明诗, 黄成全. 长时间序列多源遥感数据的森林干扰监测算法研究进展 [J]. 遥感学报, 2018, 22 (6): 1005-1022.

[206] 张文秋, 房磊, 杨健, 等. 基于 Landsat 时间序列的湖南省会同县杉木人工林干扰历史重建与林龄估算 [J]. 生态学杂志, 2018, 37 (11): 3467-3479.

[207] 张美英, 何杰. 时间序列预测模型研究综述 [J]. 数学的实践与认识, 2011, 41 (18): 189-195.

[208] 岳丽欣, 周晓英, 陈旖旎. 基于 ARIMA 模型的信息构建研究主题趋势预测研究 [J]. 图书情报知识, 2019, 36 (5): 54-63.

[209] 周练. Word2Vec 的工作原理及应用探究 [J]. 科技情报开发与经济, 2015, 25 (2): 145-148.

[210] MIKOLOV T, SUTSKEVER I, CHEN K, et al. Distributed representations of words and phrases and their compositionality [J]. Advances in neural information processing systems, 2013, 26: 3111-3119.

[211] 孙长娇, 崔海信, 王琰, 等. 纳米材料与技术在农业上的应用研究进展 [J]. 中国农业科技导报, 2016, 18 (1): 18-25.

[212] FRACETO L F, GRILLO R, MEDEIROS G A D, et al. Nanotechnology in agriculture: which innovation potential does it have? [J]. Frontiers in environmental science, 2016, 4 (61).

[213] 王璐, 刘红忠. 纳米技术在农业中的应用与促进政策: 中美两国比较分析及启示 [J]. 中国科技论坛, 2014 (9): 149-154.

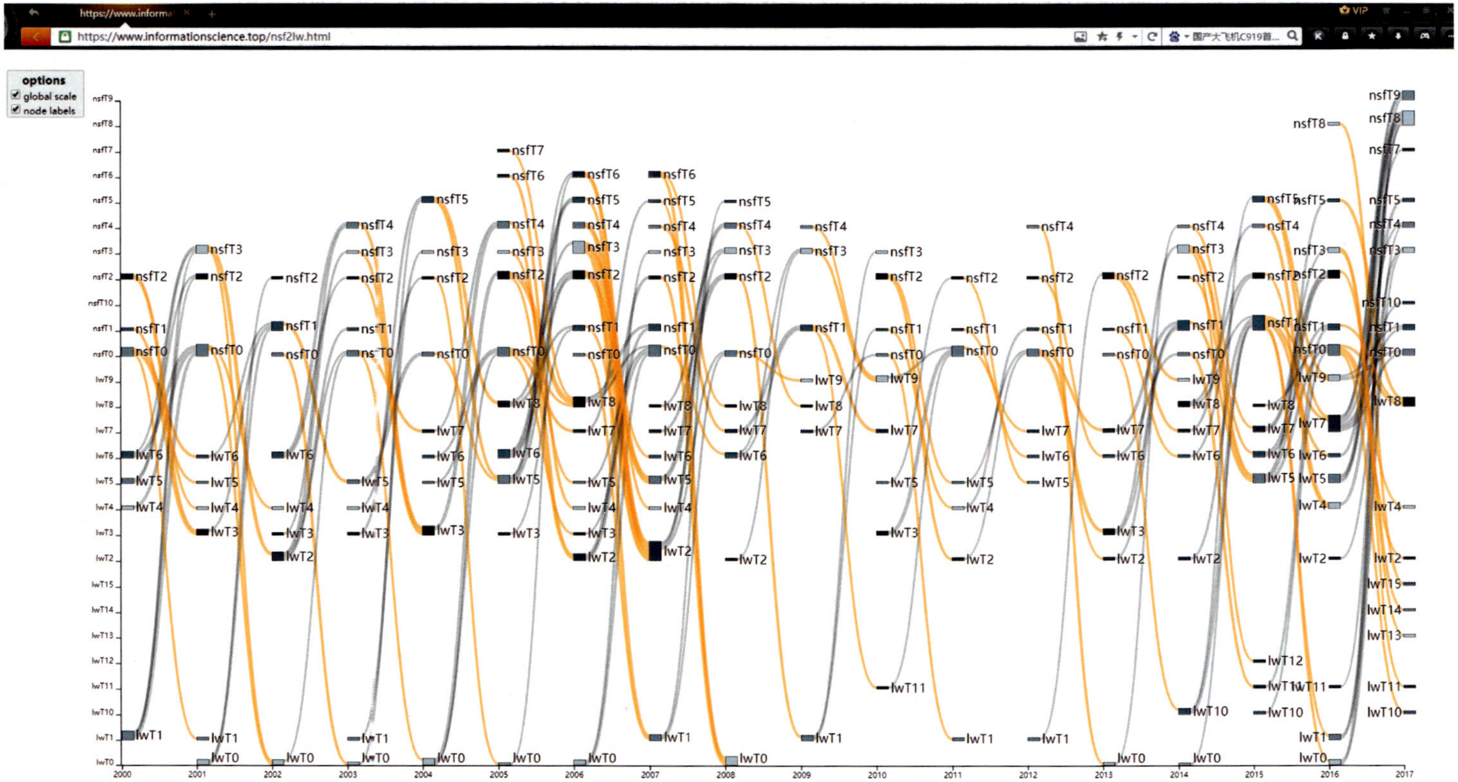

图 3.8 基金与论文关联的主题扩散演化路径可视化结果

a 滞后1年窗口

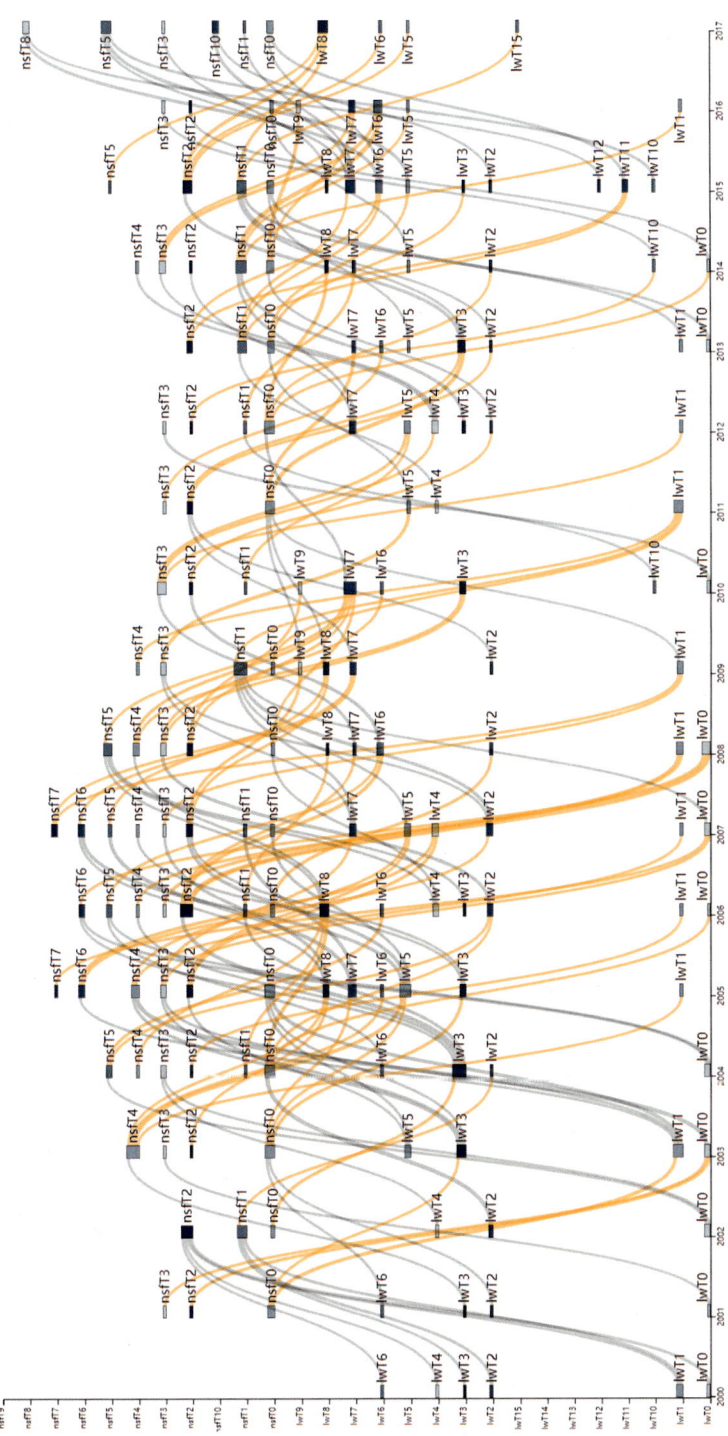

b 滞后2年窗口

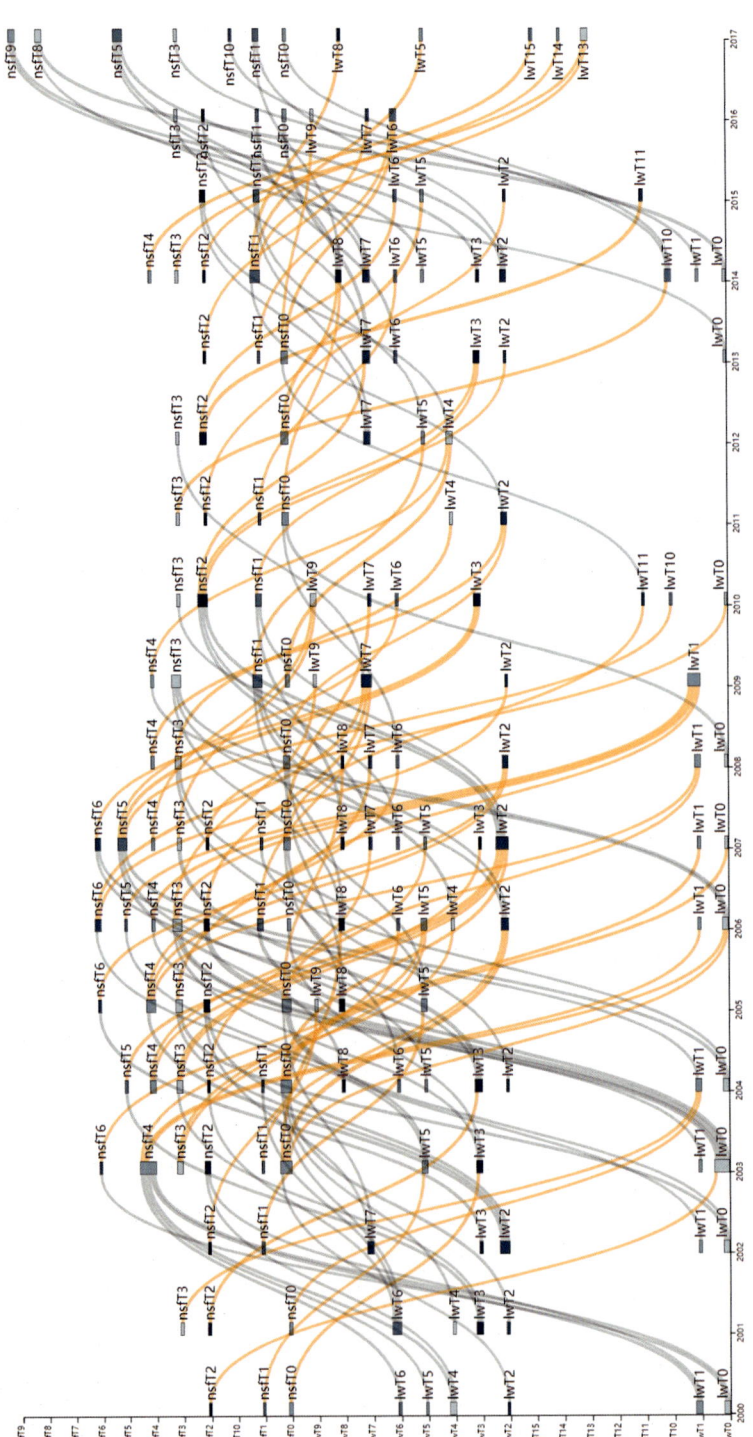

c 滞后3年窗口

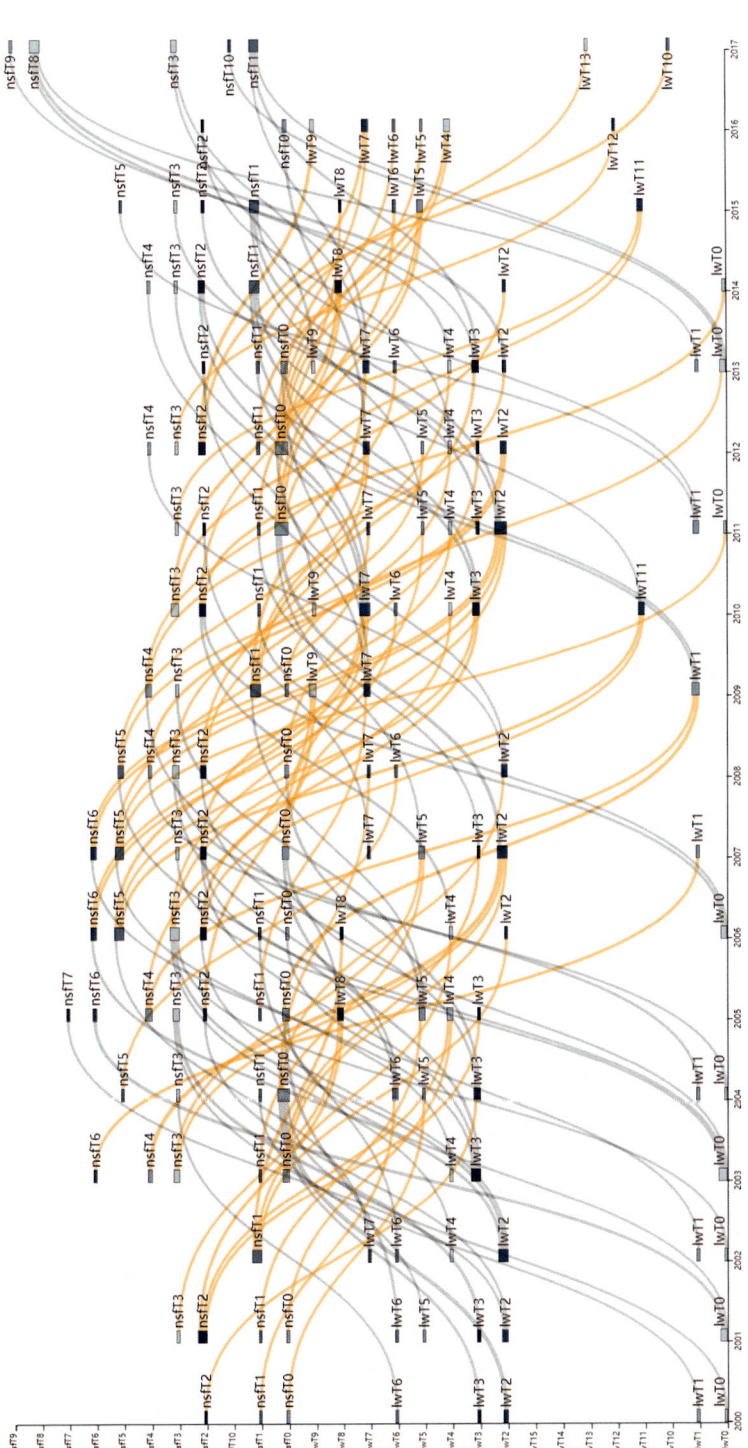

d 滞后4年窗口

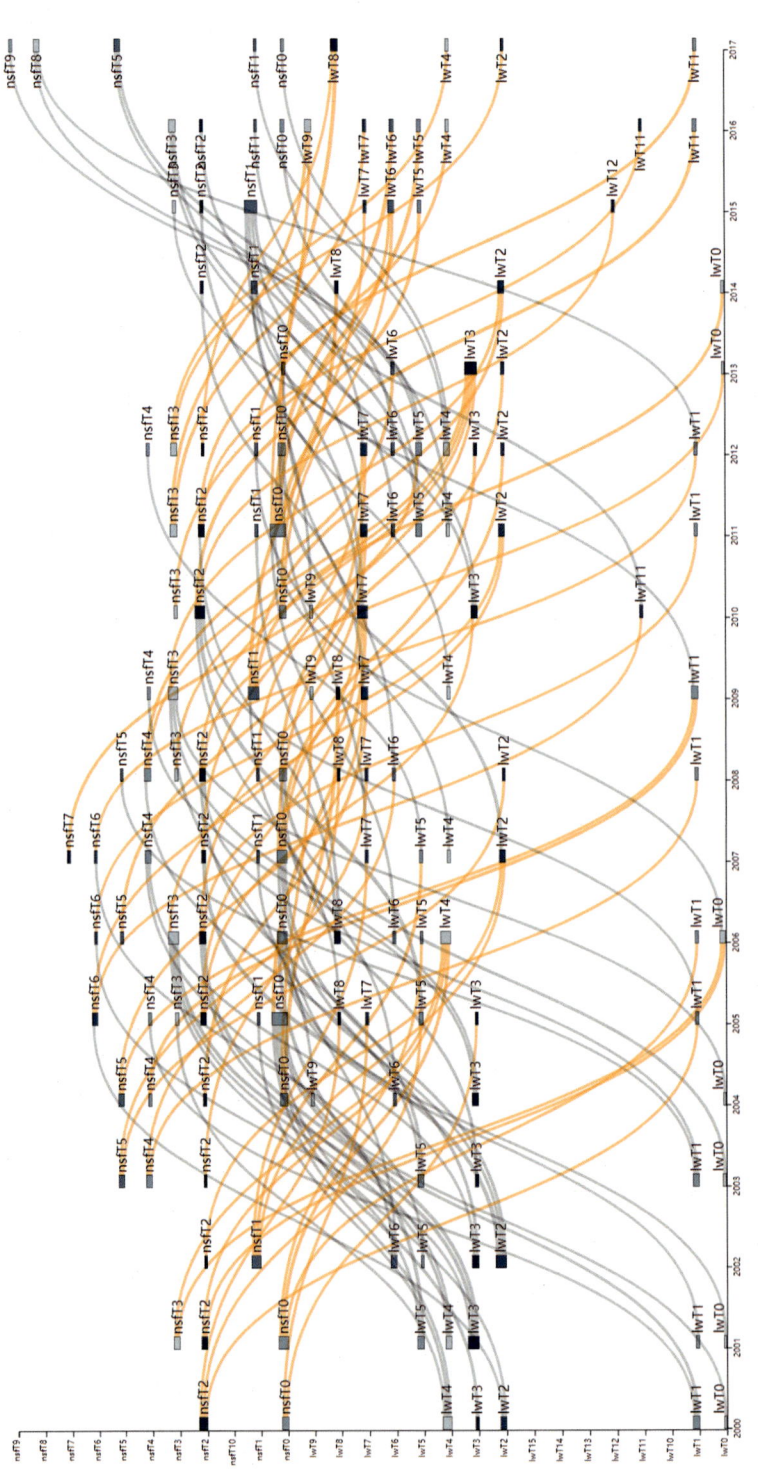

e 滞后5年窗口

图 4.6 基金和论文主题扩散演化路径

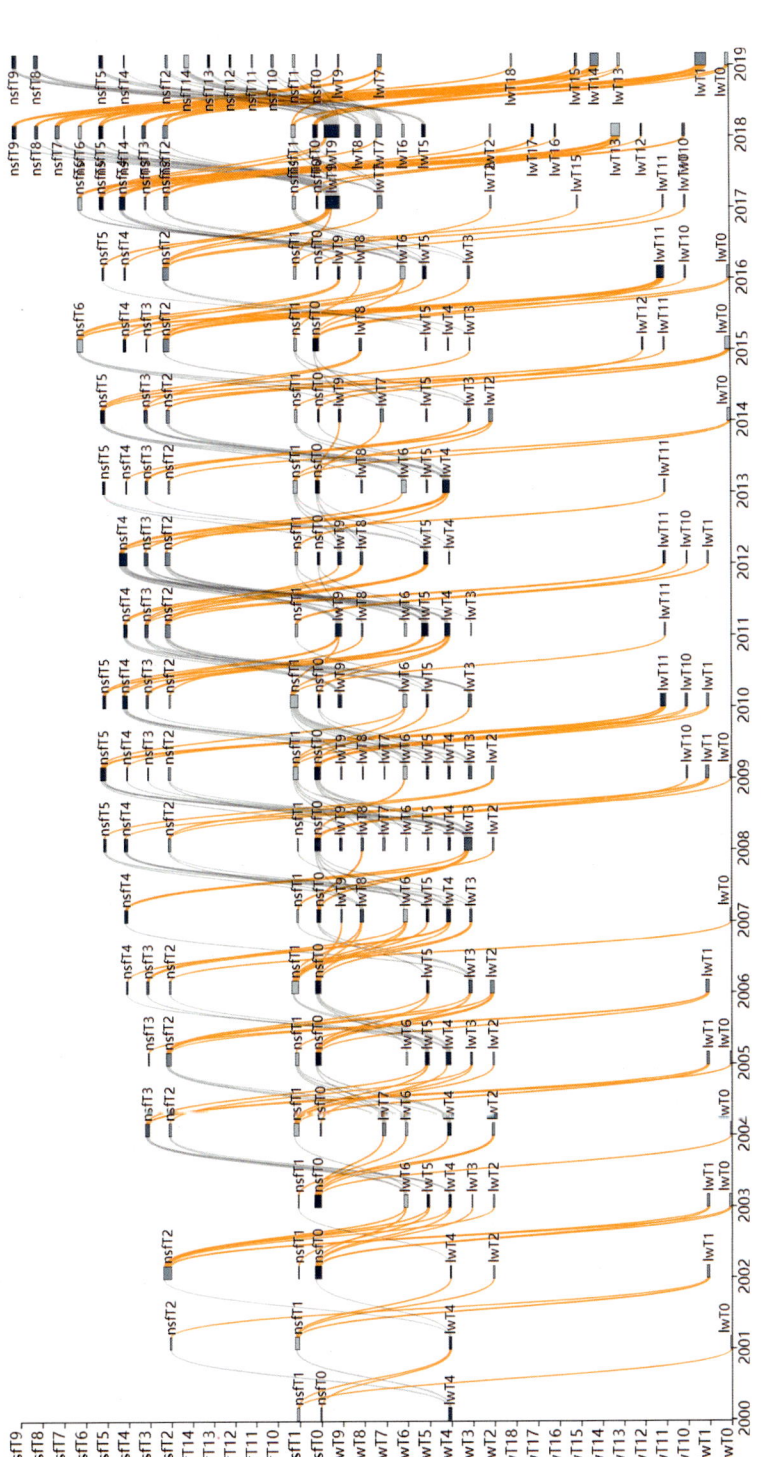

a 滞后1年窗口

b 滞后2年窗口

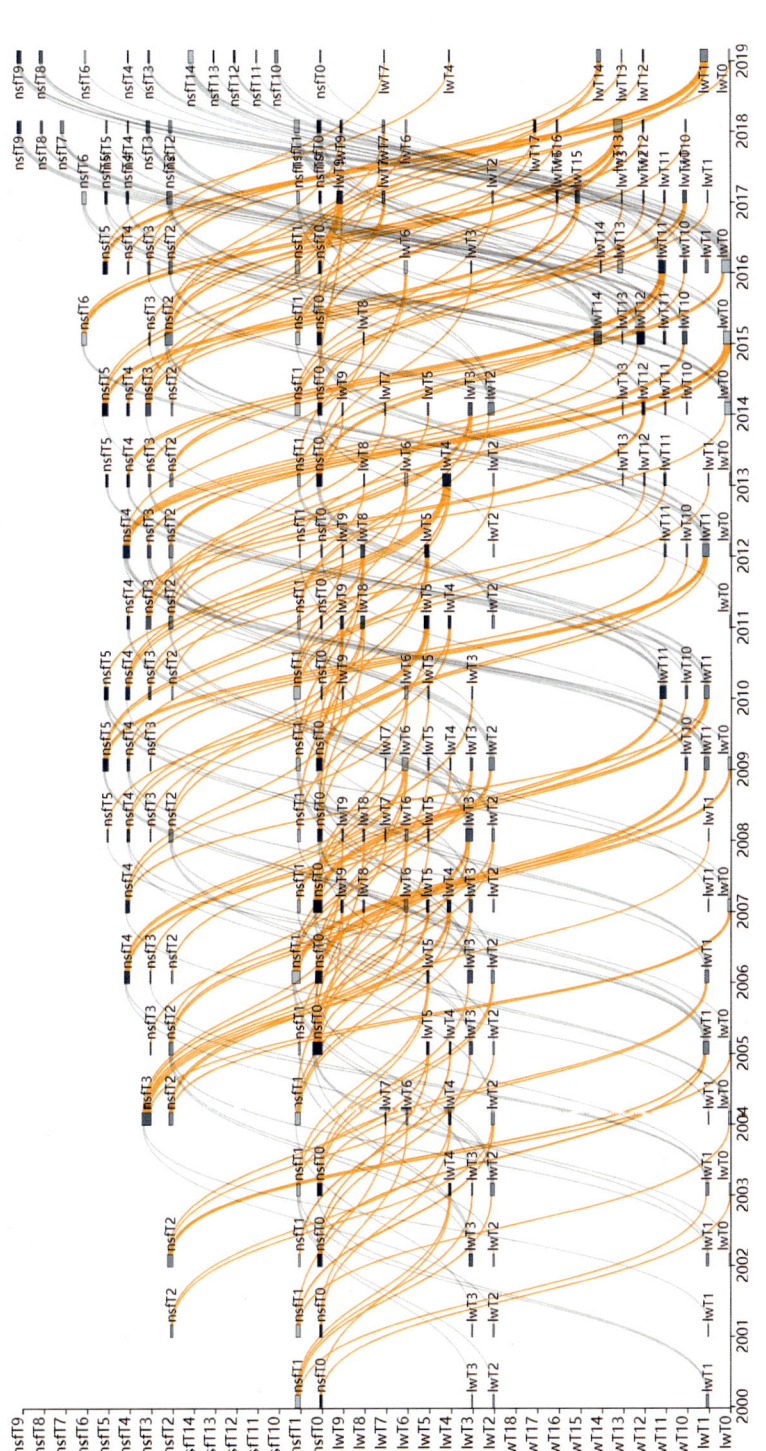

c 滞后3年窗口

d 滞后4年窗口

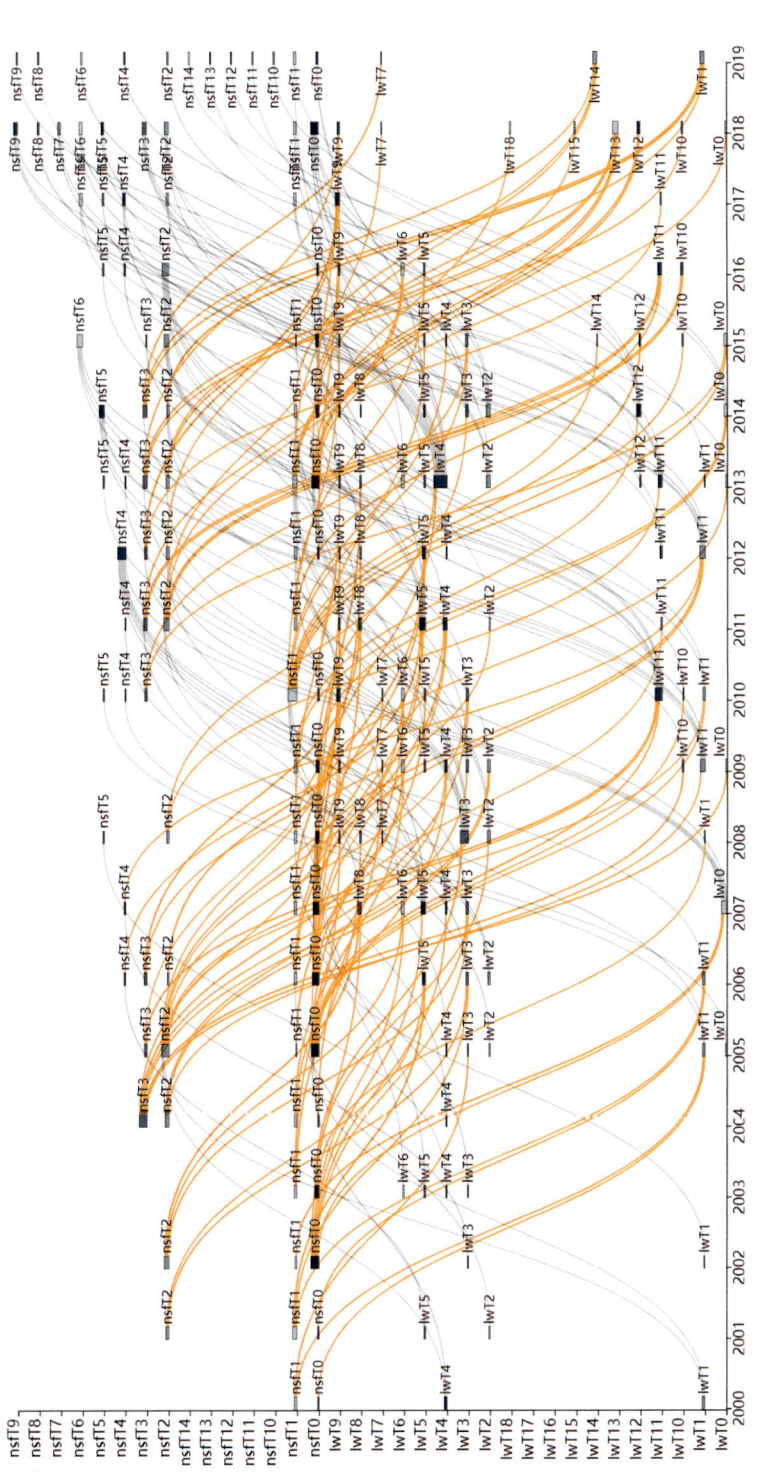

e 滞后5年窗口

图 6.8 美国纳米农业领域基金和论文主题扩散演化路径

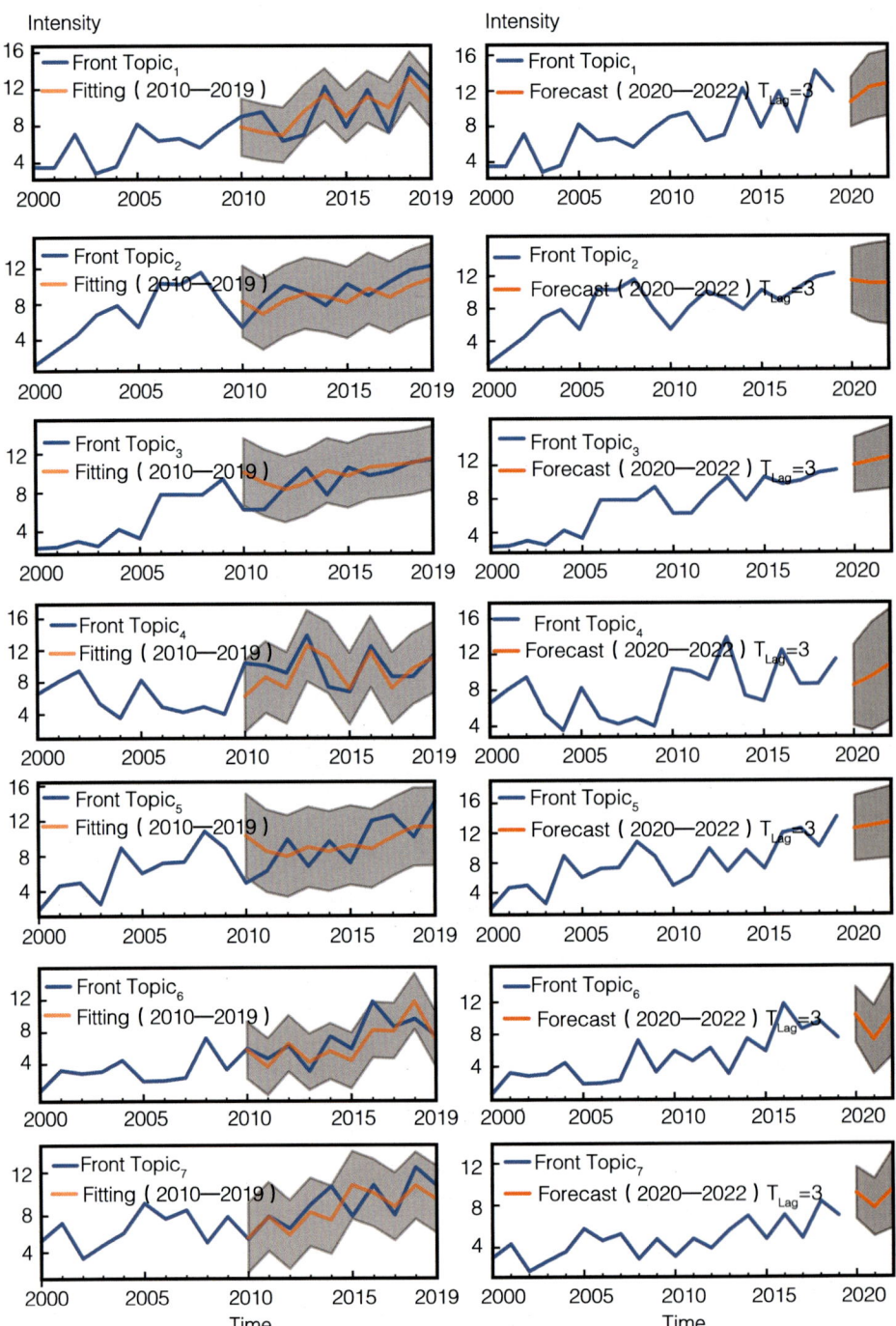

图 6.13 研究前沿主题强度变化趋势预测结果